U0915444

“六个浙江”研究丛书

坚定文化自信 建设文化浙江

吴蓓 等 / 著

Strengthening Cultural Confidence
Building a Cultural Zhejiang

“六个浙江”研究丛书
总 序

中共浙江省委书记
浙江省人大常委会主任 车俊

党的十九大将习近平新时代中国特色社会主义思想确立为我们党必须长期坚持的指导思想，高高举起了新时代中国共产党人的精神旗帜。学习贯彻党的十九大精神，最重要的就是深入学习领会习近平新时代中国特色社会主义思想这个党的十九大精神的“纲”和“魂”，用当代马克思主义中国化最新成果武装头脑、指导实践、推动工作。

浙江是中国革命红船的起航地、改革开放的先行地，也是习近平新时代中国特色社会主义思想的重要萌发地。2003 年 7 月，时任浙江省委书记习近平同志通过深入调研、深邃思考，在科学判断国际国内形势和全面把握浙江省情的基础上，作出了“八八战略”等重大决策部署，并全面推进平安浙江、法治浙江、文化大省、生态省建设和加强党的执政能力建设，在省域层面对中国特色社会主义进行了卓有成效的理论创新和实践创新。习近平总书记在浙江的探索和实践，与习近平新时代中国特色社会主义思想是前后相续、融汇贯通的，在理论渊源、实践基础、思想内涵上具有内在一致性。浙江这些年改革发展取得的一切成就，是“八八战略”引领和实践的结果，也充分证明习近平新时代中国特色社会主义思想在浙江大地已经落地生根、正在开花结果，日益彰显出巨大的理论力量和实践力量。

思想灯塔照耀奋进之路，真理火炬引领前行方向。2017 年 6 月召开的浙江省第十四次党代会，根据习近平总书记对浙江提出的“在提高全面建成小康社会水平上更进一步，在推进改革开放和社会主义现代化建设中更快一步，继续发挥先行和示范作用”的要求，确定了“坚定不移沿着‘八八战略’指引的路子走下去”的主题主线，提出了“高水平全面建成小康社会，高水平推进社会主义现代化建设”的总目标和“富强浙江、法治浙江、文化浙江、平安浙江、美丽浙江、清廉浙江”的具体目标，确立了“改革强省、创新强省、开放强省、人才强省”的工作导向，描绘了今后一个时期浙江发展的美好蓝图。2017 年 11 月召开的省委十四届二次全会，深入学习贯彻十九大精神和习近平总书记南湖重要讲话精神，作出了《中共浙江省委关于高举习近平新时代中国特色社会主义思想伟大旗帜，奋力推进“两个高水平”建设的决定》，对“两个高水平”奋斗目标作了相应的具体安排，确保到 2020 年高水平全面建成小康社会，这个目标实现之后，分两个阶段高水平全面建设社会主义现代化：从 2020 年到 2035 年，全面建成富强浙江、法治浙江、文化浙江、平安浙江、美丽浙江、清廉浙江，高水平完成基本实现社会主义现代化的目标；从2035年到本世纪中叶，全面提升物质文明、政治文明、精神文明、社会文明、生态文明水平，在我国建成富强民主文明和谐美丽的社会主义现代化强国的新征程中继续走在前列、勇立潮头。当前，浙江广大干部群众正高举习近平新时代中国特色社会主义思想伟大旗帜，大力弘扬红船精神，以永不懈怠的精神状态和一往无前的奋斗姿态，坚定不移沿着“八八战略”指引的路子走下去，加快推进“两个高水平”建设，奋力谱写新时代中国特色社会主义浙江篇章。

浙江省社会科学院是我省学习、宣传、研究习近平新时代中国特色社会主义思想的重要阵地。一段时间来，省社科院认真贯彻省委要求，组织科研骨干力量，积极开展“践行‘八八战略’、建设‘六个浙江’”专题研究，这对于浙江广大干部学懂弄通做实习近平新时代中国特色社会主义思想，更好地贯彻落实十九大精神和省第十四次党代会精神，具有重要的意义。希望省社科院紧紧围绕深入学习宣传贯彻习近平新时代中国特色社会主义思想，充分发挥哲学社会科学的综合学科优势，继续组织开展源头性研究、基础性研究、系统性研究、前瞻性研究，努力推出更多的具有理论深度、实践力度、情感温度的研究成果，为浙江加快“两个高水平”建设提供有力的智力支持。

2017年12月

目　录

导　言

党的十九大报告指出，到2035年基本实现社会主义现代化，到21世纪中叶，把中国建设成为富强民主文明和谐美丽的社会主义现代化强国。浙江省第十四次党代会紧扣时代脉搏，提出了“更进一步、更快一步”建设“六个浙江”“高水平全面建成小康社会”“高水平推进社会主义现代化建设”① 的时代发展新目标，开启了浙江社会主义现代化建设的新征程。

新时代新方位下的社会主义现代化建设，是全方位、多领域、多层次的变革和跃升。文化是一个国家、一个民族的灵魂，也是国家现代化进程中的灵魂，全面建设社会主义现代化国家必须要有文化的基础和保证，同样地，全面建设“六个浙江”，也必须要有文化的基础和保证。“六个浙江”的现代化建设是一个有诸多内容和要素构成的有机整体，文化现代化不仅是其重要的组成部分，更是浙江社会现代化建设的灵魂，对现代化建设起着强大的精神引领作用和智力支撑作用。新时代浙江的文化自信奠定在文化现代化的基础之上，要以文化自信的坚定信念推进现代化文化浙江建设，进而推动“六个浙江”现代化建设，以文化软实力的增强促进经济硬实力的提升。

“文化浙江”是浙江在新时代新方位下奋力推进“两个高水平”建设的重要举措，是“六个浙江”具体目标中的重要一极，是在赓续文化大省、文化强省建设后励精图治，在提升文化软实力上更进一步、更快一步的具体举措。它旨在从社会主义现代化建设更宏阔的视野推动文化建设融入经济建设、政治建设、社会建设、生态文明建设、党的建设各个方面和全过程，以更大的力度全面推进文化建设与浙江经济社会发展的融合，使之渗入经济生

① 《中共浙江省委关于高举习近平新时代特色社会主义思想伟大旗帜，奋力推进“两个高水平”建设的决定》，《浙江日报》2017年11月14日。

活和社会生活的方方面面，以更有效的措施增强社会主义现代化浙江建设的文化含量、文化附加值，全方位提升实现“两个高水平”奋斗目标的文化软实力。它标志着浙江文化发展向更多领域、更深层次、更高水平迈进。

“文化浙江”建设，始终坚持马克思主义指导思想，高举习近平新时代中国特色社会主义思想伟大旗帜，坚持先进文化前进方向，坚守中华文化立场；始终坚持“二为”方向、“双百”方针；始终坚持把社会效益放在首位，坚持改革创新。

“文化浙江”的目标任务，是围绕着社会主义核心价值体系、社会主义文化管理体系、社会主义公共文化体系、社会主义文化产业体系等四大社会主义文化建设体系，通过实施马克思主义理论研究和建设工程、社会主义核心价值观引领和公民文明素质提升工程、网络内容建设工程、文化人才和文化名家培育工程、基本公共文化服务提升工程、优秀传统文化传承发展工程、文艺繁荣发展和高峰攀登工程、万亿级文化产业推进工程、媒体融合发展工程、文化走出去工程等十大文化工程，搭建一批文化大平台、做强一批文化大企业、培育一批文化新品牌、打造一批文化新标识、抓好一批重点文化项目，着力提升浙江文化的引领力、创造力、传播力、服务力、竞争力，使浙江文化改革发展各项主要指标走在全国前列，把浙江建设成为公民素质优良、社会文明进步的示范区，文化事业繁荣、文化产业发达、文化名家荟萃、文化氛围浓郁、文化印记鲜明的文化发展先行区，成为在全国具有重要影响的文化高地、文明高地。①

“文化浙江”，是文化现代化建设的新目标、新追求。通过文化浙江现代化指标体系的构建，融合浙江的历史传统、文化底蕴、地域风貌、市民风范、生态环境等要素，塑造出可以感受的形象，形成个性化的浙江文化，以此聚焦并全面衡量文化浙江建设的水平，以评促建，以评促改，促进文化浙江建设的科学、稳定、长效发展。

“文化浙江”，旨在进一步提升文化凝聚力。文化的力量，很大程度上取决于凝结其中的核心价值观的力量；不同文化之间的竞争，很大程度上表

---

① 《中共浙江省委浙江省人民政府关于推进文化浙江建设的意见》（2017 年 11 月 29 日），《浙江日报》2018 年 3 月 22 日。

现为各自文化所包含的核心价值观的竞争；一个地域的文化生命力，最根本的要看其核心价值观的凝聚力和感召力。因此“文化浙江”建设，要以社会主义核心价值观为中心。坚持马克思主义的指导地位，坚定“中国梦”的共同理想，弘扬以爱国主义为核心的民族精神和以改革创新为核心的时代精神；聚焦红船精神、浙江精神，坚定“四个自信”；大力推进精神文明创建和公民道德建设，不断提高公民精神境界、培育文明风尚，打造文明高地、道德高地。

“文化浙江”，旨在进一步提升文化传播力。文化治理，是国家治理体系的重要组成部分，对国家治理体系现代化具有价值引领、精神引航、舆论引导等作用；文化治理能力、治理水平的高低强弱，是检验文化浙江建设程度的重要标尺。为此，要实现文化管理体制机制创新，加快推进文化治理体系和治理能力现代化；要加快推进媒体深度融合发展，打造新型主流媒体，强化内容技术两轮驱动，培育新兴业态；充分发挥网络文化的浙江优势，构建现代传播体系，提高新闻舆论的传播力、引导力、影响力、公信力，树立媒体融合发展的浙江标杆。

“文化浙江”，旨在进一步提升文化创造力。优秀传统文化，是中华民族的根与魂，是中华民族保持生命力的精神支柱、保持文化自信的力量源泉。浙江是中华文明的发源地之一，文化遗存丰厚，文脉悠久，文气丰沛。要系统梳理传统文化资源，让收藏在博物馆里的文物、陈列在大地上的遗产、书写在典籍里的文字都活起来，并融入当下社会生活之中；要对浙江优秀传统文化进行深入的挖掘和阐发，实现创造性转化、创新性发展，使其与现代社会相适应，与人们精神文化需要相契合，从而推动构建我们共有的精神家园；让浙江悠久的物质文化遗产、非物质文化遗产、诗书画文化遗产，在大运河文化带、大湾区文化带、全域诗路文化带的打造中发挥出源源不断的资源效应，助力于社会建设，推动时代发展；让文物之邦、文渊之地，焕发出勃勃生机和活力，再现时代辉煌。

“文化浙江”，旨在进一步提升文化服务力。构建现代公共文化服务体系的核心是调整政府与社会的关系，重点是维护公民的文化权利。政府要统筹文化建设、文化服务，进一步提高公共文化服务效能；构建多元主体共同参与的平台，培育各类社会文化参与主体，激发文化创造活力；通过健全公共文化设施网络，提升公共文化服务水平，创新公共文化服务运行机制，提高文化产品服务精准供给水平，高水平实现基本公共文化服务标准化均等化。总之，政府要着眼更广覆盖、更高层次、更高水平的文化服务，深化公共文化服务供给侧结构性改革，提升标准化、均等化、社会化、效能化，切实保障人们享受文化成果、参与文化活动、从事文化创作等权利，更好地维护社会公平正义，使人民群众的文化获得感显著增强。

“文化浙江”，旨在进一步提升文化竞争力。文化既是软实力，也是硬实力。文化能够提升第一产业，改造第二产业，做大做强第三产业。文化产业是市场经济条件下繁荣发展社会主义文化的重要载体，是满足人民群众多样化、多层次、多方面精神文化需求的重要途径，也是推动产业结构调整、转变经济发展方式的重要着力点。政府要统筹文化布局结构与规模速度，进一步提高文化产业质量和效益；加快推进文化产业提质增效和转型升级，使文化产业跻身万亿级产业，成为国民经济重要支柱性产业；做大做强文化市场主体，引导社会对文化的投资，共同参与文化建设，解放和发展文化生产力；深化改革创新，发展新兴文化业态，使现代文化产业体系和市场体系日臻成熟；聚力打造全国文化内容生产先导区、文化产业融合发展示范区、文化产业新兴业态引领区，让文化助推富强浙江建设，让人民群众不断增长的精神文化需求有更多途径、更多产品的获取。

“文化浙江”，旨在进一步提升文化涵养力。文艺是时代前进的号角，最能代表一个时代的风貌，最能引领一个时代的风气，要坚持“以人民为中心”的原则，弘扬主旋律；深入实施文化精品战略，推进文艺原创扶持，繁荣发展基层文艺，健全完善文艺评价激励机制，推出更多思想精深、艺术精湛、制作精良的大作力作；加强文化人才和文化名家培养，优化文化人才发展环境，形成人尽其才、才尽其用的良好局面，多出作品，出好作品；着力打造文学重镇、影视重镇、美术书法重镇和戏曲重镇，促进浙江文艺由高原向高峰攀登，推动浙江文艺大发展大繁荣，让真善美世代传扬，让优秀文艺启迪思想、健全人格、温润心灵、陶冶人生，促进人的全面发展。

“文化浙江”，旨在进一步提升文化影响力。文化的力量，深深熔铸在民族的生命力、创造力和凝聚力之中，成为综合国力的重要标志，在综合国力竞争中的地位和作用也越发得以凸显，要以文化为纽带，构建人类命运共同体；要着眼于进一步推动中华文化、浙江文化走向世界，形成与中国、浙江省国际地位相对称的文化软实力；要积极推进文化交流、文化传播、文化贸易，“走出去”的同时也要“引进来”，要勇于和善于借鉴、吸收一切有利于加强中国社会主义文化建设的有益经验、文化成果、经营管理理念和优秀人才；要统筹国内、国外两个市场，更加注重商业渠道的开辟和市场资源的配置，积极探索开展对外文化交流的有效办法和途径；还必须把维护国家的文化安全、保持民族文化的自主性和独立性放在重要位置，文化对外交流，最重要的是要以文化自信讲好中国故事、讲活浙江故事，展示好中国气度、民族精神、人文风采，塑造好浙江精神、浙江气韵、浙江活力。

文化是一个国家、一个民族的灵魂。文化兴则国运兴，文化强则民族强。文化在社会建设中的作用，正如习近平同志所说，是经济发展的“助推器”、政治文明的“导航灯”、社会和谐的“黏合剂”。对国家治理和社会发展来说，文化是最深层、影响最为深远、经久不衰的动力；对于“六个浙江”建设来说，“文化浙江”不仅起到灵魂和引领的作用，“富强浙江”“法治浙江”“平安浙江”的发展最后都要以文化为载体，“美丽浙江”“清廉浙江”的生态文明建设也表现为一种文化召唤。

文化治理是手段，文化建设是过程，“文化浙江”最终的旨归是以人为本，它将更加关注每一个社会成员内心世界的健康、充实和丰盈，精神境界的广博、美好和强大；人与人之间的真诚、友善和关爱；人与自然之间的尊重、互惠与和谐；更加关注文化自觉意识的激发、文化自信心理的培育、文化自强能力的提升[①]，均等化文化服务的推进、文化环境的不断向好，推动人的公平、正义与自由个性的发展；文化开放、市场繁荣，拓宽人的眼界、满足人的精神需求；文化产品、文艺作品的丰盈，提升人的科学文化素质、涵养德行、陶冶性灵。生活在“文化浙江”中的人民群众，将在公正中获得，在和谐中进步，在创新中突破，成为德智体美全面发展的时代新人，以主人翁的姿态，不断奋进，担负起民族复兴的时代大任，同心共筑中国梦！

---

① 陈野：《赓续创新精神　建设文化浙江》，浙江在线，2017 年 6 月 22 日。

第一章

文化浙江建设的时代号召

党的十九大提出了“决胜全面建成小康社会，夺取新时代中国特色社会主义伟大胜利”“为把中国建设成为富强民主文明和谐美丽的社会主义现代化强国而奋斗”的号召。[①] 浙江省第十四次党代会提出了建设“富强浙江、法治浙江、文化浙江、平安浙江、美丽浙江、清廉浙江”“高水平全面建成小康社会”“高水平推进社会主义现代化建设”的发展目标，“高举中国特色社会主义伟大旗帜……坚定不移沿着‘八八战略’指引的路子走下去，统筹推进富强浙江、法治浙江、文化浙江、平安浙江、美丽浙江、清廉浙江建设，推动各项事业发展和党的建设再上新台阶，高水平谱写实现‘两个一百年’奋斗目标的浙江篇章”。[②] “文化浙江”是浙江在新时代新方位下奋力推进“两个高水平”建设的重要举措，是“六个浙江”具体目标中的重要一极，是赓续文化大省、文化强省建设之后励精图治的新的战略部署。

第一节　文化浙江的重大意义

文化是综合实力和国际竞争力的重要组成部分，文化生产力是社会生产力的重要组成部分。习近平同志在浙江工作期间，即深刻地认识到文化的作

---

① 习近平：《决胜全面建成小康社会　夺取新时代中国特色社会主义伟大胜利》，《人民日报》2017 年 10 月 28 日。

② 《中共浙江省委关于高举习近平新时代特色社会主义思想伟大旗帜　奋力推进“两个高水平”建设的决定》，《浙江日报》2017 年 11 月 14 日。

用："文化的力量，或者我们称之为构成综合竞争力的文化软实力，总是'润物细无声'地融入经济力量、政治力量、社会力量之中，成为经济发展的'助推器'、政治文明的'导航灯'、社会和谐的'黏合剂'。"① 他认为改革开放以来浙江经济社会持续快速健康发展的深层次原因，就在于浙江深厚的文化底蕴和文化传统与当今时代精神的有机结合，就在于推进经济发展的同时大力加强文化建设，就在于全省人民大力发扬"浙江精神"，始终保持昂扬向上的精神状态。因此，浙江能否在全面建设小康社会、加快现代化建设进程中继续走在前列，很大程度上取决于对文化力量的深刻认识，对发展先进文化的高度自觉，对文化现代化的充分把握，以及在"文化大省""文化强省"建设的基础上继续加大"文化浙江"建设的工作力度。

文化建设是一项因时而进、因势而新的重大时代课题。当前，中国特色社会主义进入了新时代，党的十九大擘画了决胜全面建成小康社会、开启全面建设社会主义现代化国家新征程的宏伟蓝图。如何顺应当代文化发展的新趋势，如何回应人民群众对精神文化生活的新期待，这是新时代、新方位、新形势下浙江文化建设要努力做好的答卷。

浙江省委发出了建设文化浙江的号令，这是省委省政府发挥浙江是中国革命红船起航地、中国改革开放先行地、习近平新时代中国特色社会主义思想重要萌发地的优势，与文化大省、文化强省建设一脉相承而谋划新飞跃的战略部署，是高举习近平新时代中国特色社会主义思想伟大旗帜，增强文化自觉、坚定文化自信、在提升文化软实力上更进一步、更快一步的具体举措，是坚定不移沿着"八八战略"指引的道路、推进"两个高水平"奋斗目标的重要内容，是满足人民群众日益增长的精神文化需求、谱写实现"两个一百年"奋斗目标浙江篇章的内在要求。

建设文化浙江，使浙江成为文化创造活力更加迸发、人文精神更加高尚、文化事业更加繁荣、文化产业更加发达、文化氛围更加浓郁、文化形象更加鲜明、文化生活更加丰富多彩的全国文化高地和文明高地；把人民对未来文化生活更加美好的憧憬和更高水平的期待作为奋斗目标，在不断满足人

① 习近平：《之江新语》，杭州：浙江人民出版社2013年版，第149页。

民群众日益增长的物质需求的同时，不断满足人民群众日益增长的文化需求，全面提高人民群众的获得感，促进人的全面发展。

建设文化浙江，谋划浙江文化发展新篇章，是我省文化建设“干在实处永无止境、走在前列要谋新篇”的新使命，是我省推动文化发展继往开来、再创辉煌的新担当，是我省文化建设与历史同步、继续走在时代前列的不懈追求。

建设文化浙江，标志着浙江文化发展向更深层次、更高水平迈进，必将进一步坚定全省人民的道路自信、理论自信、制度自信、文化自信，提高公民思想道德素质、科学文化素质和社会文明程度，提升广大人民群众文化民生和文化权益保障水平，增强浙江文化软实力和综合竞争力，不断开创浙江文化繁荣发展的新局面。

第二节 文化浙江的科学内涵

从浙江建设的整体视野来看，“文化浙江”是“六个浙江”六位一体中的重要一极，是浙江在新时代新方位奋力推进“两个高水平”现代化建设、谱写中国特色社会主义伟大事业新篇章的重要组成部分。从文化建设的整体视野来看，“文化浙江”又是赓续文化大省、文化强省建设之后，继往开来、再创辉煌的文化建设新方略，是增强文化自觉、坚定文化自信、在提升文化软实力上更进一步、更快一步的具体举措。

“文化浙江”坚持以习近平新时代中国特色社会主义思想为指导，进一步实施文化建设“十大工程”，着力推进马克思主义理论研究和建设，培育和弘扬社会主义核心价值观，不断提高公民思想道德水平和文明素质，着力优秀传统文化的创造性转化和创新性发展，不断推进物质遗产和非物质遗产保护，着力推进文艺繁荣发展，不断推出文化精品、推进文化研究，着力做大做强文化产业，不断为经济的转型升级输送内力，着力促进媒体融合发展、网络内容建设管理，不断强化文化阵地，着力推动文化传播、文化走出去，不断发出浙江好声音、中国好声音，着力壮大文化人才队伍，不断激发文化生产力，为高水平基本实现社会主义现代化提供精神力量和文化氛围。“文化浙江”接续远古灿烂的文明而着力于创造现代的辉煌，立足于地域文化的优良传统而放眼于世界文化的融合与交流。“文化浙江”旨在进一步提升浙江文化软实力，旨在不断促进人的自由全面的发展。①

“文化浙江”建设遵守新时代中国特色社会主义文化建设的基本原则如下。

第一，由中国共产党领导，始终坚持马克思主义指导地位，大力推进马克思主义中国化、时代化、大众化，以习近平新时代中国特色社会主义思想武装全党、教育人民，着力提升主流意识形态凝聚力吸引力，切实做到“两个巩固”。

第二，始终坚持先进文化前进方向，坚持中国特色社会主义文化发展道路，坚守中华文化立场，坚持“二为”方向、“双百”“双创”方针，大力弘扬社会主义先进文化，增强广大干部群众的文化自信。

第三，始终坚持以人民为中心的发展思想，坚持文化共建共享，推进城乡、区域文化协调发展，努力满足人民日益增长的美好生活需要，培育文明风尚，促进人的全面发展。

第四，始终坚持把社会效益放在首位，正确把握文化意识形态属性和产业属性的关系，实现社会效益和经济效益相统一，为人民群众提供更多更好的精神文化产品和服务。

第五，始终坚持改革创新，推进文化观念理念、内容形式、体制机制等创新，推进文化与经济、科技、旅游等融合发展，激发社会文化创新创造活力，解放和发展文化生产力。

“文化浙江”与“文化大省”“文化强省”建设一脉相承。从“文化大省”到“文化强省”再到“文化浙江”，对于社会治理而言，不仅是提法的改变，更是站位的提升、视野的阔大；对于文化发展本体而言，也提供了向六维空间发展的无限可能。它有着更发达的体系与更丰富的内涵。它的内涵，还可以从总体性视界、主体性视界和现代性视界三个层面来解读。

1. 总体性视界

从马克思主义哲学的问题范式来看，“文化浙江”的“文化”建设是一

① 浙江省社会科学院课题组：《践行“八八战略”　建设“六个浙江”》，北京：社会科学文献出版社 2018 年版，第 39 页。

个总体性概念：它包括浙江文化有关过去、现在和未来的时间命题，也包括浙江文化与他省文化、与中国文化乃至与世界文化的空间关系问题，也因此涵盖了继承、创新以及容纳、推广的所有命题；它包括社会公益性的、非营利性的从事研究创作、精神产品生产和文化公共服务的文化事业，也包括从事文化生产和提供文化服务的经营性的文化产业这两大分类；它包括物质文化，也包括精神文化，更强调文化的主体性及精神获得感；它既重视精英文化的概念、抽象、提升与引领，也重视全体劳动者无差别的均等化的公共文化的获得、享有与创造。总之，它是文化软实力总体框架与全部向度的总和。

2. 主体性视界

文化发展最终表征为主体的进步，以及文化共同体文化力总体的增强。文化主体的进步，主要是指生成崭新的精神风貌、独立的人格意志、高尚的道德情操，尤其是指生成创造性的文化品格。浙江省第十四次党代会报告指出："创新和实干是红船精神、浙江精神的要义。要进一步解放思想、与时俱进、保持敢为天下先的精神，保持虎口夺食、猛虎扑食的干劲，敢于担当、勇于负责，求真务实、苦干实干，干出勇立潮头的新气势，干出改革发展的新境界。"这便是新时期浙江文化主体进步的总诉求。未来的岁月，我们要进一步优化文化主体的内在精神结构，从而更好地弘扬、发展浙江文化主体精神，使之更好地作用于文化结构的优化与协调、文化模式的改良与升级，从而更快地走向文化共同体的全面发展。

3. 现代性视界

发展浙江文化软实力，我们正处在一个重要的历史节点。浙江文化发展有四个阶段。第一阶段是古代越族先民的文化；第二阶段是秦汉之后，浙江文化由一种少数民族文化演变为汉文化的区域文化。第三阶段是宋代尤其是南宋之后的繁荣阶段，江南地区为中国文化渊薮，浙江文化人数量之多，文化作品之丰盛，影响力之深远，都处于领先全国的地位。第四阶段始于近代，是浙江文化从先进的区域文化走向世界的跨越，这个过程至今尚未完成。经济的飞速发展，地球村时代的到来，在 G20 峰会、互联网大会的触发下，浙江已经开启了一个跨越式走向世界的新时代，如何从反思现代性视界出发，来规划浙江文化发展，如何让“文化浙江”全方位地、精彩而饱满地展现于世界面前，如何从讲好浙江故事出发进而来讲好中国故事，是我们未来几年乃至更长的历史阶段内所要续写的新篇章。

“文化浙江”是一个科学的发展观，它要我们摒弃经验主义（从朴素的经验出发，对文化作直观性的把握，容易导致文化发展的僵化、庸俗化以及低水平重复）、经济主义（信奉 GDP 主义，过度强调文化的经济功能，以产业化、物性化奴役文化主体）、理念主义（过分强调文化主体的主观精神能动性，而忽视了文化主体存在的基础、文化结构的优化、主体与客体之间的互动、文化生态之间的互动等，必将导致文化的神秘化、空洞化）等粗陋的文化发展观，立足于马克思主义的文化发展观，谋划“文化浙江”最大的真理性存在和更高形态的存在。

第三节　文化浙江的理论基石

中国特色社会主义理论体系，是“六个浙江”的理论基石；中国特色社会主义文化建设理论特别是习近平新时代中国特色社会主义文化思想，是“文化浙江”建设的理论基石。

习近平总书记在党的十九大报告中阐述了发展中国特色社会主义文化的“六大”核心理念和“五大”基本方略。“六大”核心理念：“坚定文化自信”“坚守中华文化立场”“坚持中国特色社会主义文化道路”“坚持为人民服务、为社会主义服务”“坚持百花齐放、百家争鸣”“坚持创造性转化、创新性发展”。“五大”基本方略：“牢牢掌握意识形态工作领导权”“培育和践行社会主义核心价值观”“加强思想道德建设”“推动社会公德、职业道德、家庭美德、个人品德建设”“推动文化事业和文化产业发展”。

习近平新时代中国特色社会主义文化思想，是十八大以来党的理论创新的重要成果，是习近平新时代中国特色社会主义思想的重要内容和有机组成部分，是对马克思主义文化理论的继承、创新和重大发展。它以全新的时代视野，深化对社会主义文化发展规律的认识，从理论和实践结合上系统回答了新时代中国特色社会主义文化的本质属性、内在要求、基本原则、价值功能、发展方向等一系列重大问题，决定着社会主义文化走什么路、为什么人服务、以什么为价值取向等实践根本，是新时代坚定文化自信、推动社会主义文化繁荣兴盛、建设社会主义文化强国的理论武器和科学指南，也是“文化浙江”建设的思想指引和实践指南。

一 新时代文化建设的战略地位

文化是民族的血脉，是人民的精神家园，也是政党的精神旗帜。中国共产党是一个具有高度文化自觉的马克思主义政党，在革命、建设、改革各个历史时期，都高度重视文化建设，充分运用文化引领前进方向、凝聚奋斗力量、推动社会发展。改革开放以来，中国共产党始终秉持高度的文化自觉，不断提升对文化战略地位的认识，努力推动着中国特色社会主义文化建设理论的创新发展。1991 年，江泽民同志在庆祝建党 70 周年大会的讲话中，第一次提出了“中国特色社会主义的文化”的概念，并初步阐述了其科学内涵和基本要求。1997 年，党的十五大报告进一步系统阐述了中国特色社会主义文化建设的理论及其重要意义，首次提出中国特色社会主义的文化是综合国力的重要标志，首次指出在全社会形成共同理想的精神支柱是有中国特色社会主义文化建设的根本，从而将社会主义文化建设的战略地位提高到了一个新的高度。新世纪新阶段，相对于政治、经济、军事等硬实力而言，文化越来越成为一种影响综合国力竞争的软实力。在这种形势下，中国共产党对文化地位和作用的认识也有了新的突破，党的十六大以先进文化来统领中国特色社会主义文化建设，首次提出“文化的力量”这一概念。党的十七大报告从中国特色社会主义“四位一体”的总体布局出发，做出了“推动社会主义文化大发展大繁荣”的重大部署，首次将“文化软实力”的概念写入报告之中。党的十八大从中国特色社会主义“五位一体”的总体布局出发，将“树立高度的文化自觉与文化自信”这一论断正式写入总报告，突出强调了增强国家文化软实力、建设社会主义文化强国的新要求、新任务，将文化建设摆在更加突出的地位，指出了一条具有中国特色社会主义文化发展之路。

党的十八大以来，文化建设的地位和意义越来越受到党中央的高度重视，“文化自信”逐渐被看作继道路自信、理论自信、制度自信之后的“第四个自信”加以突出强调。2014 年 3 月 7 日，习近平总书记在“两会”期间参加贵州代表团审议时，第一次将“文化自信”与道路、制度、理论“三个自信”并提，此后在一系列重要讲话中突出强调了文化自信的“更基础、更广泛、更深厚”的地位，是推动中国特色社会主义事业更基本、更深沉、更持久的力量。党的十九大报告指出：中国特色社会主义进入新时代，中国社会的主要矛盾已经转化为人民日益增长的美好生活需要和不平衡不充分的发展之间的矛盾。这说明，新时代中国人民的需求已经发生深刻的变化，已经由主要满足物质需求转化为主要满足精神需求。文化建设的核心是满足人的精神需求。满足文化需求是满足人民日益增长的美好生活需要的重要内容。因此在中国特色社会主义新时代，文化建设的地位更加重要，作用更加凸显，同时克服不平衡不充分发展矛盾的任务也更艰巨。

二　文化的意识形态属性

意识形态关系到举什么旗、走什么路、立什么制等重大政治方向问题。新时代中国特色社会主义文化以马克思主义为指导，用马克思主义统领意识形态领域；加强党对宣传思想工作的全面领导，旗帜鲜明坚持党管宣传、党管意识形态；以党的政治建设为统领，牢固树立“四个意识”，坚决维护党中央权威和集中统一领导，牢牢把握正确政治方向；牢牢把握宣传思想工作的根本任务和着力点，不断巩固马克思主义在意识形态领域的指导地位，巩固全党全国人民团结奋斗的共同思想基础；坚持大宣传的工作理念，进一步强化“一盘棋”的思想，坚持党管宣传、党管意识形态，调动各方面力量，发挥各方面优势，形成推进宣传思想工作的强大合力。

社会主义核心价值观是当代中国精神的集中体现，凝结着全体人民共同的价值追求；要紧紧抓住社会主义核心价值观建设的根本任务，把社会主义核心价值观融入社会发展各方面，转化为人们的情感认同和行为习惯，体现到精神文化产品创作生产传播各方面；要不断汲取中华优秀传统文化精神滋养，使培育和践行社会主义核心价值观厚植于民族根基之上；把中华优秀传统文化与马克思主义时代精神相结合，赋予中华优秀传统文化新的时代内涵，引发社会共鸣，让中华文化展现出永久魅力和时代风采。

三 文化建设的人本立场

从根本任务上，社会主义文化建设以人为本的特点是人民性。党的十九大报告指出："社会主义文艺是人民的文艺，必须坚持以人民为中心的创作导向，在深入生活、扎根人民中进行无愧于时代的文艺创造。"[①] 社会主义文化建设必须把人民群众的根本利益放在首位，坚持一切以人民利益为最高标准和衡量尺度，强调文化来源于人民、服务于人民、成果共享于人民。只有这样，才能彰显中国特色社会主义的本质要求，才能保证文化建设的社会主义方向，才能体现中国特色社会主义文化建设的先进性、大众性、时代性。

从过程来说，社会主义文化建设以人为本具有主体和谐的特性。在文化建设中，以人为本要求确立人民群众的主体地位。人民是社会发展的决定力量，是历史的创造者，这是历史唯物主义的基本观点。人民是决定党和国家前途命运的根本力量。在社会主义文化建设中，人民群众发挥着巨大的能动作用，要践行全心全意为人民服务的根本宗旨，把人民对美好生活的向往作为奋斗目标，依靠人民创造历史伟业，充分调动其积极性创造性，增强他们在文化建设中主人翁的责任意识、主体意识，坚持百花齐放、百家争鸣，促进社会主义文化大繁荣、大发展。

四 文化建设的开放维度

新时代中国特色社会主义文化以面向现代化、面向世界、面向未来为发展方向。其一，"面向现代化"是新时代中国特色社会主义文化的总要求，表现了当代中国先进文化的时代性。面向现代化的文化，应当是反映历史规律，顺应时代发展要求，促进社会主义现代化伟大事业的文化。当代中国先进文化要成为社会主义现代化的先导，要有利于社会主义经济的现代化。其

① 习近平：《决胜全面建成小康社会 夺取新时代中国特色社会主义伟大胜利》，《人民日报》2017年10月28日。

二，“面向世界”是新时代中国特色社会主义文化的空间尺度，表现了先进文化的包容性。一个民族要想保持自身文化的先进性，既要靠自己的积累和创新，也离不开与其他文化的交流、竞争、融合，以“一带一路”建设为契机，坚持文化“引进来”和“走出去”并重；以文化为纽带，构建人类命运共同体。其三，“面向未来”是新时代中国特色社会主义文化的时间尺度，表现了先进文化的前瞻性。中国特色社会主义文化既不要忘记过去，继承优秀文化传统，又要立足当代中国现实，结合当今时代条件，还要面向未来，适应未来世界文化发展的趋势，坚持创造性转化、创新性发展，努力创造适应中国未来发展需要的民族的科学的大众的社会主义文化，不断铸就中华文化新辉煌。

五 文化的历史性与传承性

党的十九大指出：“中国特色社会主义文化，源自中华民族五千多年文明历史所孕育的中华优秀传统文化，熔铸于党领导人民在革命、建设、改革中创造的革命文化和社会主义先进文化，植根于中国特色社会主义伟大实践。”[①] 习近平总书记对于传承发展中华优秀传统文化有系统的思维，从实现中华民族伟大复兴的战略全局出发，植根历史、关注当下、面向未来。指出做好传承与发扬并不是“旧书新说”，也不是“新瓶装旧酒”，关键在于站在中国特色社会主义事业的全局高度，运用整体性思维正确看待、科学分析中华优秀传统文化、革命文化、社会主义先进文化三种文化之间的内在逻辑联系，对中华文化的思想精髓进行融会贯通、系统阐释和全面把握。中华优秀传统文化深植于中华民族的精神之中，孕育出了中华民族强大的思想基因，是中华民族世代相传、绵延发展的精神密码。革命文化是在中国革命、建设和改革中形成的，是我们党在领导人民群众进行革命斗争和国家建设中积淀的精神财富。社会主义先进文化把中华优秀传统文化、革命文化和时代因素进行有机融合，根植于中国特色社会主义伟大实践，最终实现民

① 习近平：《决胜全面建成小康社会 夺取新时代中国特色社会主义伟大胜利》，《人民日报》2017 年 10 月 28 日。

族自强。这三种文化有机融合、传承发展，共同构成了建设社会主义文化强国的精神内涵与核心主张，彼此之间既存在着历史时空上的延续性，也存在着内容逻辑上的继承性；既在扬弃中发展，也在发展中实现创造性转化。

六 文化建设的实践性

实践性是中国特色社会主义文化建设的行动指南。中国特色社会主义事业已经发展到新时代、处于新方位，面临的挑战前所未有、肩负的使命更加艰巨。如何更有力地加强思想引导、更广泛地凝聚思想共识、更贴切地满足人民精神需求，是中国特色社会主义文化建设的首要命题。习近平新时代中国特色社会主义文化思想不仅关注认识层面的问题，更注重解决实践层面的问题，对文化建设的基本目标、根本任务、战略重点、主要抓手、实施路径、效果评价、体制改革等一系列现实问题都给予了回应与解读，从而为破解当前思想文化领域的热点与难点提供了切实可行的操作方案。这集中体现了当代中国共产党人鲜明的文化观，充分反映了我们党高度的文化自觉、坚定的文化自信和强烈的文化担当。

七 文化的创新性

一定时代的文化，是一定社会的政治和经济的反映。社会在发展，时代在变迁，因此文化时代性，内应着文化创新的诉求。新时代中国特色社会主义文化在服务新时代要求、反映新时代特征、把握新时代趋势的同时，势必要吸收新时代的基因、注入新时代的元素，实现文化的创新性发展。文化发展的实质，就在于文化创新。文化创新，是社会实践发展的必然要求，是文化自身发展的内在动力。

习近平总书记高度重视文化的改革创新，鲜明提出要“以改革创新的精神冲破一切束缚文化发展的思想观念和体制机制，进一步解放和发展文化生产力”。党的十九大系统阐述了文化创新理论，指出要激发全民族文化创新创造活力，建设社会主义文化强国，一是理论创新。实践没有止境，理论创新也没有止境，世界每时每刻都在发生变化，中国也每时每刻都在发生变化，必须在理论上跟上时代，不断认识规律，不断推进理论创新、实践创新、制度创新、文化创新以及其他各方面创新；二是牢牢掌握意识形态工作领导权，高度重视传播手段建设和创新，从而提高新闻舆论传播力、引导力、影响力、公信力；三是培育和践行社会主义核心价值观，深入挖掘中华优秀传统文化蕴含的思想观念、人文精神、道德规范，结合时代要求，创新性转化创新性发展，让中华文化展现出永久魅力和时代风采；四是繁荣发展社会主义文艺，提升文艺原创力，推动文艺创新；五是推动文化产业发展，健全现代文化产业体系和市场体系，创新生产经营机制，完善文化经济政策，培育新型文化业态，倡导创新文化，强化知识产权创造、保护、运用。此外，在全球化时代，对外交流中高度重视文化的力量，建构开放包容、创新共享的文化体系，因为创新共享的文化具有自我更新、自我赋能的特质，在共生体系中跨越霸权思维和冷战思维，发挥文化的影响力与凝聚力。

第四节　文化浙江的历史底蕴

文化是民族的血脉，具有深远的传承性，它承载着我们“从哪里来”的历史记忆，也承载着我们“到哪里去”的美好愿景；文化是一种深沉的精神力量，它潜移默化地塑造特定群体的性格气质和思维方式。悠久深厚、意韵丰富的浙江文化传统，是历史赐予我们的宝贵财富。浙江改革开放四十年之所以能取得巨大的成就，一个很重要的原因就在于，浙江有着深厚的文化底蕴和浙江精神。习近平总书记指出：“中国优秀传统文化的丰富哲学思想、人文精神、教化思想、道德理念等，可以为人们认识和改造世界提供有益启迪，可以为治国理政提供有益启示，也可以为道德建设提供有益启发。”[①] 浙江的优秀传统文化，是文化浙江建设的渊源所在，也是浙江实现“两个高水平”建设的丰富资源和不竭动力。

---

① 习近平：《在纪念孔子诞辰 2565 周年国际学术研讨会暨国际儒学联合会第五届会员大会开幕会上的讲话》，《人民日报》2014 年 9 月 25 日。

一 历史深处的实学传统

务实求真，是浙江文化的本质内核。科学上的求真以北宋沈括为代表，他的《梦溪笔谈》集前代科学成就之大成，在世界文化史上有着重要的地位，被称为“中国科学史上的里程碑”。思想上的求真则如东汉王充、南宋陈亮、清初黄宗羲、晚清章太炎等人，都体现了求真务实的学术思想。浙江文化的实学还突出体现在以商业实业富国富民的商业思想和商业实践上。

早在先秦时代，政治家、军事家兼经济学家范蠡就曾提出较为成熟的商业理论，启发浙江先民的商贾实践。唐宋时期，杭州、宁波（明州）已成为繁荣的商业都市。宋代以后，以陈亮、叶适等人为代表的浙学以事功为特色，其义利合一的观念以及重商主义在各大学派中独树一帜，为浙江商业的发展提供了理论土壤与精神支撑。清代学术思想强调经世致用，无论是浙西学派的顾炎武、阎若璩等人，还是浙东学派的黄宗羲、全祖望等人，都曾将“适用”“应务”作为治学之道，倡导“有用”的“实学”，批判“无用之学”。先哲们开明务实的治学理念，在很大程度上为浙江先民摆脱“重农抑商”的传统偏见提供了义利双行的理论支撑，促进了浙江商贾贸易的繁荣，培养了浙江经久不衰的商贸文化、商帮文化。实学传统，也是构成今天浙江人不尚空谈、注重实干、追求实效的精神品质的重要源头。

二 始于远古的首创精神

浙江先民的开创精神，烙印在中华文明的源头。早在10000多年[①]、7000多年前，生活在浙江的先民已经在浦江上山、余姚河姆渡等地繁衍生息，率先种植水稻，制造石器，留下了丰富的历史遗存。浙江先民领先的稻作农业、发达的航海技术、精湛的青铜制造技艺，以及卧薪尝胆、坚韧不拔的精神都

---

① 徐紫瑾、陈胜前：《上山文化居址流动性分析：早期农业形态研究》：“上山文化因浦江上山遗址的发现而得名，其年代在距今约11000—9000年间，是目前长江下游地区发现的最早的新石器时代考古学文化……上山文化因出现了大量古稻遗存而引起了众多学者的关注。”《南方文物》2019年第4期。

深深影响此后的浙江文化，甚至为中华文化输入了新鲜的血液。秦汉之后，浙江诞生了王充这样伟大的唯物主义思想家，诞生了王羲之这样为后世树立了高标远韵的书圣。宋之后，浙江文化进入灿烂期，江南地区为中国文化渊薮，浙江文化人数量之多、文化作品之巨、影响力之深，都处于领先全国的地位。明代阳明心学倡导“致良知”之说，主张“知行合一”，它建立在对朱子正统之学反判的基础之上，是对理学的大胆革新与创新，引发了对于封建道德思想的离心力，对于长期沉沦在道统里的知识分子有着振聋发聩的作用，对明中后期文艺产生了深刻的影响。明末清初的思想家黄宗羲“天下为主，君为客”“天下之治乱，不在一姓之兴亡，而在万民之忧乐”的思想，开近代反封建专制、倡民主的先河。近代以来，龚自珍的变革启蒙思想，鲁迅的社会批判精神，都让浙江文化闪烁着“批判自觉、创新开拓”的理性光芒。浙江文化基因镌刻的开创精神世代绵延，也是改革开放以来浙江取得巨大成就的原生动力。

三 浙江文化的包容精神

纵观浙江文化的发展历史，每一次飞跃，都体现着兼收并蓄的包容精神。从古越文化到华夏区域文化的转变中，实现了越族文化与汉文化的融合。唐宋时期，新儒学诞生，佛教中国化，儒佛道三教融合，成为当时中国文化发展进入新时期的标志。兼收并蓄的包容精神在浙江思想家身上体现得很明显，如延寿对于佛教诸宗的调和，如契嵩的援儒入佛。如阳明心学对于佛教理论的吸收，无不体现了这一点。我们有理由相信，浙江传统文化与马克思主义的有机融合必将成为浙江文化实现第三次飞跃的决定性力量。在浙江文化发展史上，一些重要的代表性人物都具有兼容并包、博采众长的风格与特色。如吕祖谦就是一个虚心好学、不私一说而能兼取众长的学问家。全祖望称他有“宰相之量”，并且评论说：“宋乾、淳以后，学派分而为三：朱学也，吕学也，陆学也。三家同时，皆不甚合。朱学以格物致知，陆学以明心，吕学则兼取其长，而复以中原文献之统润色之。门庭路径虽别，要其归于圣人则一也。”[①] 实

① 〔清〕黄宗羲：《宋元学案》卷五十一《东莱学案·案语》，北京：中华书局2013年点校本，第二册，第1653页。

际上，东莱之学确是有“折衷朱陆，兼取其长”的思想倾向和特色的。又如王阳明，虽然是孜孜以求“超凡入圣”的标准儒家，却大量吸取了佛教、道家的思想养料，以建立和完善其心学理论体系。黄宗羲不仅有“折衷朱陆”“宗王而不悖于朱”的学术特点，而且钻研并吸收了当时西方天文历算学方面的科学知识，并在理论上提出了“一本而万殊”“会众以合一”的方法论主张。这种兼容博采的精神，正是一个开放型学者应当具备的风格和胸襟。事实上，习近平同志系列重要讲话，作为中国特色社会主义理论体系的最新成果，是马克思主义在当代中国的新发展，其中就饱含着习近平同志在浙江的实践与探索，留下了浙江文化的印记。

四 走在时代前列的“红船精神”

1921 年，中国共产党第一次全国代表大会在浙江嘉兴南湖的一条游船（后称“红船”）上胜利闭幕，庄严宣告中国共产党的诞生。2005 年 6 月 21 日，时任浙江省委书记习近平同志在《光明日报》发表署名文章《弘扬“红船精神” 走在时代前列》，首次公开提出“红船精神”的概念，并对“红船精神”的内涵进行了概括和论述：“开天辟地、敢为人先的首创精神，坚定理想、百折不挠的奋斗精神，立党为公、忠诚为民的奉献精神，是中国革命精神之源，也是‘红船精神’的深刻内涵。”① 同时提出“我们要高举‘三个代表’重要思想伟大旗帜，始终保持党的先进性，就必须永远铭记我们党的‘母亲船’，重温红船的历史沧桑，在继承和弘扬‘红船精神’中永葆党的先进性，进一步激发为中国特色社会主义事业奋斗的信念和力量。”“红船精神”是井冈山精神、长征精神、延安精神、西柏坡精神等中国革命精神之源，中国共产党历史上形成的优良传统和革命精神，无不与之有着直接的渊源关系，它伴随着中国革命、建设、改革的历史进程，不断鼓舞和滋养着中国人民、浙江人民。

五 与时俱进的“浙江精神”

实学传统、开创精神、包融精神的历史传统和“红船精神”的革命传

---

① 习近平：《弘扬“红船精神” 走在时代前列》，《光明日报》2017 年 12 月 1 日。

统，在浙江改革开放的实践中实现交融汇流，在新的时空下聚合成了全新的精神状态，这就是在改革开放的实践中形成的与时俱进的“浙江精神”。早在2000年，浙江就曾提炼出16个字的“浙江精神”：“自强不息、坚韧不拔、勇于创新、讲求实效。”2005年，又进一步概括精练为12个字的与时俱进的“浙江精神”：“求真务实、诚信和谐、开放图强。”浙江精神是中华民族精神的重要组成部分，是浙江人民在千百年来的奋斗发展中孕育出来的宝贵财富，世代传衍，历久弥新，始终激励着浙江人民励精图治，开拓创新，显示出强大的生命力和创造力。浙江精神是浙江发展的动力，是浙江地域文化个性和特色的表达，也是浙江文化的内核所在。

习近平同志在浙江工作期间，高度重视精神的传承与发展，身体力行地研究、丰富和弘扬浙江精神。他提出的“八八战略”“绿水青山就是金山银山”理念等前瞻性发展思路，深刻地诠释了“浙江精神”的实践逻辑。他指出：“代代相传的文化创造的作为和精神，从观念、态度、行为方式和价值取向上，孕育、形成和发展了源远有自的浙江地域文化传统和与时俱进的浙江文化精神，她滋养着浙江的生命力、催生着浙江的凝聚力、激发着浙江的创造力、培植着浙江的竞争力，激励着浙江人民永不自满、永不停息，在各个不同的历史时期不断地超越自我、创业奋进。”① 他对浙江人民提出的“秉持浙江精神，干在实处、走在前列、勇立潮头”“干在实处永无止境、走在前列要谋新高、勇立潮头方显担当”“努力成为新时代全面展示中国特色社会主义制度优越性的重要窗口”的新使命新担当，是浙江不断前行、不断进取的精神引领。

六　繁荣的浙江文化赋予文化自信

浙江精神文化的贡献曾在中华文化史上留下了浓墨重彩。曾经在古代意识形态领域长期奉为正鹄的朱子学说，创立者虽非浙产，但它被统治者确立为官学，却是在南宋理宗朝，与浙江这片土地似难撇瓜葛。而与此同时，宋

① 习近平：《〈浙江文化研究工程成果文库〉总序》（2006年5月30日），转引自《浙江文化研究工程概览》（一），北京：研究出版社2006年版，第2页。

室南渡后的孔氏南宗文化对于南宋以后的浙江学术也产生了深远的影响。尤其值得注意的，还有那些与“正统”学说别具面貌的创新之学、革新之说，诸如永嘉事功之学以及阳明心学等。浙江的学术思想，正是在这样非主流与主流、正统与异端的夹杂冲击中别富生机与活力。儒学之外，浙江也是佛教与道教形成与发展史上最为重要的区域之一，历代高僧、道士创宗立说，名刹古寺、道观仙庙遍布城市山林，普陀山、天目山、天台山等享誉全国，在中国宗教史上具有极其重要的地位。儒、释、道杂糅，促成了浙江学术的兴旺发达，也促成了浙江文学、艺术的繁荣昌盛。正如“浙学”构成中国传统学术的派别一样，“浙派”也分别成为诗、词、画等文学、艺术流派的重要组成。浙江文化的全面繁荣，使得浙江的文化名人灿若星辰，熠熠生辉。这样深厚的历史文化资源，给予浙江人民以充分的文化自信，它影响着人们的思想、塑造着人们的品性、陶冶着人们的情操、滋养着人们的审美，越千秋而不变，历久远而弥新。

第五节 文化浙江的现实基础

浙江是中国革命红船起航地、改革开放先行地、习近平新时代中国特色社会主义思想重要萌发地。十多年来，浙江贯彻执行习近平同志确立的文化发展之路、谋定的文化建设方略，坚持一张蓝图绘到底、一任接着一任干，从加快“文化大省”建设，到建设“文化强省”“文化浙江”，从深入实施“八项工程”，到扎实推进“十大计划”“十大工程”，浙江文化建设渐入佳境。特别是党的十八大以来，浙江省委按照习近平总书记对浙江“更进一步、更快一步，继续发挥先行和示范作用”的总要求，深入贯彻“五位一体”总体布局、“四个全面”战略布局、“六个浙江”目标布局，不断提高文化自觉，担负新的文化使命，推动文化建设从量的积累向质的提升转变，走出了一条具有中国特色、时代特征、浙江特点的文化发展之路。①

① 浙江省中国特色社会主义理论体系研究中心：《习近平新时代中国特色社会主义思想在浙江的萌发与实践——文化篇》，《浙江日报》2018 年 7 月 23 日。

一　习近平关于中国特色社会主义文化思想的萌发

习近平同志在浙江工作期间，十分注重从思想文化的深处思考浙江改革发展重大问题，从战略高度研究谋划加快建设文化大省工作，并在省域层面对繁荣发展社会主义文化作了富有战略性、前瞻性的实践探索，形成了比较系统完整的思想理论体系，概括起来有八个方面的内容。

其一，高度重视文化的作用，提出文化是“经济发展的‘助推器’、政治文明的‘导航灯’、社会和谐的‘黏合剂’”。其二，高度重视文化的意识形态属性，提出要“坚持用先进文化牢牢占领思想文化阵地、统领意识形态领域，确保文化安全”。其三，高度重视文化精神的力量，提出要“坚持和发展‘自强不息、坚韧不拔、勇于创新、讲求实效’的浙江精神，与时俱进地培育和弘扬‘求真务实，诚信和谐，开放图强’的精神”。其四，高度重视文化的传承发展，提出“保持和发展本民族文化的优良传统，积极吸取世界其他民族的优秀文化成果，实现文化的与时俱进，是关系党和国家前途与命运的重大问题”。其五，高度重视文化的教化功能，提出“文化是实现人的全面发展的决定性因素”“文化即‘人化’，文化事业即养人心志、育人情操的事业”。其六，高度重视文化的改革创新，提出要“以改革创新的精神冲破一切束缚文化发展的思想观念和体制机制，进一步解放和发展文化生产力”。其七，高度重视事业产业两手抓，提出“繁荣文化事业、壮大文化产业，是建设文化大省的重要目标，也是加快文化大省建设的重要检验标准”。其八，高度重视文艺精品创作，提出文化要再现辉煌就“必须创作和生产一批思想性和艺术性完美统一的文化精品，一批经得起历史检验的传世之作”。①

习近平同志着眼于浙江在全面建设小康社会、加快社会主义现代化进程中继续走在前列的客观要求，作出了加快建设文化大省的重大决策部署，提出了推进文化改革发展的一系列新思想、新观点、新论断，奠定了浙江文化

① 浙江省中国特色社会主义理论体系研究中心：《习近平新时代中国特色社会主义思想在浙江的萌发与实践——文化篇》，《浙江日报》2018 年 7 月 23 日。

改革发展的四梁八柱，成为推动浙江从“文化大省”向“文化强省”和“文化浙江”奋力迈进的思想指引和行动遵循。

二 文化建设目标不断提升的浙江轨迹

从“八八战略”的文化大省建设，迈进到文化强省建设，再到浙江省第十四次党代会提出的“文化浙江”，历任省委一张蓝图绘到底，坚持不懈抓落实，把“干在实处、走在前列”的要求一贯到底，推动浙江文化发展不断跃上新台阶。

（一）“八八战略”拉开加快“文化大省”建设的序幕

2003 年 7 月，由习近平同志任省委书记的浙江省委十一届四次全会全面系统地总结了浙江发展的八个优势，提出了面向未来发展的八项举措，即“八八战略”。其中第八项文化战略指出：“进一步发挥浙江的人文优势，积极推进科教兴省、人才强省，加快建设文化大省。”加快“文化大省”建设的序幕由此揭开。

2005 年 7 月，浙江省委十一届八次全会贯彻落实党的十六大对发展社会主义先进文化作出的新的战略部署，作出了《中共浙江省委关于加快建设文化大省的决定》，提出：“重点实施文明素质工程、文化精品工程、文化研究工程、文化保护工程、文化产业促进工程、文化阵地工程、文化传播工程、文化人才工程等‘八项工程’，加快建设教育强省、科技强省、卫生强省、体育强省等‘四个强省’。”①

（二）由“十大计划”升级为“文化强省”建设

党的十七大对掀起文化建设新高潮作出了战略部署。2008 年 6 月，浙江省委工作会议通过《浙江省推动文化大发展大繁荣纲要（2008—2012）》，在继承 2005 年《关于加快建设文化大省的决定》重点实施“八项工程”的基础上，创新地提出了加快建设社会主义核心价值体系、公共文化服务体

① 《中共浙江省委关于加快建设文化大省的决定》（2005 年 7 月 29 日中国共产党浙江省第十一届委员会第八次全体会议通过），浙江在线，2005 年 8 月 2 日。

系、文化产业发展体系“三大体系”的新目标。

2011 年 10 月，党的十七届六中全会通过《中共中央关于深化文化体制改革　推动社会主义文化大发展大繁荣若干重大问题的决定》，明确提出建设文化强国战略目标，标志着我党文化建设理论和实践的新高度。同年 11 月，浙江省委十二届十次全会作出了《中共浙江省委关于认真贯彻党的十七届六中全会精神大力推进文化强省建设的决定》，从时代要求与战略全局出发，以高度的文化自觉和文化自信，提出了建设文化强省的奋斗目标。对加快推进文化大省向文化强省迈进作出了谋划和部署，提出继续深入推进“八项工程”“三大体系”建设，重点实施中国特色社会主义理论体系普及计划等“十大计划”。

（三）由“十大工程”迈入“文化浙江”建设新时代

党的十八大以来，省委按照习近平总书记对浙江“更进一步、更快一步，继续发挥先行和示范作用”的总要求，不断加强文化管理。2017 年 6 月，浙江省第十四次党代会报告提出：“在提升文化软实力上更进一步、更快一步，努力建设文化浙江。”“文化浙江”建设的战略部署，标志着浙江文化发展向更深层次、更宽领域、更高水平迈进。

为深入学习贯彻党的十九大精神，全面落实浙江省第十四次党代会决策部署，2017 年 11 月，浙江省委十四届二次全会进一步提出通过实施文化浙江“十大工程”，激发文化创新创造活力，提高文化软实力，使浙江成为在全国具有重要影响的文化高地、文明高地。《中共浙江省委浙江省人民政府关于推进文化浙江建设的意见》提出，在大力推进文化建设“三大体系”“八项工程”和“十大计划”的基础上，明确提出“文化浙江”建设重点实施“十大工程”的具体内容，通过落实与推进“十大工程”，大力提升全省党员干部群众的道路自信、理论自信、制度自信、文化自信，大力提升浙江文化创造力、传播力、影响力和综合竞争实力，大力提升公民思想道德素质、科学文化素质和社会文明程度，大力提升广大人民群众文化民生和文化权益保障水平，不断开创浙江文化繁荣发展新局面。①

① 《中共浙江省委浙江省人民政府关于推进文化浙江建设的意见》（2017 年 11 月 29 日），《浙江日报》2018 年 3 月 22 日。

三 实现文化大发展大繁荣的浙江经验

自“八八战略”提出以来，浙江文化建设的战略地位不断加强，文化建设的主要内容不断充实丰富，文化建设不断开创新局面、积累新经验，浙江文化建设渐入佳境。特别是党的十八大以来，浙江高举习近平新时代中国特色社会主义思想伟大旗帜，深入贯彻“五位一体”总体布局和“四个全面”战略布局，自觉担负起新的文化使命，推动文化建设从量的积累向质的提升转变，走出了一条具有中国特色、时代特征、浙江特点的文化发展之路。文化建设的浙江经验主要体现在以下四个方面。

（一）用战略思维、时代要求和发展眼光审视文化建设，是浙江文化建设的基本思维方式

文化是综合实力和国际竞争力的重要组成部分，文化生产力是社会生产力的重要组成部分。把文化放在人类社会发展的历史长河中来认识，放在浙江发展的历史、现实与未来的宏大视野中来把握，调动、发挥文化的深层次、总体性、根本性的作用。十多年来，浙江文化建设正是基于这样的文化自觉，不断提升文化建设的战略目标。

进入 21 世纪，随着世界多极化、经济全球化的深入发展，各种思想文化相互激荡，意识形态领域的斗争更加复杂，文化市场、文化资源、文化阵地的争夺更加激烈。浙江的文化建设也存在着与经济发展不相适应，与人民群众日益增长的精神文化需求不相适应，与经济全球化、世界多极化、社会信息化和文化多样化的客观现实和发展趋势不相适应，城乡之间、区域之间的文化发展不够协调等问题。浙江省委、省政府直面新世纪新阶段文化建设所面临的新的机遇和挑战，谱写了从“文化大省”到“文化强省”建设的宏大篇章。

党的十九大提出中国特色社会主义进入新时代的重大政治判断，指出中国社会主要矛盾已经转化为人民日益增长的美好生活需要和不平衡不充分的发展之间的矛盾。新方位、新形势对浙江推进文化繁荣发展提出了更高的要求，“文化浙江”建设，正是基于发展的眼光，所采取的与文化大省、文化

强省建设路径一脉相承、内在逻辑高度一致，在提升文化软实力上“更进一步、更快一步”的具体举措，必将开创浙江文化繁荣发展新局面。

（二）始终坚持党领导下的文化治理体系现代化，是文化浙江建设的制度安排

坚持党对一切工作的领导，坚持党对文化工作的领导。这是习近平新时代中国特色社会主义思想一个非常鲜明的特点。习近平同志曾强调，“必须牢牢把握社会主义文化建设的指导思想，坚持马克思主义在意识形态领域的指导地位，坚持党管意识形态不动摇”“坚持先进文化的前进方向，关系到社会主义精神文明的全面建设，关系到中国特色社会主义文化的发展和繁荣，也关系到改革开放和现代化建设事业的前途和命运”。[①] 浙江文化建设始终坚持这种原则、路线，始终不忘初心，以人为本，坚持以创造性转换、创新性发展促进文化治理体系的现代化，谋求浙江文化的正确发展、科学发展、现代化发展。

（三）始终以“大文化”的视域与思路谋划文化建设格局，是浙江文化建设最为重要的工作方法

跳出文化发展文化，从整体布局中审视文化发展，是习近平总书记关于文化建设的重要思想的显著特征，也是他在浙江工作时的先行探索给浙江文化建设留下的方法论。习近平同志在浙江工作时意识到，推进文化建设，是关系到能否破解浙江先发多发的矛盾，关系到今后一个时期浙江实现什么样的发展、能否继续走在全国前列的重大课题，并先行在文化层面进行了探索和创新。他指出，要把握经济与文化相辅相成、相互促进的发展规律，把文化的力量融入经济发展之中，在经济发展中推进文化发展，促进文化与经济、政治、社会建设的相互交融和浙江综合竞争力的不断增强。基于这样的思想，他把文化建设作为“八八战略”的重要组成部分，提出“进一步发挥浙江的人文优势，积极推进科教兴省、人才强省，加快建设文化大省”，

---

① 习近平：《干在实处　走在前列——推进浙江新发展的思考与实践》，北京：中共中央党校出版社 2016 年版，第 297～299 页。

把文化改革发展融入浙江经济社会发展的整体布局之中。

这种整体观、系统论，从根本上解决了脱离文化建设与其他建设的关系而“就文化发展文化”的倾向，确立了在关系中发展文化的正确方法，使文化建设融入经济、政治、社会、生态文明和党的建设各个方面和全过程，确保浙江文化沿着融合发展、科学发展、长远发展的路径不断走向辉煌。

（四）始终坚持以建立地域文化优势为核心的科学布局，是浙江文化发展的战略基点和战略安排

浙江是传统文化资源大省，将悠久深厚的优秀传统文化与中国特色社会主义文化的具体实践相结合，凝练出以“浙江精神”为核心的有地方特色的当代先进文化，浙江文化建设的科学布局就是建立在浙江发展的基础之上，大力弘扬民族精神与时代精神，秉持与时俱进的浙江精神，凝聚起全省人民创业创新的强大精神力量。

习近平同志在谋划加快浙江文化大省建设时，就高度重视传统文化的坚守传承和文化遗产的保护利用，注重浙江文脉的延续。他不仅重视从浙江历史中萃取浙江精神的精华，同时注重结合新的实践丰富和发展浙江精神。他既从推动浙江又好又快发展的角度，提出要与时俱进地弘扬浙江精神，又站在传承和弘扬中华文化的高度思考浙江精神，把弘扬浙江精神作为弘扬中华优秀文化的重要组成部分，同时，又对“红船精神”进行了总结提炼，标注了中国革命精神之源。2016 年 9 月，他在参加 G20 杭州峰会期间仍对浙江谆谆嘱托：“秉持浙江精神，干在实处、走在前列、勇立潮头。”[①] 传承浙江优质文化基因，融会时代新知，坚持创造性转化，创新性发展，使社会主义文化核心价值体系、社会主义文化管理体系、社会主义文化事业体系、社会主义文化产业体系的体系建构根基稳固、内力强劲、活力充沛、生机盎然。

综上，在推进社会主义现代化和文化浙江建设中，浙江将始终坚持习

① 中共浙江省委理论学习中心组：《在新时代大力弘扬“求真务实、诚信和谐、开放图强”的浙江精神》，《光明日报》2019 年 9 月 5 日。

近平新时代中国特色社会主义文化思想为指导，沿着习近平总书记指引的文化发展道路走下去，遵循加快文化大省建设、打造文化强省进程中所取得的宝贵经验，并在推进文化浙江建设中积累新的经验，取得新时代文化浙江建设的新成就，为高水平基本实现社会主义现代化提供文化引领和精神动力。

第 二 章

文化浙江的总体构想

文化浙江建设，是在接力文化大省、文化强省建设的基础上，围绕着社会主义核心价值体系、社会主义文化管理体系、社会主义公共文化体系、社会主义文化产业体系的建设，进一步提高浙江文化软实力和综合竞争力，使浙江文化创造活力更加充沛，人文精神更加高尚，文化事业更加繁荣，文化产业更加发达，文化名家龙腾虎跃，文化氛围郁郁葱葱，文化印记更加鲜明，文化生活更加丰富多彩，使浙江成为在全国具有重要影响的文化高地、文明高地。

第一节 文化浙江的战略目标

文化浙江对应于高水平基本实现社会主义现代化的新目标新要求，主要体现在三个层面：一是强大的价值引导力、文化凝聚力、精神推动力；二是公共文化服务和文化产业协同发展，人民精神文化生活更加丰富；三是文化融入经济社会发展各领域、各方面、各环节。以十大文化工程建设为抓手，以提升浙江文化的引领力、创造力、传播力、服务力、竞争力为路径，全面提升浙江文化软实力，把浙江建设成为公民素质优良、社会文明进步的示范区，文化事业繁荣、文化产业发达、文化名家荟萃、文化氛围浓郁、文化印记鲜明的文化发展先行区，成为在全国具有重要影响的文化高地、文明高地。

一　进一步提升文化凝聚力

文化的力量，很大程度上取决于凝结其中的核心价值观的力量；不同文化之间的竞争，很大程度上表现为各自文化所包含的核心价值观的竞争；一个地域的文化生命力，最根本的是看其核心价值观的凝聚力和感召力。因此"文化浙江"建设，以社会主义核心价值观为中心，坚持马克思主义的指导地位，坚定中国梦的共同理想，弘扬以爱国主义为核心的民族精神和以改革创新为核心的时代精神；聚焦红船精神、浙江精神，坚定"四个自信"。大力推进精神文明创建和公民道德建设，不断提高公民精神境界、培育文明风尚，打造文明高地、道德高地。

二　进一步提升文化传播力

文化治理，是国家治理体系和治理能力的重要组成部分，对国家治理体系和治理能力现代化具有价值引领、精神引航、舆论引导等作用；文化治理能力、治理水平的高低强弱，是检验文化浙江建设程度的重要标尺。为此，浙江不断推进文化管理体制机制创新，加快推进文化治理体系和治理能力现代化；加快推进媒体深度融合发展，打造新型主流媒体，强化内容技术两轮驱动，培育新兴业态；充分发挥网络文化的浙江优势，构建现代传播体系，提高新闻舆论的传播力、引导力、影响力、公信力，树立媒体融合发展的浙江标杆。

三　进一步提升文化创造力

优秀传统文化，是中华民族的根与魂，是中华民族保持生命力的精神支柱、保持文化自信的力量源泉。浙江是中华文明的发源地之一，文化遗存丰厚，文脉悠久，文气丰沛。通过系统梳理传统文化资源，让收藏在博物馆里的文物、陈列在大地上的遗产、书写在典籍里的文字都活起来，并融入当下社会生活之中；通过对浙江优秀传统文化进行深入的挖掘和阐发，实现创造性转化、创新性发展，使其与现代社会相适应，与人们精神文化需要相契合，从而推动建设我们共有的精神家园；让浙江悠久的物质文化遗产、非物质文化遗产以及诗书画文化遗产，在大运河文化带、大湾区文化带、全域诗路文化带的打造中发挥出源源不断的资源效应，助力社会建设，推动时代发展，让文物之邦、文渊之地，焕发出勃勃生机和活力，再现时代辉煌。

四 进一步提升文化服务力

构建现代公共文化服务体系的核心是调整政府与社会的关系，重点是维护公民的文化权利。浙江各级政府统筹文化建设、文化服务，进一步提高公共文化服务效能；构建多元主体共同参与的平台，培育各类社会文化参与主体，激发文化创造活力；通过健全公共文化设施网络，提升公共文化服务水平，创新公共文化服务运行机制，提高文化产品服务精准供给水平，高水平实现基本公共文化服务标准化均等化。总之，浙江各级政府着眼更广覆盖、更高层次、更高水平的文化服务，深化公共文化服务供给侧结构性改革，提升标准化、均等化、社会化、效能化，切实保障人们享受文化成果、参与文化活动、从事文化创作等权利，更好地维护社会公平正义，使人民群众的文化获得感显著增强。

五 进一步提升文化竞争力

文化既是软实力，也是硬实力。文化能够提升第一产业，改造第二产业，做大做强第三产业。文化产业是市场经济条件下繁荣发展社会主义文化的重要载体，是满足人民群众多样化、多层次、多方面精神文化需求的重要途径，也是推动产业结构调整、转变经济发展方式的重要着力点。浙江各级政府统筹文化布局结构与规模速度，进一步提高文化产业质量和效益；加快推进文化产业提质增效和转型升级，使文化产业跻身万亿级产业，成为国民经济重要支柱性产业；做大做强文化市场主体，引导社会对文化的投资，共同参与文化建设，解放和发展文化生产力；深化改革创新，发展新兴文化业态，使现代文化产业体系和市场体系日臻成熟；聚力打造全国文化内容生产先导区、文化产业融合发展示范区、文化产业新兴业态引领区，让文化助推富强浙江建设，让人民群众不断增长的精神文化需求有更多途径、更多产品的获取。

六　进一步提升文化涵养力

文艺是时代前进的号角，最能代表一个时代的风貌，最能引领一个时代的风气，浙江坚持“以人民为中心”的原则，弘扬主旋律；深入实施文化精品战略，推进文艺原创扶持，繁荣发展基层文艺，健全完善文艺评价激励机制，推出更多思想精深、艺术精湛、制作精良的大作力作；加强文化人才和文化名家培养，优化文化人才发展环境，形成人尽其才、才尽其用的良好局面，多出作品，出好作品；着力打造文学重镇、影视重镇、美术书法重镇和戏曲重镇。促进浙江文艺由高原向高峰攀登，推动浙江文艺大发展大繁荣，让真善美世代传扬，让优秀文艺启迪思想、健全人格、温润心灵、陶冶情操，促进人的全面发展。

七　进一步提升文化影响力

文化的力量，深深熔铸在民族的生命力、创造力和凝聚力之中，成为综合国力的重要标志，在综合国力竞争中的地位和作用也越发得以凸显，应以文化为纽带，构建人类命运共同体。浙江着眼于进一步推动中华文化、浙江文化走向世界，形成与中国、浙江国际地位相对称的文化软实力；积极推进文化交流、文化传播、文化贸易；“走出去”的同时也“引进来”，勇于和善于借鉴、吸收一切有利于加强中国特色社会主义文化建设的有益经验、文化成果、经营管理理念；统筹国内、国外两个市场，更加注重商业渠道的开辟和市场资源的配置，积极探索开展对外文化交流的有效办法和途径；还必须把维护国家的文化安全、保持民族文化的自主性和独立性放在重要位置。文化对外交流，最重要的是以文化自信讲好中国故事、讲活浙江故事，展示好中国气度、民族精神、人文风采，塑造好浙江精神、浙江气韵、浙江活力。

第二节 文化浙江的战略构想

2020年，是高水平全面建成小康社会决胜之年。浙江将按照党的十九大报告提出的要求，高标准完成党中央提出的全面建成小康社会各项目标任务，推进文化浙江建设，坚定实施科教兴省战略、人才强省战略，满足人民日益增长的美好生活需要，使高水平全面建成小康社会得到人民认可、经得起历史检验。使文化自信进一步坚定，中国梦和社会主义核心价值观深入人心，红船精神、浙江精神广泛弘扬，优秀传统文化得到有效保护和传承，公共文化服务体系更加完善，文化产业成为万亿级产业，人民精神文化生活更加丰富，公民文明素质和社会文明程度明显提高，文化创造力传播力影响力显著增强。

根据党的十九大精神，浙江将坚持走中国特色社会主义文化发展道路，按照习近平总书记指引的路子走下去，高水平全面建成小康社会之后，乘势而上、砥砺奋进，在高水平推进社会主义现代化建设进程中，大力推进文化浙江建设，分两个阶段全面建设社会主义现代化。

第一个阶段，从2020年到2035年，在高水平全面建成小康社会的基础上，制定实施浙江现代化建设文化发展中期规划（2020—2035年），再奋斗15年，大力推进文化发展，激发文化创新创造活力，大幅提升文化软实力，全面建成包括文化浙江在内的“六个浙江”，高水平完成基本实现社会主义现代化的目标，成为在全国具有重要影响的文化高地、文明高地。

进一步加强党的创新理论武装，不断巩固马克思主义在意识形态领域的指导地位，坚定理想信念，巩固全省人民团结奋斗的共同思想基础。不断提升人民文化素养，丰富人民精神世界，增强人民精神力量。坚定文化自信，增强文化自觉，强化文化担当，建成文化浙江，为浙江高水平基本实现社会主义现代化、建成“六个浙江”凝聚强大精神力量、提供强大文化支撑。

第二个阶段，从2035年到21世纪中叶，在高水平完成基本实现社会主义现代化目标、全面建成“六个浙江”的基础上，再奋斗15年，继续高水平推进文化浙江建设，加强党的创新理论武装，全面提升全省人民文明素养，提升精神文明水平，在中国建成富强民主文明和谐美丽的社会主义现代化强国的新征程中继续走在前列、勇立潮头。

依据浙江省委、浙江省人民政府印发的《关于推进文化浙江建设的意见》，文化浙江建设，将通过加强组织领导、完善政策保障、强化管理考核、形成多层级多部门合力等组织保障，重点实施“文化浙江”建设十大工程。通过实施十大工程，带过“五个一批”建设：搭建一批文化大平台，做强一批文化大企业，培育一批文化新品牌，打造一批文化新标识，抓好一批重点文化项目，着力提升浙江文化的引领力、创造力、传播力、服务力、竞争力，使浙江文化改革发展各项主要指标走在全国前列。

一　马克思主义理论研究和建设工程

紧紧围绕巩固马克思主义在意识形态领域的指导地位、巩固全党全国人民团结奋斗的共同思想基础的根本任务，推进马克思主义学习研究宣传教育系统化常态化，建设具有强大凝聚力和引领力的社会主义意识形态，使全体人民在理想信念、价值理念、道德观念上紧紧团结在一起。

一是加强马克思主义基本原理的学习、研究。加强马克思主义经典和基本原理的教学，实施马克思主义基本原理宣传普及计划，广泛开展理想信念教育，深化新时代中国特色社会主义和中国梦宣传教育，加强重大理论问题、重大现实问题和重大实践经验总结课题研究。二是强化习近平新时代中国特色社会主义思想的学习、宣传、研究，充分发挥浙江是习近平新时代中国特色社会主义思想重要萌发地的优势，成立浙江习近平新时代中国特色社会主义思想研究中心，全面系统开展习近平新时代中国特色社会主义思想丰富内涵和在浙江生动实践的研究，为推动马克思主义中国化、时代化贡献浙江智慧。三是推进哲学社会科学强省建设，统筹推进哲学社会科学学术、学科、教材、话语“四大体系”建设，实施新型智库建设计划。四是积极建设重点理论平台，做强浙江省中国特色社会主义理论体系研究中心，培育打造 20 家左右重点研究基地，实施马克思主义学院建设质量提升计划，强化报刊网络理论宣传阵地建设。

二 社会主义核心价值观引领和公民文明素质提升工程

以培养担当民族复兴大任的时代新人为着眼点，强化教育引导、实践养成、制度保障，把社会主义核心价值观融入社会发展各方面，转化为人们的情感认同和行为习惯，提高人民思想觉悟、道德水准、文明素养，提高全社会文明程度。

一是大力弘扬红船精神、浙江精神，成立浙江红船精神研究院，加大对红船精神的研究、阐释和宣传力度，使红船精神、浙江精神内化为全省上下的价值认同和精神追求。二是培育弘扬社会主义核心价值观，推动社会主义核心价值观宣传全覆盖，将核心价值观贯穿国民教育全过程；建立重大公共政策道德风险评估和纠偏机制，强化公共政策价值导向。三是大力提升公民文明素质，深入实施公民道德建设工程；加强农村精神文明建设，创新发展乡贤文化，培育区域道德文化品牌；深化“书香浙江”建设；加强社科普及基地建设；倡导文明卫生的生活方式，广泛开展全民健身活动；扎实推进“信用浙江”建设；推动学雷锋志愿服务常态化制度化。四是深化“最美浙江人”主题宣传活动，使学习“最美”、争做“最美”成为风尚。

三 优秀传统文化传承发展工程

推进优秀传统文化创造性转化和创新性发展，让优秀传统文化活起来、传下去。

一是系统研究梳理浙江历史文脉。深入实施第二期浙江文化研究工程，推出一批有重要影响的原创性成果和标志性成果；抓好《中华古籍总目·浙江卷》《中国历代绘画大系》《浙江通志》《浙江文丛》等重大出版项目，打造文化传承经典之作。二是大力推进文化遗产保护发展。推进考古遗址保护和文化遗址申遗，推进大运河（浙江）文化带建设，推进历史文化名城名镇名村、历史文化街区保护和城市特色风貌管理，大力推动文化特色小镇建设；扎实推进非物质文化遗产保护传承，实施戏曲保护振兴计划；加强“老字号”和传统工艺保护振兴；加快国家和省级文化生态保护区建设和传统生产生活方式等“活态文化”保护。三是切实抓好优秀传统文化教育普及。综合运用报纸、书刊、电台、电视台等载体，实施新媒体传播工程，建好用好图书馆、文化馆、博物馆、美术馆、非遗馆、文学馆和社科普及基地等设施，多渠道传播优秀传统文化；深化传统节日实践活动和民俗文化活动；构建优秀传统文化课程和教材体系，把优秀传统文化融入课堂和校园文化建设。

四　媒体融合发展工程

加快推进媒体深度融合发展，打造新型主流媒体，构建现代传播体系，提高新闻舆论传播力、引导力、影响力、公信力。

一是打造新型主流传媒集团。以浙报集团、浙江广电集团等为龙头，实施移动优先战略，构建以“两微一端”为重点的移动媒体矩阵，形成一批具有全国影响力的新型主流传媒集团；打造3—5个在全国具有强大传播力、影响力的新媒体平台和一批知名新媒体传播品牌；推进以浙江发布为驱动的全省政务新媒体集群建设；推动市县媒体整合区域资源，强化融合创新，打造区域性新型主流媒体。构建省、市、县媒体平台、资源、技术等的共建共享。二是强化内容技术两轮驱动。以创新手段，提高主流媒体议题设置能力、内容及传播手段的创新能力，推进新闻创新创优，发展新应用新业态；利用先进技术，加大融媒体产品的制作、生产和传播。三是推进融合发展体制机制创新。建好国家出版融合发展（浙报集团、咪咕数媒）重点实验室，推动设立省级媒体融合创新实验室（基地），加强媒体融合研究创新；建立健全人才激励约束机制、考核评价体系、职级晋升制度、薪酬分配办法、第三方评估机制等，增强整合发展效应；探索传媒企业实施特殊管理股制度、经营团队股权激励试点；坚持采编和经营“两分开、两加强”，全面落实阵地管理和导向管理，确保党对新闻媒体的主导权管理权。

五　文艺繁荣发展和高峰攀登工程

推出更多思想精深、艺术精湛、制作精良的大作力作，打造文学重镇、影视重镇、美术书法重镇和戏曲重镇。

一是深入实施文化精品战略。大力实施省文化精品扶持工程和文艺精品打造计划，加强文艺“新品、优品、精品”创作；围绕建党 100 周年等时间节点，启动重大革命历史题材和现实题材影视项目，打造推出讴歌党、讴歌祖国、讴歌人民、讴歌英雄的精品力作，努力形成文艺创作生产的高峰。二是推进文艺原创扶持计划。提升文艺原创力，推动文艺创新，推出更多具有原创价值、自主知识产权和核心竞争力的文艺作品和文化品牌；通过平台搭建、基金探索、项目推动着多种手段，激发原创性文艺作品的大量产生；大力推进文艺与互联网的融合，推动新兴文艺类型繁荣有序发展。三是健全完善文艺评价激励机制，从制度上做好文化精品战略的保障。四是繁荣发展基层文艺，发挥好文联、作协、文化礼堂、文化馆（站）等在繁荣基层文艺中的引领作用，全面推进文化艺术建设；实施农村中小学艺术教育计划，培养基层文艺工作者，增强基层文艺发展内生动力。

六 万亿级文化产业推进工程

加快推进文化产业提质增效和转型升级，聚力打造全国文化内容生产先导区、文化产业融合发展示范区、文化产业新兴业态引领区。

一是全面深化文化体制改革。着力推进文化领域“最多跑一次”改革，提升文化领域治理水平；完善、健全文化管理体制，始终把社会效益放在首位，实行社会效益和经济效益相统一；加快文化领域供给侧结构性改革步伐，推动文化产品和服务优化升级。二是做大做强文化市场主体。推动重点龙头文化企业跨地区跨行业跨所有制兼并重组，打造一批主业突出、核心竞争力强、市场占有率高的“文化航母”，培育一批行业知名、特色鲜明的骨干文化企业，扶持一批“专精特新”成长型文化企业；鼓励引导非公有制和混合所有制文化企业发展。三是大力发展新兴文化业态。深入实施影视演艺产业发展、数字内容产业打造、文化创意设计提升、文化新兴产业促进等产业发展计划；通过“文化 +”“互联网 +”推动文化产业与科技、金融、制造、旅游、体育等相关产业深入融合，增加文化含量和产业附加值；大力发展网络视听、数字出版、数字教育、动漫游戏等新兴文化业态；推动出版发行、工艺美术、文化娱乐、文化制造、印刷复制等传统产业转型升级。四是打造文化产业发展支撑平台。规划建设由数字文化产业基地、动漫游戏产业基地、影视文化产业基地、艺术创作产业基地等组成的之江文化产业带，引领全省文化产业发展；做强横店影视文化产业实验区、中国（浙江）影视产业国际合作实验区等一批文化产业大平台，继续培育打造文化产业重点县（市、区）、文化类特色小镇、重点文化产业园区、文化创意街区。通过平台打造，实施一批重大文化产业项目，储备和招引一批重大项目。

七 网络内容建设工程

通过网络内容建设传播，使互联网成为传播社会主义先进文化的新途径、壮大主流舆论努力的新平台、开展信息服务的新渠道，构筑更加清朗的网络空间。

一是唱响网上主旋律。加强互联网内容建设和传播能力建设，创新话语体系和表达方式，深入开展党的理论创新成果宣传；以省级主流媒体为依托，培育一批有较大影响力的新媒体公众号，打造网络主旋律传播矩阵。二是丰富优秀网络文化产品供给。实施“现象级”新媒体产品打造计划，组织制作一批高水平、有影响的原创融媒体产品；大力培育催生网络文化精品；重点支持一批社科理论、文艺网站（频道）和新媒体传播平台，积极创建网上文化家园。三是规范网络内容传播秩序。建立网络综合治理体系，健全完善具有浙江特点的互联网属地治理模式，健全网络舆情通报研判等机制，完善网络信息内容管理规章制度，构建网络内容执法管理体系，健全网络文化市场监管机制等。四是建立网络内容建设激励机制，保障网络文化的健康发展。

八 基本公共文化服务提升工程

加快构建城乡一体、区域均衡、人群均等的现代公共文化服务体系，高水平推进基本公共文化服务标准化均等化。

一是健全公共文化设施网络。大力推进之江文化中心、浙江自然博物园、浙江小百花艺术中心、浙江电影科技城、浙江方志馆等重大文化设施建设；加快建设重点文化设施和基本公共文化服务设施，推进公共文化设施免费开放和无障碍设施改造；大力推进农村文化礼堂建设，社区文化家园、城市文化公园、企业文化俱乐部等文化阵地建设，形成基层文化阵地集群。二是提升公共文化服务水平。实施高水平推进基本公共文化服务标准化均等化行动计划和文化惠民工程，全面落实浙江基本公共文化服务标准，推进国家、省公共文化服务体系示范区（项目）创建，稳步提升公共文化服务水平。三是创新公共文化服务运行机制。深入推进公共文化服务标准化、公共文化机构法人治理、基层综合性文化服务中心建设、农村电影发行放映体制改革等四项全国改革试点。建立基本公共文化服务标准化均等化建设评价机制，完善公共文化机构绩效考评制度、政府购买公共文化服务机制，探索推进重大文化设施项目所有权与经营权分离，鼓励引导社会力量参与公共文化建设，促进公共文化服务提供主体和方式多元化。

九 文化“走出去”工程

统筹对外文化交流、文化传播和文化贸易，创新方式方法，讲好浙江故事，传播浙江声音，加快建设国际人文科教交流枢纽。

一是积极推进对外文化交流。制定实施浙江“一带一路”文化交流合作行动计划，实施图书、影视、文艺演出等领域的专项交流项目和计划；借助世界互联网大会、世界浙商大会、中国—中东欧国家投资贸易博览会等重大节会，开展多层次、多形式的文化交流活动；培育和扶持一批与国际接轨、具备国际市场运作能力的文化中介推广机构。二是积极提升对外文化传播能力。加强与国际主流媒体、海外华文媒体、海外浙商媒体的战略合作，积极搭建新媒体平台，支持浙江主流媒体以独资、合资或合作方式在境外办报、办刊、办台、办网、办出版机构，实施“经典浙江”译介工程，加大城市形象对外传播力度，多手段讲好浙江故事，传播浙江文化。三是积极促进对外文化贸易。以“一带一路”建设为统领，推动新一轮对外文化贸易，培育发展一批省文化产品和服务出口基地，支持国家级文化出口基地建设；打造一批省级文化出口重点企业；推进文化服务贸易示范城市、文化贸易基地建设，支持创建国家级文化保税区；优化文化产品结构，构建产品输出和资本输出双轮驱动格局，搭建国际营销网络，开拓国际市场。

十　文化人才和文化名家培育工程

树立人才是第一资源的理念，着力优化文化人才发展环境，形成人尽其才、才尽其用的良好局面。

一是加强文化人才培育培养。制定文化人才中长期培养与发展规划，通过多层次人才工程培养一大批文化名家、特级专家、名家大师及创新团队；发挥浙江大学、中国美术学院、浙江传媒学院、浙江音乐学院等高校作用，加强文化人才培养。二是加大文化人才引进力度。通过国家和省“千人计划”，吸引国内外高层次文化人才；以社科人才、文艺创作人才、文化创意和文化产业经营管理人才、现代传媒人才、网络新技术人才为重点，多方式、多渠道引进优秀人才；发挥高校、科研院所、文化类特色小镇、文化产业园区、文化创意街区和重点文化企业等人才集聚功能，努力打造文化人才高地。三是优化文化人才发展生态。建立、建全、完善文化人才创业创新、评价激励、荣誉表彰等政策、制度体系，探索有效机制，强化文化人才服务保障，努力营造尊重劳动、尊重知识、尊重人才、尊重创造的良好环境。

第三节　文化浙江的生态系统

习近平总书记指出，文化的力量，或者我们称之为构成综合竞争力的文化软实力，总是“润物细无声”地融入经济力量、政治力量、社会力量之中，成为经济发展的“助推器”、政治文明的“导航灯”、社会和谐的“黏合剂”。文化浙江是涉及文化性质、文化存在状态以及文化与其存在环境的一个内部相关联的生态系统。建设好这个良好的生态系统，既需要处理好文化浙江与另外“五个浙江”之间的辩证统一关系，又需要时刻平衡文化浙江自身内部的种种关系，亦即共有良好的“文化生态”。所谓“文化生态”，是借用生态学的研究方法和思维方式来分析和阐述文化问题、文化建设问题，它基于人类生存的自然环境、社会环境和文化环境，考察各种因素的相互作用、相互影响，从而科学地、生态地阐释文化发生、发展、变迁的机制，以及科学地、生态地评估文化建设的成效。立足长远，统筹全局，审时度势，制衡应变，是对应于这一方法论的有效措施。

一 文化浙江与其他“五个浙江”之间的关系

“六个浙江”总体布局是一个有机的整体，六个目标之间相互影响、相互促进，必须统筹兼顾，全面推进。同时每一个目标又自成系统，文化浙江对于其他“五个浙江”的发散性与作用力是巨大的。文化是民族的精神血脉，是人民的精神家园。一个民族、一个国家、一个地区的强盛，总是以文化兴盛为支撑的。文化力量，深深地熔铸在民族的生命力、创造力和凝聚力之中。因此，“文化浙江”建设是灵魂，它为浙江的中国特色社会主义建设事业提供思想保证、精神动力和智力支持。

文化浙江为富强浙江建设提供源源不断的精神动力、智力支持。其一，思想观念对于经济有巨大的反作用，如诚信度高的社会容易使信用扩张、经济总量增长。其二，文化和经济日益趋向融合，朝着协调发展的一体化轨道运行，两者的关系更为紧密。其三，文化产业已成为浙江的支柱性产业，在第三产业中的地位越来越高，在 GDP 中的占比也越来越高，“文化 +”的新型业态不断涌现。文化能够提升第一产业，改造第二产业，做大做强第三产业。文化软实力，对于经济社会发展具有不可忽视和不容低估的巨大作用。

文化浙江为法治浙江、平安浙江提供内在精神要素。其一，文化建设为政治法律制度的建设提出具体要求。任务之一是确立人民群众的主人翁地位，为广大人民群众有序参与公共政治生活开辟道路。“立党为公，执政为民”，这是中国共产党所必须具有的执政文化。对从政者提供执政宗旨和行政要求是文化建设对政治建设提出的要求之一。其二，文化建设为制度建设指明方向引领。和谐社会基本制度的建立，国家的行政体制、法律法规、社会保障制度都必须以“以人为本”的价值为导向，以“为人民服务”为宗旨。其三，文化建设为正确认识和处理社会矛盾提供思想指导。规范社会行为，促进社会公平公正和稳定，建立经济体之间的社会共同体意识，正是构建社会主义和谐社会的重点与难点，也是文化建设的使命与担当所在。法威而德明，法治与文化同步，才能全面提高公民道德素质，才能国泰民安，和谐稳定。

文化浙江为美丽浙江、清廉浙江提供审美感受、价值引领与品格升华。美丽浙江所对应的自然生态诉求，以及清廉浙江所对应的政治生态的诉求，本质上都是要解决可持续发展的问题。保护生态环境，保护我们生于斯、长于斯的家园，让青山绿水、蓝天白云长相依伴，让美丽乡愁永远萦绕。保护政治生态，杜绝腐败，让政治清明、人心澄明，让美丽浙江与清廉浙江的山水云影彼此交相辉映。美丽浙江、清廉浙江的提出，一方面出于发展永动的内在需求，一方面也是文化治理观念不断提升下的具体实践。

总之，对于“六个浙江”建设来说，文化浙江不仅起到灵魂和引领的作用，富强浙江、法治浙江、平安浙江的发展最后都要以文化为载体，美丽浙江、清廉浙江的生态文明建设也表现为一种文化召唤。

二 处理好文化浙江体系内的关系

一是主导文化与多元文化的关系。由于种种原因，文化具有差异性。表现为内容、风格、形式、体裁等的多样性。要坚持主旋律与多样化的统一，用主流文化引导多元化的社会思想和文化样态。同时也要倡导“百花齐放，百家争鸣”，尊重多元、多样文化，保持文化系统的生态性。

二是文化事业和文化产业、社会效益与经济效益的关系。正确处理与文化事业和文化产业之间的关系，正确把握文化产品的意识形态属性和产业属性，始终把社会效益放在首位，努力实现社会效益与经济效益的有机统一。

三是传统与现代、继承与创新的关系。文化积累是旧有文化合理内核的沉积，要深入发掘中华优秀传统文化所蕴含的思想理念、人文精神、道德规范，厘清文化历史渊源、发展脉络，增强文化自信和价值观自信。把中华优秀传统文化与马克思主义时代精神相结合，与红船精神、浙江精神等为代表的先进时代精神相结合，推动中华优秀传统文化创造性转化、创新性发展，不断赋予优秀传统文化以鲜明的时代内涵，引发社会共鸣。

四是坚持对外开放和维护文化安全的关系。传统文化的发展繁荣，离不开与世界多种文明的对话，中国文化只有走向世界，得到世界的认可，才能更好地激发活力，我们相信面对全球文化冲突与融合，中国文化具有自主能力、调试能力和文化认同感召力。与此同时，对外开放也不是无原则的开放，要坚持“坚定不移，提高对外开放水平；把握安全底线；开放与完善监管相结合”的原则。在不断扩大对外开放、努力吸收世界各国优秀文化的同时，要警惕外来文化的侵略性，切实维护国家文化安全。“中学为体”“西学为用”，保持与延续中华民族的文化特质，担负起构建人类命运共同体的中华文化使命。

五是地区之间、城乡之间均衡发展的关系。切实加大农村和经济落后地区保障力度的倾斜，促进基本公共文化服务均等化，最终让全体人民共享文化发展成果。

六是繁荣市场和加强监管的关系。综合运用法律、经济、行政、科技等手段，提高管理效能，确保文化事业健康有序发展。

七是加强管理和营造良好创作环境的关系。进一步创新管理理念，强化服务意识，寓管理于服务之中；建立和完善有利于优秀人才健康成长和脱颖而出的体制机制，最大限度地调动广大文化工作者的积极性、主动性和创造性；在全社会营造文化创造和文化创新的良好氛围，让蕴藏于人民中的文化创造活力得到充分发挥。①

八是人文文化与科技文化的关系。中国历史上，唐以前两种文化大体平衡发展，宋以来两者逐渐失衡且扩大，科技日衰，人文独大。近年来，却又呈献出科技渐盛、人文日衰的趋势。这两种文化的关系一旦失衡，便呈病态，要协调健康地发展。

三 调适好文化浙江生态系统内部的不适应性

一是文化生态与精神生活需求不适应。当前，浙江的文化发展与经济发展之间还达不到对等匹配，公共文化服务体系还不健全，公共文化服务还存在着城乡之间、地区之间发展的不均衡，优秀文化产品还比较匮乏，与人民

① 林坚：《推进文化治理现代化的路径探析》，《国家治理》2015 年 7 月 7 日。

群众日益增长的精神文化需求还存在着较大的差距。

二是文化生态与文化体制不适应。良好的文化体制是文化在发展过程中得以不断创新和永葆青春活力的保证。浙江文化体制改革是卓有成效的，一些试点的浙江经验也被作为样板在全国文化系统推广，但仍然需要加快国有经营性文化单位转企改制步伐，着力培育合格的文化市场主体。促进文化宏观管理体制改革，推进和完善文化立法，深化人才发展体制机制改革，加快推进创新人才高地建设，进一步释放文化管理体制活力。

三是文化生态与信息技术时代的需求不适应。随着信息化、网络化、数字化的快速发展，文化建设面临新的机遇和挑战。文化产品的形态和内容、文化传播的平台和途径、文化消费的方式和习惯都发生了极大的变异，这些都对文化生态发展战略提出了新的要求。现阶段，我们尚需对传统文化资源加强有效保护，进一步提高文化产业的自主创新能力，文化创意产业还处于发端阶段，文化市场知识产权保护水平与整个文化产业发展极不对称。因此，必须扭转文化观念和文化发展的思路，更好地迎接信息革命的挑战。

建设文化浙江，就是应消除当前还存在的种种不适应，扭转失衡状态，建设良好的文化生态。当然，这是一个动态的、发展的过程，新的情况、新的问题还会层出不穷，总体平衡、局部失衡的趋势还将长期存在，文化浙江的生态建设，前景可期，任重道远。

第四节　文化浙江的崭新实践

自 2017 年底浙江省委省政府对推进文化浙江建设进行全面部署以来，文化浙江建设在顶层设计、总体规划的大格局中稳步推进，呈现出良好的发展态势。2017 年，浙江经济发展继续走在全国领先行列，浙江 GDP 总量突破 5 万亿，达到 51768 亿元，比上年增长 7.8%，增速快于上年年报核实数 0.2 个百分点，快于全国 0.9 个百分点；与此同时，2017 年浙江文化产业发展势头强劲，文化及相关特色产业增加值 3745 亿元，增长 15.8%，占 GDP 的 7.2%，比重比上年提高 0.4 个百分点，文化产业发展综合指数和生产力指数均列上海、北京、江苏之后居全国第 4 位，影响力指数居第 3 位。2018 年，浙江文化各个领域都取得了很大成就，实现了文化浙江建设的目标。2019 年浙江文化继续呈现强劲发展的势头。

一 思想理论建设阵地更加巩固

浙江省中国特色社会主义理论体系研究中心和嘉兴学院多次联合举办“结合时代特点，弘扬红船精神”理论研讨会，专家学者围绕红船精神的时代价值、中国共产党革命精神谱系、红船精神与育人、红船精神与党的建设等话题展开了热烈讨论。“红船精神研究中心”以“融通历史现实、推动理论创新、促进精神传承、服务社会发展”为宗旨，按照“高水平、有特色、善创新”要求，积极担当“学术创新、精神传承、资政服务”三大使命，在红船精神的研究、传承和弘扬方面，取得了不错成绩，成为全国研究红船精神的重镇，为红船精神的传播作出了积极贡献。2018 年 5 月，浙江启动新型智库遴选工作。经省内外专家两轮评审，2018 年 9 月，浙江大学公共政策研究院、浙江社会科学院发展战略和公共政策研究院等 13 家智库列为浙江新型重点专业智库。同时决定培育一批基础较好、与新型重点专业智库形成互补的智库平台，浙江大学金融研究院等 8 家智库列为浙江重点培育智库。

二 公共文化服务体系更加完善

作为全国公共文化服务标准化示范省份，浙江与文化和旅游部建立了省部联动机制。实现了“自上而下”和“自下而上”的统一。文化和旅游部十分关心浙江公共文化服务标准化建设，部领导和国家公共文化服务体系建设专家多次来浙江，对浙江公共文化服务标准化工作给予指导与支持。浙江定期向文化和旅游部报送工作进展，做到互通信息、同步开展工作，切实发挥了部省联动机制的积极作用。同时，浙江在推动公共文化服务标准化过程中，充分调动基层和地方的积极性和主动性。各地各公共文化机构，结合《浙江省基本公共文化服务标准》，根据本地区、本部分实际，制定了地方和部门标准 66 个，这些标准通过实践检验，择优从地方和部门而上升为全省某一领域的标准，这既体现了地方和基层的创新精神，又体现了自下而上的联动效应。

持续推进重大文化设施建设。制定实施《浙江省级文化系统重大文化基础设施建设“四个一批”规划》。着力解决公共文化服务领域不平衡不充分问题。制定《浙江省公共文化服务保障条例》，实施“十百千”工程，出台《关于加强乡镇（街道）综合文化站效能建设的实施意见》，91.6%的乡镇综合文化站达到三级以上标准。根据浙江省文化厅制定的《2018年公共文化服务地方标准编制计划》，2018年浙江还将制定20项公共文化服务地方标准，其中省级6个、市级6个、县级8个。这一阶段是浙江全方位推动公共文化服务标准化时期，各类公共文化服务全面铺开标准化建设，省、市、县市区各层级全面铺开标准化建设，使公共文化服务标准化实现全覆盖，全面提升公共文化服务的标准化水平和服务效能。

三　文化遗产得到有效保护和传承

2017年9月，浙江省委、省政府发布《浙江省实施中华优秀传统文化传承发展工程工作方案》，提出“实施优秀传统文化保护振兴工程”，推进文物保护、古籍保护、非物质文化遗产保护发展。2018年10月，浙江省文化和旅游厅正式挂牌。浙江将树立文化、旅游“一盘棋”的思想，以机构改革为契机，着力优化内部机构设置和职能配置，发挥“文化+旅游”“1+1>2”的效用。

（一）文物保护利用

非遗工作实现新提升。指导开展入选人类非遗代表性项目的“二十四节气”项目保护活动，成立省非物质文化遗产文献馆，出台《关于贯彻落实中国传统工艺振兴计划实施意见》，公布第五批省级非遗代表性传承人279名。其一，大遗址保护和考古遗址公园建设取得新进展。2017年12月，浙江慈溪上林湖越窑遗址和龙泉大窑龙泉窑遗址成功入选第三批国家考古遗址公园，嘉兴马家浜考古遗址公园和安吉古城考古遗址公园成功获准立项。2018年10月29日上午，龙泉市大窑龙泉窑国家考古遗址公园开园仪式举行。大窑龙泉窑国家考古遗址公园规划占地面积 9.74 平方公里，总投资 4.5 亿元，以大窑龙泉窑遗址为依托，建设汇集遗址文化景观、传统聚落景观、乡土农业景观、生态野趣景观为一体。其二，新技术应用助力文物普及。2018 年 4 月，杭州召开“小程序在博物馆中的应用研讨会”，进一步推进博物馆技术创新，让文化遗产“潮”起来、“活”起来。以浙江博物馆为例，近年来，浙江博物馆围绕精耕内容、特色服务等内容逐渐探索出一条新媒体发展的道路，推出微信语音导览小程序就是其中一项尝试。截至 2018 年 10 月，浙江省博物馆语音导览小程序播放次数超过 4 万多次。

（二）传统村落与历史名城、名镇、古镇、街区保护

近年来，浙江在历史文化名城、名镇、名村建设方面投入了很多力量，进一步丰富了历史文化名城名镇名村、国家级历史文化街区名录，基本形成了国家级、省级、市级三级历史文化名城名镇名村网络体系，各级政府和人民广泛投入到文化遗产保护中来，已经成为文化遗产保护力度最大的省份之一。2018 年，龙泉市被国务院批准公布为国家历史文化名城。2018 年，在浙江大花园建设动员部署会上，袁家军省长重点提出了打造“四条诗路”——浙东唐诗之路、钱塘江唐诗之路、瓯江山水诗之路以及大运河（浙江段）文化带，拯救一些历史文化遗产；恢复这条路上的一些古城、古镇、古村，包括一些古道、古庙甚至古桥等；让诗路不仅兴盛在纸笔间，更兴旺在实景中，全力打造现代版的“富春山居图”，打造“诗画浙江”金名片。

（三）古籍保护

据已经完成的浙江全省古籍普查数据显示，浙江全省古籍存藏总量近 22 万部，民国线装书 11 万部，藏书总数在全国名列前茅。古籍中多珍罕善本，入选《国家珍贵古籍名录》者就有 871 部之多，“南三阁”中硕果仅存的文澜阁《四库全书》和历代浙江籍历史名人的稀见稿抄校本，尤称珠联玉映，熠熠生辉。浙江古籍存藏单位多达 95 家，几乎是县县有古籍。为了让公众能够更广泛地接触古籍，浙江图书馆除继续丰富数字阅览内容外，2018 年开展实施“两浙文丛”项目，将一些未公布过的古籍进行全文影印，第一辑 100 册古籍。浙江文化研究两期工程中有八成立项课题聚焦浙江优秀

传统文化，其中浙江大学实施的宋画全集项目，已经扩展到“中国历代绘画大系”编纂工程，实现了优秀传统文化的创新性发展。

完善古籍保护体系和使用制度，建设浙江地方文献缩微资源总库，形成纸质、数字资源和缩微胶片三位一体的文献保护体系，强化古籍保护人员技术培训，为中华优秀传统文化阐释和研究提供扎实的文献基础。2018 年 9 月，由浙江古籍保护中心举办的“第一期浙江古籍保护管理培训班”在杭开班。来自全省 41 家古籍收藏单位的 44 名管理人员参加了培训。

（四）非物质文化遗产保护发展

浙江是非遗资源大省，有 10 个世界级非遗项目，217 个国家级非遗项目，还有 1068 个省级非遗项目等，非遗保护传承工作基础扎实。各种非遗保护传承展示体验基地建设大步推进，成效显著；春节、清明、端午、中秋等传统节日及民族民间民俗风情丰富多彩，形式多样。放眼浙江大地，美丽非遗摇曳生姿，呈现出神形兼备、丰盈充实的全域化格局。

近年来，浙江充分发挥“天工遗风”“忆江南”和丰富多彩的浙江春节民俗文化为主题的“春节习俗”等品牌效应与平台优势，先后在中国香港、中国澳门、德国、西班牙、俄罗斯、美国、印度、瑞士、南非、澳大利亚等地区和国家成功举办展演展示活动，加强对外交流，讲好浙江故事，增加浙江文化影响力。2018 年 9 月，第二届“中国—中东欧国家非物质文化遗产保护专家级论坛”在杭州举行，国内外非遗保护专家共同探讨传统工艺的可持续发展。高规格的文化交流活动，为搭建中国与西方国家文化合作，提供了“浙江样本”。

四　文化精品不断涌现

浙江艺术创作生产机制进一步创新。组建“浙江文艺创研中心”，实施优秀剧本政府采购计划，推进省地合作模式，举办浙江省第十届音乐舞蹈节等活动。54 个项目获国家艺术基金资助项目立项，戏曲保护传承工作体系进一步健全。浙江话剧团近年出品民国人物系列戏剧，比如《秋水山庄》《再见徽因》《天真之笔》等，都显示了舞台实践的创新，作品展现了非常清晰的浙江印记。

浙江的电影、电视、网络剧、综艺发展势头依然强劲。2017 年，浙江影视制作机构 2833 家，其中上市公司 38 家，机构数量稳居全国第二，占全部企业的 1.3%。2017 年上线网络剧 206 部，总播放量达到 833 亿次，11 部网络剧播放量超过 20 亿次。2017 年上线网络大电影约 1900 部。在爱奇艺公布的 2017 年网络大电影年度总票房榜中，浙产精品占到前二十名的四分之一。浙江美视众乐文化传播有限公司的"大梦西游"系列两部电影均入围，成为网络大电影领域运作最成功的 IP 之一。2018 年，由浙江影视（集团）公司全资子公司蓝色星空影业联合出品的电影《邪不压正》将代表中国内地角逐第 91 届奥斯卡金像奖最佳外语片奖。蓝色星空联合出品的另两部作品《地球最后的夜晚》《捉妖记 2》获得第 55 届台湾金马奖 13 项提名。浙江卫视演技竞演类励志综艺《我就是演员》，创意性延展综艺内涵，引领踏实创作的匠人风气，节目推出以来好评如潮。2018 年 9 月，浙江第 13 批文化精品扶持项目公布，纪录片《越剧万里行》、台州乱弹现代戏《我的大陈岛》等 75 个项目被列为精品扶持项目。

2019 年中国（横店）影视文化产业发展大会在浙江东阳横店圆满召开。

五 文化产业成为经济发展的新主导

2017 年 10 月，浙江省委、省政府发布了《关于加快把文化产业打造成为万亿级产业的意见》，到 2020 年，力争全省文化及相关特色产业总产出达到 1.6 万亿元，增加值近 5000 亿元，占 GDP 比重达 8% 以上，基本建成全国文化内容生产先导区、文化产业融合发展示范区和文化产业新业态引领区。2017 年 11 月 9 日，浙江省委十四届二次全会提出："打造文化事业和文化产业发展新高地，要做大、做强文化市场主体，大力发展新兴文化业态，打造之江文化产业带，加快横店影视文化产业集聚区等重大平台建设，建成全国文化内容生产先导区、文化产业融合发展示范区、文化产业新兴业态引领区。"2018 年 6 月 26 日，浙江省委宣传部会同省发展规划研究院、杭州市委宣传部编制的《之江文化产业带建设规划》正式发布，为推动全省文化产业大发展大繁荣提供了战略支撑。《浙江省大湾区建设行动计划》

提出，按照“万亩空间、千亿量级”的要求，高起点规划、高标准建设，打造若干产业高端、优势突出、竞争力强的产业大平台；而《加快把文化产业打造成为万亿级产业的意见》里也提到，构建数字文化产业集聚发展平台，打造全国数字文化产业发展新高地。之江文化产业带，主要规划范围是以钱塘江杭州段为轴线，以上城、江干、西湖、滨江、萧山、富阳等6个沿江分布的主城区为核心。这一区域自然人文要素荟萃、文化产业基础雄厚、区位交通条件优越、创新创业氛围浓厚，集聚了一大批高水平文化教育科研机构、高端文化服务机构和文化行业领军企业，形成了一系列富有特色和核心竞争力的文化产业集群，是全省文化产业发展的前沿阵地。

浙江特色文化产业已经成为多地经济发展的支柱产业，改变着地方经济社会发展版图，成为区域经济发展的新主导。浙江的上市文化企业数量在全国领先，截至2017年，浙江已有38家上市A股文化企业，90余家挂牌新三板文化企业，横跨新闻出版、广播影视、文化演艺和文化旅游等多个领域。浙江文化企业上市的“浙江现象”在全国罕见。“报业集团经营第一股”浙数文化、“民营电影第一股”华谊兄弟、“影视剧制作第一股”华策影视、“演艺第一股”宋城演艺、“中国数字电视内容原创第一股”华数传媒、“中国网吧服务软件第一股”顺网科技、“中国民营广告第一股”思美传媒、“网游第一股”电魂网络和“舞台设备第一股”大丰实业等皆出自浙江，成为股市中亮眼的“浙江文化板块”。①

六　谋划诗路建设新篇

2018年6月，浙江省委、省政府印发《浙江省大花园建设行动计划》，提出以水系（古道）为纽带，建设四条诗路，作为全省大花园建设的标志性工程。省发改委、省发展规划研究院开展了广泛调研，制订《浙江省诗路文化带建设规划》，计划通过大运河诗路、钱塘江诗路、浙东唐诗之路、瓯江山水诗之路等四条诗路的打造，写就文化浙江新诗篇、绘就文化浙江新

① 吴蓓主编《浙江蓝皮书2019年浙江发展报告（文化卷）》，杭州：浙江出版社联合集团、浙江人民出版社2019年版。

图卷。

诗路文化带建设范围覆盖全省 11 地市，大运河诗路主要以大运河世界文化遗产为核心，包括杭州、嘉兴、湖州、绍兴、宁波 5 市；钱塘江诗路以钱塘江、富春江、新安江、兰江、婺江、衢江为主线，包括杭州、金华、衢州、嘉兴 4 市；浙东唐诗之路以浙东运河、曹娥江、椒江为主线，包括杭州、宁波、绍兴、台州、舟山 5 市；瓯江山水诗之路以瓯江、大溪、龙泉溪为主线，贯穿整个浙南山区，包括丽水、温州 2 市。四条诗路展现了诗人行迹图、水系交通图、城镇风物图、浙学渊源图、诗词歌赋书画艺术长卷。通过对四条诗路沿线浙江传统文化资源的深度挖掘、整理、保护、传承，实现传统文化资源的创新性转化、创新性发展，助推经济建设。诗路文化带建设是文化浙江建设的新举措，是全面落实大花园建设的新抓手，是全面推进“两个高水平”建设的新途径。

第　三　章

文化浙江现代化指标体系的构建

浙江作为改革开放的先行地，在改革发展实践中取得了重大成就，多项文化建设的试行也积累了丰富经验。新时代的文化浙江建设，必须要在实现社会主义现代化的实践中继续走在前列，因此制定一个合理的适应浙江文化发展的结构完整、层次分明的指标体系迫在眉睫。基于对国家、兄弟省市文化现代化指标体系的理解、借鉴，基于浙江文化建设的实际，结合新形势下文化浙江现代化指标体系的新要求、新内涵的把握，提出了构建文化浙江现代化指标体系的必要性和初步尝试，通过文化浙江现代化指标体系的构建，聚焦并全面衡量文化浙江建设的水平，以评促建，以评促改，促进浙江文化建设的科学、稳定、长效发展。

第一节　文化浙江现代化指标体系的基本理论

一　文化现代化指标体系的基本内容

文化“软”实力也需要“硬”标准。文化的“软”是强调文化价值发挥作用的方式，文化的“硬”，是指它的规范性、精确性、严密性和坚韧性。制定文化现代化的指标体系，是要将原来比较抽象的文化现代化建设目标、任务、考核、评估标准具体化，从而构成便于直接操作的量化体系。

任何一个测评体系，都是以其指标内涵为基础，遵循一定的设计理念，并建立在特定的理论模型基础之上的。从兄弟省的经验来看，江苏省探索制定的指标体系，选取了文化潜力、文化保障力、文化创新力、文化影响力等四个一级指标，文化素质智力化、文化设施公益化、文化产业创新化、文化投入优先化、文化消费提升化、文化交流国际化、文化生活信息化等七个二级指标，以及平均受教育年限等18个三级指标，共同构成了区域文化现代化指标体系。其实，早在21世纪初，浙江也有学者初步探索制定了宁波文化现代化指标体系，[①] 并评估宁波当时的文化现代化程度为51.8；前些年，浙江也有学者就省级层面的文化发展评估指标体系进行过研究。这些都可以成为我们进一步探索制定浙江文化现代化指标体系的重要参考。

2018年3月，浙江省委、省政府印发《关于推进文化浙江建设的意见》指出："浙江建设的主要目标：通过5年左右时间，深入实施十大工程，搭建一批文化大平台、做强一批文化大企业、培育一批文化新品牌、打造一批文化新标识、抓好一批重点文化项目，着力提升浙江文化的引领力、创造力、传播力、服务力、竞争力，使浙江文化改革发展各项主要指标走在全国前列，把浙江建设成为公民素质优良、社会文明进步的示范区，文化事业繁荣、文化产业发达、文化名家荟萃、文化氛围浓郁、文化印记鲜明的文化发展先行区，成为在全国具有重要影响的文化高地、文明高地。"这个意见提出的"两个区""两个高地"的建设目标，既立足"文化大省""文化强省"建设奠定的坚实基础，又从更高层次、更宽视野布局全省文化改革发展，有继承、有创新、有突破，确保浙江文化建设继续走在前列、勇立潮头。因此，我们探索制定文化浙江的指标体系，就依据这个意见提出的各项指标，将文化浙江的内涵分为五个主要方面：文化引领力、文化创造力、文化传播力、文化服务力、文化竞争力（见图3－1）。

《关于推进文化浙江建设的意见》指出，文化浙江建设的目标是："文化引领力进一步提升。习近平新时代中国特色社会主义思想学习宣传贯彻扎实有效，中国梦和社会主义核心价值观深入人心，红船精神、浙江精神广泛弘扬，广大干部群众'四个自信'更加坚定。文化创造力进一步提升。文化体制机制改革纵深推进，优秀传统文化实现创造性转化和创新性发展，优

① 详见陈依元、王益澄《宁波文化现代化指标体系的制定及评价》，《宁波大学学报》2001年第4期。

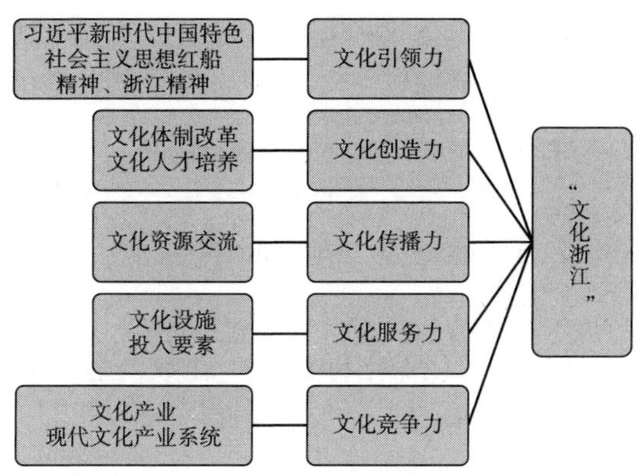

图3－1　“文化浙江”指标体系的系统结构

秀文化人才脱颖而出，文化创造源泉充分涌流，文化精品佳作竞相涌现。文化传播力进一步提升。文化‘走出去’成效明显，浙江故事广泛传播，浙江文化印记、文化符号更加鲜明，文化影响力持续扩大。文化服务力进一步提升。公共文化服务体系日益完善，文化产品服务精准供给水平明显提高，基本公共文化服务标准化均等化高水平实现，人民群众文化获得感显著增强。文化竞争力进一步提升。文化产业跻身万亿级产业，成为国民经济重要支柱性产业。现代文化产业体系和市场体系日臻成熟，文化市场主体实力大为增强，文化整体竞争力显著提升。”① 这五个内涵，基本上涵盖了文化浙江的主要内容，文化引领力的文化浙江建设的精神载体；文化创造力是文化浙江建设的内在动力；文化传播力是文化浙江的自我彰显能力；文化服务力是文化浙江存在和发展的物质载体；文化竞争力是文化发展物质保障。

二　文化现代化指标体系的功能定位

任何一个测评体系，都是以其指标内涵为基，遵循一定的设计理念，并建立在特定的理论模型基础之上的，文化浙江也不例外。适应文化建设的指标体系，在功能定位上，应该具备以下特点。

① 《中共浙江省委浙江省人民政府关于推进文化浙江建设的意见》（2017年11月29日），《浙江日报》2018年3月22日。

第一，通用性。文化现代化评价指标的设计，首要的立足点，就是要具有国际、国内对比功能。在指标选取上，要充分考虑到国际间的比较，选取与国际上通行的统计指标，尽可能注意与国际接轨，提高可比性。

第二，系统性。每一个系统都有复杂的多元参量组成。该指标体系将在时间上反映文化现代化的发展趋向，在空间上反映文化现代化发展的整体平衡性，在层次上反映文化现代化建设的水平。

第三，相对性。文化现代化的指标选取，在数值上尽量采用相对值，尽可能不采用绝对值。这样既能反映实际情况，又便于比较优劣，查明薄弱环节。

第二节 文化浙江现代化指标体系建构及说明

文化浙江指标体系，涉及各级各类文化以及文化的诸多方面，要全面把握浙江文化建设水平，需要合理制定指标体系。本研究根据国际社会现代化的标准要求，国内主要城市的现代化发展状况，以及《中共浙江省委省人民政府关于推进文化浙江建设的意见》，设定了文化浙江指标体系的参考值以及根据2018年浙江文化建设各项指标测出文化浙江建设的基础值，希望能够比较全面反映浙江的文化特色和突出问题（见表3－1）。

表3－1 “文化浙江”指标体系构成

指标	权重	类别	权重	具体指标	权重
文化引领力	0.2	文化消费生活化	0.5	文化娱乐服务支出占家庭消费总支出比重(%)	0.5
				每百户文化耐用品拥有量(台)	0.5
		文化生活信息化	0.5	每千人拥有智能手机数量(个)	0.5
				每百户拥有电脑数量(台)	0.5
文化创造力	0.2	文化素质智力化	1.00	平均受教育年限(年)	0.5
				每万人拥有在校大学生数(人)	0.5
文化传播力	0.15	文化交流国际化	1.00	年国际文化交流人数(万人次)	0.5
				人均国际旅游创汇收入(美元)	0.5
文化服务力	0.25	文化设施公益化	0.50	每万人公共文化设施面积(平方米)	0.5
				百万人博物馆拥有率(%)	0.3
				人均公共图书占有量(册)	0.2
		文化投入优先化	0.50	人均公共文化支出(元)	0.5
				文化体育与传媒支出占全部财政支出的比重(%)	0.5

续表

指标	权重	类别	权重	具体指标	权重
文化竞争力	0.2	文化产业创新度	1.00	文化产业增加值占 GDP 比重(%)	0.5
				文化体育娱乐从业人员占总就业人数(%)	0.2
				人均文化产业增加值(万元)	0.2
				科技人员比例(位/万人)	0.1

表 3－2　文化浙江参考值与 2018 年浙江文化建设预测值比较
(统计结果据《2019 浙江统计年鉴》)

指标	类别	具体指标	文化浙江参考值	2018 年浙江文化建设预测值
文化引领力	文化消费生活化	1. 文化娱乐服务支出占家庭消费总支出比(%)	10	5
		2. 每百户文化耐用品拥有量(台)	200	178.8
	文化生活信息化	3. 每百户拥有智能手机数量(个)	500	243.6
		4. 每百户拥有电脑数量(台)	90	72.6
文化创造力	文化素质智力化	平均受教育年限(年)	13	13
		每万人拥有在校大学生数量(人)	1000	190.09
文化传播力	文化交流国际化	年国际文化交流人数(万人次)	300	283
		人均国际旅游创汇收入(美元)	250	52
文化服务力	文化设施公益化	每万人拥有群众文化设施面积(平方米)	1000	790
		百万人博物馆拥有率(%)	5	4.3
		人均公共图书占有量(册)	2	1.7
	文化投入优先化	人均公共文化支出(元)	300	348
		文化体育与传媒支出占全部财政支出的比重(%)	3.5	2
文化竞争力	文化产业创新度	文化产业增加值占 GDP 比重(%)	8.0	\
		文化体育娱乐从业人员占总就业人数(%)	3.0	0.6
		人均文化产业增加值(万元)	1.0	\
		科技人员比例(位/万人)	10	7

整体来看，2018 年浙江文化建设发展各项指标，有个别指标已经达到了我们的参考值，还有许多指标，由于地域差异的原因，尚未能达到期望值，文化浙江建设还有很长的路要走。究其原因，与全省域范围内，城乡文化发展不平衡有着比较密切的关系。比如根据省统计局统计的我省城乡居民消费状况统计，2018 年，城镇居民用于文化娱乐消费人均 1652 元，占其总

消费支出的6%；农村居民仅为510元，仅占其总消费支出的2.5%。可见，农村居民文化消费整体水平不高。究其原委，一方面与农村居民物质生活水平偏低有关，根据统计局统计的我省人民物质文化生活水平，以2018年为例，浙江城镇居民和农村居民人均可支配收入分别为55574元、27302元；而城镇居民的人均消费水平是34598元，农村居民的人均消费水平是19707元，可见农村居民将其可支配收入基本上都用于了消费，结余不多。另一方面，则与农村居民的消费倾向有关。从统计数据可见，农村居民在家庭耐用品拥有量上，与城镇居民的差距在逐年缩小。同时，与文化娱乐消费支出形成鲜明对比的是教育支出，2018年，城镇居民用于教育支出人均2032元，占其总消费支出的7%，与文化娱乐消费支出基本持平；而农村居民用于教育支出人均1278元，虽然也占其总消费支出的7%左右，但接近其文化娱乐消费支出（510元）的三倍。由此表明，农村居民更重视教育以及家庭耐用品置办等方面的支出，文化娱乐消费的意愿和能力不强、动力不足。另外，部分基层干部在思想认识上也有偏差，认为文化建设是“软任务”，不如经济建设看得见、摸得着，基层干部和群众的思想观念尚待扭转。农村居民文化参与度不高，群众看得多，动得少，认为文化建设是“文化人干的事情”，与自己没有关系。这些都成为浙江文化建设整体上呈现城乡发展不平衡的重要原因。

第三节　文化浙江现代化指标体系优势及应注意的问题

一　文化创造力和文化竞争力是主要优势

根据目前的数据，文化浙江建设中文化创造力和文化竞争力是浙江的主要优势。与2009年江苏省制定的文化现代化的基本目标，其中的几个指标，比如平均受教育年限、每万人拥有在校大学生数、文化娱乐服务支出占家庭消费总支出比重、每百人文化耐用品拥有量、万人博物馆拥有率、人均公共图书占有量、科技人员比例等，浙江已经达到了基本实现现代化的水平。

二　警惕不顾文化内涵的强性量化倾向

文化浙江指标体系的探索，是为了在文化浙江建设进程中，更具有操作性、目标性。但是，文化作为社会发展中一个独特领域，具有许多特殊性，其中有的门类难以量化，比如思想观念、制度文化方面的现代化指标，在定量上就有困难。因此，在制定指标时，应坚持定性与定量相结合，定量为主、定性为辅的原则。在对省市、地区的文化现代化建设的指标总分进行分配时，要合理确定每一层次各项建设指标所占的“权重”，因为权重实际上也是定性与定量的有机结合。

从根本上说，现代化不仅仅是文化设施的现代化，其内核是文化机制和人的现代化，但文化机制和人的现代化难以用显性的量化指标体现。如果我们设置这些指标，对各地文化现代化发展水平进行考评的话，有可能会导致地方上重硬指标轻内涵发展的行为，从而使资金投向发生偏差。我国作为后发型现代化国家，要警惕简单照搬先发型现代化国家的标准和路径，避免落入“现代化陷阱”。这需要我们高度重视本土文化丰厚土壤里自主生长起来的“现代性”，并将其作为中国文化现代化推进及其评价重要基础。

三　国家公共文化标准体系和其他省份的指标体系，不能够完全适用于浙江，浙江各地应因地制宜确立更高的服务标准

我国曾推出《国家基本公共文化服务指导标准》，这个标准的保底性非常强。对于浙江而言，应该从经济社会发展水平以及人民群众更高的文化服务需求出发，确立更高的服务标准。比如就一个地区来说，2019 年，余杭区实现生产总值（GDP）2824.02 亿元，并且第三产业增加值快于 GDP 增速 1.4 个百分点，增速在全省同类区（县、市）中名列前茅，在文化事业产业发展上都居于前列。从公共文化服务来说，余杭区已经建设的方志馆、党史馆、抗日战争纪念馆和粮仓馆，构成了区级行政区域的博物馆群，体现了余杭在文化建设上的自觉意识、创新意识和余杭史志工作者的实干精神、文化品位，已经成为独具余杭特色的区域文化建设品牌，全国还鲜有在县域

层面建设博物馆群的案例，因此这是余杭在文化建设方面走在前列的创新之举。目前我们探索的指标体系，是就全省范围来说的，要建设文化浙江，各地应该因地制宜建立合理的目标体系。

总体来说，文化浙江的进程受多方面因素的影响，文化浙江的建成需要全省其他各项事业的进程来保障，文化现代化的建设指标，有些短期内可以通过加大财政投入来实现，但是长期的发展则需要通过体制机制改革，需要通过全体人民文化水平的整体提升来实现。因此，要通过完善政策、加大投入、提高公共文化服务能力、缩小城乡文化差距、注重城市文化品牌营销，提升浙江文化国际影响。

第 四 章

提升文化凝聚力，培育核心价值观

以社会主义核心价值观为内核的社会主义核心价值体系，是兴国之魂，是社会主义先进文化的精髓，决定着中国特色社会主义发展方向。“高举习近平新时代中国特色社会主义思想伟大旗帜，全面贯彻党的十九大精神，坚持发展中国特色社会主义文化……着力推进马克思主义理论研究和建设，着力培育弘扬社会主义核心价值观”①，是文化浙江建设的指导思想，决定着文化浙江的道路、方向。新时代面对世界范围思想文化交流交融交锋形势下价值观较量的新态势，面对改革开放和发展社会主义市场经济条件下思想意识多元多样多变的新特点，迫切需要我们积极培育和践行社会主义核心价值观，提高道路自信、理论自信、制度自信、文化自信，为奋力推进“两个高水平”建设凝聚强大精神力量、提供丰润文化滋养和有力文化支撑，为建设社会主义文化强国作出浙江贡献。

第一节 从文明自觉到文化自信

中国有源远流长的文明传统。在极其久远的历史中，“中国”这个词代表的，不仅仅是政治和疆域意义上的国度，更是一大文明母体。如《唐律疏议》云：“中华者，中国也。亲被王教，自属中国，衣冠威仪，习俗孝悌，居身礼义，故谓之中国。”便是从文明属性来加以判定。因此，对于

---

① 《中共浙江省委浙江省人民政府关于推进文化浙江建设的意见》（2017 年 11 月 29 日），《浙江日报》2018 年 3 月 22 日。

“中国”的认同，首先是基于历史文化认同的文明共同体，其次才是由之塑造而成的政治共同体。而相对于其他文明来说，中华文明因为历史文明悠久连续的“大一统”和政治疆域广大承继的“大一统”在世界文明史中独树一帜。中华文明是人类历史上唯一没有中断的文明。这个“中国”虽历经诸多王朝更替，但凝聚和维系其中的文明没有间断和转移。这给中国人带来深沉的历史感和厚重的文化心理投射。

一 近现代的文明危机

近代以来，中华文明的衰落以及从西方来的民族国家概念的界定，大大模糊乃至遮蔽了这种文明性。中国在晚清时遭遇所谓“三千年未有之大变局”，随着外在的从器物层面到制度层面被西方全面压制，内在的对中国思想、文化的自信也渐渐丧失。晚清末年，从政治经济制度到思想文教体系，中国文明几乎全部瓦解。“清末民初，全盘反传统、全盘西化渐成主潮，国人对自己的文化妄自菲薄、自我矮化。胡适说：‘我们自己百事不如人，不但物质机械上不如人，不但政治制度不如人，并且道德不如人，知识不如人，文学不如人，音乐不如人，艺术不如人，身体不如人。’胡适的文化观虽然有批判传统惰性、针砭现实弊端的用意，但由此表现的文化虚无主义的态度和民族自信心的丧失，已达到无以复加的地步，是‘文化自虐’的典型。”① 在中国近现代相当长的时间里，确实弥漫着这种“处处不如人”的文化虚无主义心态，传统文化一直被当成落后、愚昧的代名词，古老的文明被看作中国走向“真正文明”的负担和包袱。

虽然对中华文明和传统文化的贬低和批判是特定历史时势中所形成的，在中华民族保种救国、力争富强的奋斗历程中具有过程的合理性，但由此造成的文明自觉和文化自信的丧失却成为一种非常僵硬的心理积淀。20 世纪绝大部分时间中，中国人几乎都秉持唯西方马首是瞻的权威导向和思维定式，而对于自己的历史文化传统，反而变得隔膜，总是拒斥甚至动辄诋毁，似乎古代传统和现代中国已经全然断裂。世易时移，随着“中国崛起”成

① 郭齐勇：《论文化自信》，《孔学堂》（中英双语杂志）2017 年第 4 期。

为21世纪世界历史最重要的事件，所谓“中国”，重新成为一个被关注的，同时也是令人疑惑的现象和问题。单纯从西方和现代的视角，包括中国人自己，并不能很好地解释这样一个体量巨大、历史负担沉重且近代以来一穷二白、积贫积弱国度的突然崛起；而崛起之后，按照西方大国崛起的既往模式，也并不清楚中国崛起对于世界的意义以及将来要走的道路。也许深层的原因就在于，伴随着这种崛起，我们还缺乏“文明自觉”和“文化自信”。现在中国文明的外在崛起和中国人的内在心态很不相符。也就是说我们并没有一种文化上的自信，即对中国文明目前达到的一个状况和对世界文明今后可能的影响并不清楚。西方文明从外在上打败中国，而内在从思想文化上则完全是中国士大夫对自己文明失去信心，是中国三千年以来，有文明以来最大的变迁。中国到底是什么并不仅仅是中国的问题，它是一个具有世界文明史意义的问题。我们现在经常讲文化创造，但所有的人都会感到我们的底气不足。底气不足很重要的一个原因就是近百年来我们在不断地诋毁、摧毁中国自己的文明传统，我们对自己的文明传统没有一个基本的敬意。……中国崛起现在已是一个在经济层面上、在外在层面上、在国际政治层面上的基本事实，但中国的崛起在文化上至多现在才刚刚开始。

二　文明属性和文化基因的重要性

从文明史和世界史的角度重新审视中国文明和中国文化，这个古老文明在漫长历史中一次次“穷则变，变则通，通则久”，其上下求索的不竭动力，坚毅顽强的斗志，应对危机、学习融会、自我更化的变通性、创造性，难道不正是其历史文明基因的一种展示？“天行健，君子以自强不息”，即便遭遇创痛剧烈的“三千年未有之大变局”，这个古老的文明依然能够浴火重生，这难道不是中华文明高度凝聚力和强韧生命力的再度呈现？正如习近平总书记所指出的：“历史和现实都证明，中华民族有着强大的文化创造力。”① 在一个全球化的时代，世界的交流和比较变得频繁而便捷，反而更加凸显不同地域人群“文明属性”的差异。而当代世界政治角力中流行的

① 习近平：《在文艺工作座谈会上的讲话》，《人民日报》2015年10月15日。

“软实力”概念，也正是基于不同文明和文化潜在的创造力和影响力。文化是人类的思想、智慧、信仰、情感和生活的载体、方式和方法，是人们代代相传的生活方式的整体。文化为群体生活提供规范、方式与环境。文化的传统，通过纵向传承和横向传递，生生不息地影响和引领着人们的生存与发展。文化通过传承为社会进步发挥基础作用，文化会促进或制约经济乃至整个社会的发展。文化的力量，深深熔铸在民族的生命力、创造力和凝聚力之中。事实上，传统中的文明和文化基因并不像人们以为的那样容易根除，也并非必然就是现代这一创化进程的绝对对立面，文明基因和文化积淀会以这样那样的方式弥散和溶解在历史活动中，构成阻力、动力、批判力或合力，参与到社会、经济、文化的现代进程中。

更为重要的是，当今世界，和西方思想绑定的现代性越来越呈现出问题和危机，当面临现代性问题和危机之时，中国传统思想和文化中的许多东西会自动激活，这种应激反应如果不是出于自觉，也许会成为一种盲目的反现代性；而如果出于自觉，则借助古代思想和传统文化，可以成为观照和反思现代性危机一种重要的批判资源，成为对现代性问题的一种参照和修正。“中国特色社会主义是中共意识形态及其实践的核心内容，特别是伴随全球现代性危机日益加深，由此衍生出的风险危机、道德危机、生存性焦虑和生态危机丛生。如何在坚持马克思主义道路的基础上，弘扬和发展中华优秀传统文化，对于中国而言，显得尤为迫切。”① 因此，关键是人们必须克服既定思维模式和种种偏见、成见，重新去审视和看待中华文明，特别是重新站在文明史和世界史的广阔视野中去看待中国与世界、传统与现代，而只有深入理解中华传统的文明属性，客观评估传统与现代之间批判、承继、交通，才能真正理解何谓“中国”，从而在多元文明的全球化时代找到属于中国的恰当定位和未来道路。

三 新时代的文明自觉与文化自信

继党的十八大提出中国特色社会主义“三个自信”——道路自信、理论

① 潘维：《什么是“中国的社会主义”?》，在中华文化学院（中央社会主义学院）举办的“中华文化与马克思主义中国化”论坛上的发言。

自信、制度自信后，习近平总书记在庆祝中国共产党成立95周年大会上明确提出：要坚持“四个自信”（即道路自信、理论自信、制度自信和文化自信），并且强调指出“文化自信，是更基础、更广泛、更深厚的自信”[①]。在党的十九大报告中进一步表述为，“文化自信是一个国家、一个民族发展中更基本、更深沉、更持久的力量”[②]。这一道路、制度、意识形态和文化总体性的表述，正是从文明的视野来看待和规划现代中国的路径和走向，从而再次凸显出文化之于道路、理论和制度的基底意义。正如王沪宁指出的，一方面，“当代政治学受世界一体化进程的推动，日益认识到不同社会和不同民族文化差异的政治意义。……今天，人们比以往任何时候都更加清楚地认识到，政治生活不单单由诸如制度、体制、权力、规范等‘硬件’构成，还有‘软件’亦即潜在的或内在的命令，如价值，感情、心理、态度等”[③]。另一方面，更特别在于，从传统来看，“中国政治文化历来是一种‘文化中轴的政治文化’，它异于西方‘制度中轴的政治文化’。所谓‘文化中轴的政治文化’，指的是政治文化本身与家庭生活、社会生活、道德生活和伦理生活有着千丝万缕的联系，政治文化弥散在更宏大的社会文化之中。社会通过一定的文化机制和一定文化形态下形成的主体文化沉淀作用于政治生活，社会生活和伦理生活的展开便是政治生活的实现”[④]。也就是说，一方面，当代全球化进程中，由于比较，不同文明和文化的“软实力”对于政治和社会的影响特别凸显出来；另一方面，中国传统本身就是一种高度倚重文化的政治文明，这甚至可以说是我们的文明属性之一。在此意义上，才能理解十九大报告中所说的，“没有高度的文化自信，没有文化的繁荣兴盛，就没有中华民族伟大复兴”[⑤]。

从文明的角度，才能理解“中国崛起”并不是也不可能是西方大国崛起霸道模式的轮回，“中国崛起”究其实是一场“伟大复兴”。从中国历史来说，对于这片广袤大地上浴血奋斗了一个多世纪的人们来说，这是中华民

① 习近平：《在庆祝中国共产党成立95周年大会上的讲话》，《人民日报》2016年7月2日。

② 习近平：《决胜全面建成小康社会 夺取新时代中国特色社会主义伟大胜利》，《人民日报》2017年10月28日。

③ 王沪宁：《转变中的中国政治文化结构》，《复旦学报》（社会科学版）1988年第3期。

④ 王沪宁：《转变中的中国政治文化结构》，《复旦学报》（社会科学版）1988年第3期。

⑤ 习近平：《决胜全面建成小康社会 夺取新时代中国特色社会主义伟大胜利》，《人民日报》2017年10月28日。

族的伟大复兴；从文明史来说，对于西方强势文明主导了几个世纪的世界来说，这是中华文明的伟大复兴。近几十年中，伴随着中国崛起，世界充斥着“中国威胁论”，不管我们如何申明中国的崛起是和平崛起，在西方人的文化和观念中，崛起始终就是和霸权联系在一起，这背后正是根深蒂固的文化差异和观念差异。正是基于文明自觉和文化自信，“中国崛起”才能开出西方大国崛起霸道模式之外的道路，推动全球治理体系变革、构建新型国际关系和国际新秩序，中国和中华文明才能为今天以及未来的世界作出真正属于我们自己的贡献。正如我们现在提出的“一带一路”倡议，是历史中作为和平和友好见证的丝绸之路的延续；中国倡导的全球合作休戚与共的“人类命运共同体”，与中国古代的天下观一脉相承，为全球生态和谐、国际和平事业、变革全球治理体系、构建全球公平正义的新秩序贡献中国智慧和中国方案。“推动建设人类命运共同体，源自中华文明的‘天下’观念，‘以和为贵’、‘协和万邦’的思想，‘己所不欲，勿施于人’的忠恕之道，人与自然、人与社会、人与人的和谐理念，都是中华文化的重要精神因素。为构建人类命运共同体注入中国智慧，贡献中国力量，是我们的职责。”①

浙江作为习近平新时代中国特色社会主义思想重要萌发地，在对文化意义的认识和文化地位的定位上也走在前面。2003 年 7 月，习近平同志把进一步发挥浙江人文优势，加快建设文化大省作为实施“八八战略”的重要内容。2005 年 7 月浙江省委十一届八次全会通过《关于加快建设文化大省的决定》，提出重点实施文明素质工程、文化精品工程、文化研究工程、文化保护工程、文化产业促进工程、文化阵地工程、文化传播工程、文化人才工程等“八项工程”。建设文化浙江，与文化大省、文化强省建设路径一脉相承，是高举习近平新时代中国特色社会主义思想伟大旗帜，是坚定文化自信、增强文化自觉、强化文化担当、提升文化软实力的重要举措。

第二节　熔铸浙江精神、红船精神

党的十九大指出，中国特色社会主义文化，源自中华民族五千多年文明

① 郭齐勇：《论文化自信》，《孔学堂》（中英双语杂志）2017 年第 4 期。

历史所孕育的中华优秀传统文化，熔铸于党领导人民在革命、建设、改革中创造的革命文化和社会主义先进文化，植根于中国特色社会主义伟大实践。发展中国特色社会主义文化，就是以马克思主义为指导，坚守中华文化立场，立足当代中国现实，结合当今时代条件，发展面向现代化、面向世界、面向未来的，民族的科学的大众的社会主义文化，推动社会主义精神文明和物质文明协调发展。①

一　文化的继承与发展

不可否认，长期以来，中国的传统文化、革命文化和改革发展文化从历时性上存在后来者对之前者的某种否定，从而在共时性中也长期存在掣肘和冲突。王沪宁曾指出："近代以来中国政治文化一直处在转变之中，基本原因就在于价值系统不断新陈代谢，而且速度太快，间隔大小，不等一种价值系统渗透社会政治文化，新的价值系统已经取而代之。如杜维明先生所说，中国的近代历史有着许多断层，每隔五年十年就发生一次根本性的转折或折腾，各个断层时期构成其复杂的多层传统文化心理，使得现代中国人缺乏一种统一的、明确的、持续的历史感。"② 这种历史感上的断裂，会造成当下人们思想、情感、观念、价值上的分裂，从而影响整个国家的思想、文化乃至政治、社会的秩序。基于此，转变中的中国政治文化需要"认真反思共时性结构，探索古典结构、近代结构和最近结构价值系统的精华与糟粕，去粗取精，去伪存真，使古典结构中代表中华文化精神和中华民族特性的成分真正得以继承和发扬，将其自身具有的变通性与现代精神结合起来；使近代结构中体现现代民主精神和人文思想的成分找到依托点，找到生长的机制；弘扬最近结构中表现人类美好追求和博大理想的成分，使其真正执领价值系统。唯其如此，这三者才能有机结合，水乳交融，摆脱长期以来存在的相互不适或相互排斥的局面，以将本族和外族、传统与现代，现实

① 习近平：《决胜全面建成小康社会　夺取新时代中国特色社会主义伟大胜利》，《人民日报》2017年10月28日。

② 王沪宁：《转变中的中国政治文化结构》，《复旦学报》（社会科学版）1988年第3期。

与理想统一起来”[①]。

在党的十九大报告中对于“传统文化”“革命文化”“社会主义先进文化”的这种通贯，是突出强调文化的继承与发展。我们党始终强调“二为”方向，坚持“古为今用，译为中用，取其精华，去其糟粕”方针，推动文化不断繁荣、发展。中国共产党领导下的现代中国，秉持文明自觉和文化自信，再次成为中华优秀传统文化继承与发展的领导者和担纲者。习近平总书记强调：“在带领中国人民进行革命、建设、改革的长期历史实践中，中国共产党人始终是中国优秀传统文化的忠实继承者和弘扬者，从孔夫子到孙中山，我们都注意汲取其中积极的养分。”[②] 习近平总书记在党的十九大报告中指出：“中国共产党从成立之日起，既是中国先进文化的积极引领者和践行者，又是中华民族优秀传统文化的忠实传承者和弘扬者。当代中国共产党人和中国人民应该而且一定能够担负起新的文化使命，在实践创造中进行文化创造，在历史进步中实现文化进步。”[③]

二 熔铸红船精神、浙江精神

具体到浙江，在习近平同志主政浙江期间，对传统文化、革命文化和社会主义先进文化的提炼和融贯就已经有了某种自觉。首先是对于文化的强调和重视。浙江从“八八战略”到“六个浙江”的发展战略，在理论渊源、核心要义、实践价值、科学方法上与党的十八大以来党中央治国理政新理念新思想新战略内在契合、相融相通、高度一致。从文化大省到文化强省到文化浙江的建设一脉相承，始终坚定。其次，浙江作为历史文化大省、作为中国革命红船起航地、改革开放先行地，其思想和实践方面历史资源的丰富性和先进性成为中国从传统到现代革命再到当代改革的绝佳样板。习近平同志在浙江进行了一系列探索和实践，从而使得浙江成为习近平新时代中国特色

① 王沪宁：《转变中的中国政治文化结构》，《复旦学报》（社会科学版）1988 年第 3 期。

② 习近平：《在纪念孔子诞辰 2565 周年国际学术研讨会暨国际儒学联合会第五届会员大会开幕会上的讲话》，2014 年 9 月 25 日。

③ 习近平：《决胜全面建成小康社会 夺取新时代中国特色社会主义伟大胜利》，《人民日报》2017 年 10 月 28 日。

社会主义思想的重要萌发地。

中国土地广袤、疆域辽阔，不同区域间因自然环境、经济环境、社会环境等诸多方面的差异，建构了不同的区域文化。区域文化如同百川归海，共同汇聚成中国文化的大传统，这种大传统如同春风化雨，渗透于各种区域文化之中。东南形胜，自古繁华的浙江人杰地灵、山川秀美，人文荟萃、底蕴深厚。丰富厚重的文化资源和人文传统塑造了厚德崇文的文化心性，形成浙江人特有的文化基因；凭山临海、人多地少，资源缺乏的地理劣势造就了浙江人求真务实、经世致用；大胆开拓、勇于创新；工商皆本、义利并重的民风民俗和精神风貌。千百年来，浙江积淀和传承了深厚的文化传统。从文明发祥期的新石器时期的多种文化，到先秦的吴越文化，到中古经济政治中心从黄河流域转向江南后逐步成为文化中心，再到近现代的始终繁荣昌盛，勇立潮头，浙江文化传统展现了令人惊叹的富于创造力的智慧。代代相传的文化创造的作为和精神，从观念、态度、行为方式和价值取向上，孕育、形成和发展了渊源有自的浙江地域文化传统和与时俱进的浙江文化精神，她滋育着浙江的生命力、催生着浙江的凝聚力、激发着浙江的创造力、培植着浙江的竞争力。悠久深厚、意韵丰富的浙江文化传统，是历史赐予的宝贵财富，也是开拓未来的丰富资源和不竭动力。浙江经济社会持续快速健康发展的深层原因，与浙江深厚的文化底蕴和文化传统与当今时代精神的有机结合是分不开的。文化的力量最终可以转化为物质的力量，文化的软实力最终可以转化为经济的硬实力。文化要素是综合竞争力的核心要素，文化资源是经济社会发展的重要资源，文化素质是领导者和劳动者的首要素质。

浙江是中国革命红船起航地。1921 年，中国共产党第一次全国代表大会在浙江嘉兴南湖的一条游船（即“红船”）上胜利闭幕，庄严宣告中国共产党的诞生。从此，中国革命就有了坚强的领导者——中国共产党。2005 年 6 月 21 日，时任浙江省委书记习近平同志在《光明日报》发表署名文章《弘扬“红船精神”走在时代前列》，首次公开提出“红船精神”：中国共产党在红船中诞生这一伟大革命实践所表现出来的精神就是：中国革命的航船从这里扬帆起航，体现了“开天辟地、敢为人先”的首创精神；中国共产党的诞生，使中国革命从此有了坚定的理想信念和强大的精神支柱，体现了

“坚定理想、百折不挠”的奋斗精神；中国共产党从诞生的那天起，从来就没有自己的私利，而是以全心全意为人民谋福利为根本宗旨，体现了“立党为公、忠诚为民”的奉献精神。红船精神、浙江精神是引领浙江改革发展的强大精神力量。

浙江的区域文化特质还与改革开放时代精神有机融合，形成了昂扬向上、生机勃勃的浙江精神，正是社会主义先进文化的内在动力。从“自强不息、坚韧不拔、勇于创新、讲求实效”，到“求真务实、诚信和谐、开放图强”，再到以“创业创新”为核心，不管内涵随着时代进步和实践发展怎样丰富和深化，浙江精神始终充满活力，引领着浙江人民不断冲破思想束缚，锐意改革、勇于探索、敢为人先，形成了具有鲜明特色的“浙江经济”，取得了社会发展的巨大成就。“文化浙江”建设，要进一步探索浙江文化的精神特质、浙江民众的文化心性，不断弘扬与时俱进的浙江精神。

2017 年底，浙江省委、浙江省人民政府印发的《关于推进文化浙江建设的意见》提出，“始终坚持先进文化前进方向。坚持中国特色社会主义文化发展道路，坚守中华文化立场，坚持‘二为’方向、‘双百’‘双创’方针，大力弘扬社会主义先进文化，增强广大干部群众的文化自信”。源自浙江文明历史所孕育的优秀传统文化，熔铸于源自革命文化的红船精神、推动社会主义先进文化的浙江精神，是引领浙江继续前进的强大精神力量。要大力挖掘和弘扬优秀传统文化，同时继续深入理解红船精神、浙江精神。设立省红船精神、浙江精神研究中心，充分挖掘红船精神、浙江精神的丰富内涵和精神实质，广泛开展红船精神、浙江精神的理论研究、社会宣传和主题教育，深入学习贯彻习近平总书记南湖重要讲话精神，结合时代特点，使“开天辟地、敢为人先的首创精神，坚定理想、百折不挠的奋斗精神，立党为公、忠诚为民的奉献精神”和“求真务实、诚信和谐、开放图强”的与时俱进的浙江精神内化为全省上下的价值认同和精神追求，植根于浙江中国特色社会主义伟大实践，以马克思主义为指导，坚守中华文化立场，立足当代浙江现实，结合当今时代条件，发展面向现代化、面向世界、面向未来的，民族的科学的大众的社会主义文化，推动社会主义精神文明和物质文明协调发展。

第三节 培育和践行社会主义核心价值观

党的十九大报告指出，社会主义核心价值观是当代中国精神的集中体现，凝结着全体人民共同的价值追求。要以培养担当民族复兴大任的时代新人为着眼点，强化教育引导、实践养成、制度保障，发挥社会主义核心价值观对国民教育、精神文明创建、精神文化产品创作生产传播的引领作用，把社会主义核心价值观融入社会发展各方面，转化为人们的情感认同和行为习惯。浙江省第十四次党代会报告也提出，要强化社会主义核心价值观的教育引导、舆论宣传、文化熏陶、实践养成和制度法律保障，使核心价值观内化于心、外化于行。

一 社会主义核心价值观融入生活、深入人心

习近平总书记在十八届中共中央政治局第十三次集体学习时强调，要切实把社会主义核心价值观贯穿于社会生活方方面面。坚持全民行动、干部带头，从家庭做起，从娃娃抓起。深入挖掘中华优秀传统文化蕴含的思想观念、人文精神、道德规范，结合时代要求继承创新，让中华文化展现出永久魅力和时代风采。对于思想道德建设，党的十九大报告指出，人民有信仰，国家有力量，民族有希望。要提高人民思想觉悟、道德水准、文明素养，提高全社会文明水平。广泛开展理想信念教育，进行中国特色社会主义和中国梦宣传教育，弘扬民族精神和时代精神，加强爱国主义、集体主义、社会主义教育，引导人们树立正确的历史观、民族观、国家观、文化观。深入实施公民道德建设工程，推进社会公德、职业道德、家庭美德、个人品德建设，激励人们向上向善、孝老爱亲，忠于祖国、忠于人民。加强和改进思想政治工作，深化群众性精神文明创建活动。弘扬科学精神，普及科学知识，开展移风易俗、弘扬时代新风行动，抵制腐朽落后文化侵蚀。推进诚信建设和志愿服务制度化，强化社会责任意识、规则意识、奉献意识。

对此，浙江已有丰富的践行。从政府倡导层面而言，早在2000年，《浙江省建设文化大省纲要（2001—2020）》就提出，要“努力建立适应社会主

义市场经济发展的思想道德体系，完善与经济社会发展要求相适应的文化发展格局”。把社会主义核心价值观的要求融入各种精神文明创建活动之中，吸引群众广泛参与，推动人们在为家庭谋幸福、为他人送温暖、为社会做贡献的过程中提高精神境界、培育文明风尚。2006 年以来，浙江更是把建设社会主义核心价值体系作为全省精神文明建设的根本任务，在贯彻落实中共中央办公厅印发的《关于培育和践行社会主义核心价值观的意见》精神的过程中，注重分类分层指导，注重如何使社会主义核心价值观融入生活，深入人心，广泛搭建群众参与平台，积极营造“人人参与、人人践行”的社会环境。在制度保障层面，浙江在 2014 年颁布实施了《浙江省道德模范待遇保障若干规定（暂行）》，进一步规范了道德模范的待遇保障工作，营造了“好人有好报”的舆论环境，引导更多人自觉学习社会主义核心价值观。

文化浙江的建设，要在总结既有经验的前提下，大力推动社会主义核心价值观的宣传与普及，通过教育引导、舆论宣传、文化熏陶、实践养成、制度保障等，全方位发动，用细致入微的保障、各种各样的载体、行之有效的方法、喜闻乐见的形式，推动核心价值观宣传向各类公共空间、各类宣传文化阵地、各类人群全面覆盖，使核心价值观如空气一般无所不在、无时不有，“润物细无声”地将社会主义核心价值观渗透进人们的思想观念和行为举止，引领社会思潮，凝聚社会共识。

从日常生活化角度，还应当关注：建立志愿服务综合评价体系，完善激励褒奖和嘉许回馈制度，推进学雷锋志愿服务常态化制度化；深化“最美浙江人”等行之有效的主题实践活动，在此基础上分类衍化，实施“最美”系列提升行动，通过最美精神培育、最美人物选树、最美现象宣传，推进风尚培育；深化“我们的节日”主题活动、“我们的家训”等活动，推进优秀传统文化的传承和发展；加强对文化名人、体育明星、知名企业家等的教育引导，发挥正向示范效应；试点搭建“孝心车位”“爱心冰箱”“爱心小屋”“众筹微心愿”等载体平台，推动核心价值观落细落小落实；按照社会主义核心价值观的基本要求，健全各行各业规章制度；深化推进“礼让斑马线、文明过马路”为重点的文明出行活动，持续推进文明旅游、文明就餐等教育实践活动；完善市民公约、乡规民约、学生守则等行为准则，使社会主义核心价值观成为人们日常工作生活的基本遵循；建立和规范一些礼仪制度，组织开展形式多样的纪念庆典活动，传播主流价值，增强人们的认同感和归属感；从娃娃抓起、从学校抓起，把社会主义核心价值观融入学校教育的全过程。凡此等等，全方位地践行社会主义核心道德观，不断提高公民的思想道德水平、人文素养和文明素质，不断提高社会文明程度。

二　社会主义核心价值观引领和提升公民文明素质

文化浙江十大工程，其中之一即社会主义核心价值观引领和公民文明素质提升工程。提出要以培养担当民族复兴大任的时代新人为着眼点，强化教育引导、实践养成、制度保障，把社会主义核心价值观融入社会发展各方面，转化为人们的情感认同和行为习惯，提高人民思想觉悟、道德水准、文明素养，提高全社会文明程度，包括以下四个方面。

一是大力弘扬红船精神、浙江精神。浙江是中国革命红船起航地，红船精神、与时俱进的浙江精神是引领浙江改革发展的强大精神力量。深入学习贯彻习近平总书记南湖重要讲话精神，结合时代特点，大力弘扬“开天辟地、敢为人先的首创精神，坚定理想、百折不挠的奋斗精神，立党为公、忠诚为民的奉献精神”；大力弘扬“求真务实、诚信和谐、开放图强”的与时俱进的浙江精神，在全社会唱响实干和创新的时代强音，使红船精神、与时俱进的浙江精神内化为浙江全省上下的价值认同和精神追求。成立浙江红船精神研究院，加大对红船精神的研究、阐释和宣传力度。

二是培育弘扬社会主义核心价值观。充分运用各类媒体、文艺作品、公益广告和群众性文化活动等开展宣传教育，推动社会主义核心价值观宣传全覆盖。宣传普及以务实、守信、崇学、向善为内涵的当代浙江人共同价值观。加强爱国主义、集体主义、社会主义教育，引导人们树立正确的历史观、民族观、国家观、文化观。围绕立德树人，将社会主义核心价值观贯穿国民教育全过程，构建以社会主义核心价值观为引领的大中小幼一体化德育体系，从家庭做起，从娃娃抓起。将社会主义核心价值观融入法治浙江建设，弘扬社会主义法治精神。建立重大公共政策道德风险评估和纠偏机制，强化公共政策价值导向。加强对文化名人、体育明星、知名企业家等的教育引导，发挥正向示范效应。加强企业文化建设，培育企业精神。加强清廉文化建设，推动党员干部廉洁从政修身，争做核心价值观的模范践行者，以优良党风政风促社风民风持续改善。

三是大力提升公民文明素质。深入实施公民道德建设工程，推进社会公德、职业道德、家庭美德、个人品德建设，激励人们向上向善、孝老爱亲，忠于祖国、忠于人民。以提升公民文明素质和社会文明程度为导向，完善测评体系，创新方式方法，积极开展群众性精神文明创建活动。立足崇德向善、文化厚重、和谐宜居，加强和改进文明城市创建管理，培育城市精神。加强农村精神文明建设，以农村文化礼堂建设为阵地，丰富农村农民精神生活，加强思想引导，移风易俗。创新发展乡贤文化，培育区域道德文化品牌。广泛开展文明单位、文明家庭、文明校园创建，激活文明细胞，筑牢文明基础。深化推进好家风建设，推动好家训好家风代代相传。持续推进文明出行、文明旅游、文明就餐主题实践活动。组织开展移风易俗、弘扬时代新风行动，抵制腐朽落后文化的侵蚀。深化“书香浙江”建设，加强全民阅读推广。深入开展“社科普及周”“浙江人文大讲堂”“浙江艺术讲堂”等活动，5 年内建成 1000 家社科普及基地。抓好垃圾分类宣传教育，倡导文明卫生的生活方式。广泛开展全民健身活动。扎实推进“信用浙江”建设，全面提升政务诚信、商务诚信、社会诚信、司法公信建设水平。建立志愿服务综合评价体系，推动学雷锋志愿服务常态化制度化。

四是深化“最美浙江人”主题宣传活动。实施“最美浙江人”品牌提升行动，健全“最美浙江人”发现、选树、宣传、褒奖长效机制，分类开展时代楷模、道德模范、感动人物、身边好人等“最美浙江人”选树宣传，深入开展“最美家庭”“最美行业”“最美群体”选树活动，建设“最美浙江人”人物馆，完善“最美浙江人”发布平台。推动县（市、区）建立健全道德模范关爱机制，使学习“最美”、争做“最美”成为风尚。

三 社会主义核心价值观的浙江创新实践

浙江对社会主义核心价值观做了积极的探索和实践：理论界积极探索，以求理论对于实践的指导；开展“信用浙江”建设，与经济实践对接；开展“浙江精神”“我们的价值观”大讨论，与地域文化、本土经验对接；建设农村文化礼堂，与乡村文明对接；倡导“好家训好家风好民风”，与乡土传统对接；开展“最美现象”评选活动，与群众生活对接；开展“书香浙江”，与阅读体验对接；开展各种道德主题教育活动，与青少年教育对接。凡此等等，皆结出了丰硕的成果。

习近平总书记说：“核心价值观是文化软实力的灵魂、文化软实力建设的重点。这是决定文化性质和方向的最深层次要素。一个国家的文化软实力，从根本上说，取决于其核心价值观的生命力、凝聚力、感召力。”① 新时代，要积极探索把社会主义核心价值体系建设与浙江文化的传承相结合，与红船精神、浙江精神的弘扬相结合，与“八八战略”“两创”“两富”“两美”“两个高水平”的目标贯彻相统一，与“文化大省”“文化强省”“文化浙江”的建设战略相勾连的实践与路径。浙江省委、浙江省人民政府在《关于推进文化浙江建设的意见》中指出，关于今后五年实施文化浙江十大工程，其中一项即社会主义核心价值观引领和公民文明素质提升工程。提出要以培养担当民族复兴大任的时代新人为着眼点，强化教育引导、实践养成、制度保障，把社会主义核心价值观融入社会发展各方面，转化为人们的情感认同和行为习惯，提高人民思想觉悟、道德水准、文明素养，提高全社会文明程度。

---

① 《习近平谈治国理政》，北京：外文出版社 2014 年版，第 163 页。

第　五　章

提升文化传播力，掌握意识形态工作主动权

意识形态决定文化的前进方向和发展道路。党的十九大报告强调，新时代中国特色社会主义的文化建设，必须牢牢掌握意识形态工作领导权。习近平总书记在全国宣传思想工作会议上强调，建设具有强大凝聚力和引领力的社会主义意识形态，是全党特别是宣传思想战线必须担负起的一个战略任务，必须巩固壮大主流思想舆论，加强传播手段和话语方式创新，提升中华文化影响力。浙江省委书记车俊在 2018 年 10 月召开的浙江省宣传思想工作会议上也强调，做好新形势下浙江省宣传思想工作，必须牢牢把握意识形态工作的领导权、管理权、话语权，守护好浙江意识形态领域这块疆土，守正创新、立破并举、担当作为，推动新时代我省宣传思想工作谋好新篇、走在前列，为加快“两个高水平”建设提供更加强大的思想力量、精神支撑、文化引领。

第一节　始终坚持马克思主义的指导地位

推进文化浙江建设，必须始终坚持马克思主义的指导地位，着力推动习近平新时代中国特色社会主义思想深入人心、落地生根。教育引导广大党员干部筑牢信仰之基、补足精神之钙、把稳思想之舵，牢牢掌握意识形态工作主动权主导权，不断巩固全省上下团结奋斗的共同思想基础。围绕“两个巩固”的根本任务，推进马克思主义学习研究宣传教育系统化常态化，不断增强广大干部群众对中国特色社会主义的政治认同、思想认同和情感认同。

一　加强马克思主义理论学习

实施马克思主义基本原理宣传普及计划，广泛开展“读原著、学原文、悟原理”活动，通过深入学习马克思主义基本原理，了解、把握马克思主义理论的核心和精髓，不断提高各级领导干部的马克思主义理论素养与哲学智慧。经常性地组织哲学社会科学工作者深入开展马克思主义理论学习培训，将马克思主义立场、观点、方法贯穿哲学社会科学各学科领域，不断提高思想觉悟。

二　深化马克思主义理论研究

浙江社科理论界不断增强理论担当，潜心研究、勇攀高峰，努力把马克思主义学习和研究引向深入。力争在研究阐释马克思主义基本理论方面不断取得新进展，在研究阐释马克思主义中国化最新成果方面不断取得新进展，在研究阐释党中央重大战略部署方面不断取得新进展，在研究回答当今世界面临的重大问题和挑战方面不断取得新进展。

积极创建重点理论平台，以此汇集各方力量深化拓展马克思主义理论与社会主义核心价值观的研究和宣传教育，做强国家级“中国特色社会主义理论体系研究中心”，培育打造20家左右重点研究基地；在高校、社科研究机构和各级党校、行政学院、干部学院加强马克思主义经典著作教育教学，把马克思主义基本原理贯穿到学科建设、教材编写、课题研究、成果评价等环节，遴选10所左右高校马克思主义学院予以重点扶持，加快实现省属本科高校马克思主义学院建设全覆盖；扩大宣传阵地，加大宣传力度，统筹好建设和管理、内宣和外宣、网上和网下，大力推动传统媒体与新兴媒体深度融合，充分发挥主流媒体引导舆论、服务大局的作用，强化报刊网络理论宣传阵地建设，打造一批媒体理论宣传品牌栏目、品牌公众号、品牌理论传播名师，广泛开展面向群众的马克思主义理论宣传普及活动，推动马克思主义理论学习常态化、大众化，着力讲好中国故事、浙江故事，不断提升意识形态工作整体效应，营造团结鼓劲向上的浓厚氛围，不断增强道路自信、理论自信、制度自信和文化自信。

三 加强习近平新时代中国特色社会主义思想的学习、研究和宣传

党的十九大报告提出，必须推进马克思主义中国化时代化大众化，建设具有强大凝聚力和引领力的社会主义意识形态，使全体人民在理想信念、价值理念、道德观念上紧紧团结在一起。浙江不断深化学习、研究和宣传，加强理论武装，推动习近平新时代中国特色社会主义思想深入人心。习近平新时代中国特色社会主义思想以及习近平总书记系列重要讲话精神，是中国特色社会主义理论体系的最新成果，是21世纪马克思主义、当代马克思主义。因此，浙江将习近平新时代中国特色社会主义思想以及习近平总书记系列重要讲话精神作为重中之重，开展不同层面的学习、研究、宣传和教育。在党员领导干部、公务员层面开展多种形式的学习；组织开展面向全社会的主题学习宣传教育活动，编写系列通俗理论读物，开展分层分众的主题宣讲，推动党的创新理论成果人人皆知、入脑入心；在实践中推进理论创新，结合中国特色社会主义在浙江的生动实践和未来指向，加强重大现实问题、重大理论问题和重大实践经验总结课题研究，形成一批有价值、有影响的标志性研究成果；发挥浙江是习近平新时代中国特色社会主义思想重要萌发地的优势，深入研究阐释习近平总书记在浙江工作期间提出的“八八战略”、红船精神、浙江精神、“绿水青山就是金山银山”重要思想等，在理论上拓展新视野、作出新概括，为推动马克思主义中国化、时代化贡献浙江智慧。

第二节 牢牢掌握舆论工作领导权

新时代党的新闻舆论工作的职责和使命是：高举旗帜、引领导向，围绕中心、服务大局，团结人民、鼓舞士气，成风化人、凝心聚力，澄清谬误、明辨是非，连接中外、沟通世界。承担起这个职责和使命，必须从党的工作全局出发，做到思想上高度重视、工作上精准有力，不断提高新闻舆论传播力、引导力、影响力和公信力。

一　坚持正确的方向

承担新时代党的新闻舆论工作的职责和使命，必须把正确政治方向摆在第一位。坚持正确的政治方向，就是始终坚持党对新闻舆论工作的领导。在新闻宣传中牢固树立“四个意识”，增强“四个自信”，做到“两个维护”。一切宣传都牢牢把握正确的政治方向，坚持正确舆论导向，唱响主旋律，打好主动仗，弘扬正能量；一切宣传都紧紧围绕中央、省委、市委的决策部署，宣传党的主张，解读党和国家的政策，推动实际工作。

一是坚持马克思主义新闻观。新闻观是关系到新闻舆论工作的根本立场。在当前新闻舆论工作中，特别需要广大新闻舆论工作者清醒认识西方所谓“新闻自由”的本质，自觉抵制西方自由主义新闻观的错误影响，同时自觉以马克思主义为指导，确立马克思主义的新闻观，以马克思主义立场、观点、方法来指导新闻舆论工作，做党和国家政策主张的传播者、时代风云的记录者、社会进步的推动者、公平正义的守望者。

二是坚持正确舆论导向。习近平总书记指出，舆论导向正确，就能凝聚人心、汇聚力量，推动事业发展；舆论导向错误，就会动摇人心、瓦解斗志，危害党和人民事业。坚持以正确舆论引导人，就是让广大群众凝聚在中国共产党领导下，把各种力量汇聚到社会主义的国家建设中，唱响主旋律，传播正能量，努力增进全国各族人民团结，维护社会和谐稳定，推动改革和发展。

三是坚持正面宣传为主。维护一个共同体的团结稳定向上，以正面宣传为主。正面宣传，要用心用情，贴近群众，增强吸引力和感染力。正面宣传不是一味歌功颂德，罔顾事实。正面宣传仍然要把真实性作为新闻舆论的生命，坚持马克思主义的立场、观点、方法，直面社会丑恶现象，准确全面地报道事实，激浊扬清、针砭时弊，积极向上地观察和引导。

各级党委、政府，加强组织领导，完善制定相关政策，为构建社会主义核心体系的建设保驾护航。强化管理考核，牢牢掌握意识形态主动权主导权，加强对文化发展的方向、总量、结构和质量的宏观调控，深入贯彻落实意识形态工作责任制，推动正确政治方向、舆论导向、价值取向，并将之贯穿到宣传文化工作的所有领域、所有媒体、所有平台。围绕“立德树人”根本任务，将社会主义核心价值观贯穿国民教育全过程，构建以核心价值观为引领的大中小幼一体化德育体系。弘扬社会主义法制精神，将核心价值观融入法治浙江建设。强化依法管理，敢抓敢管、敢于亮剑，旗帜鲜明支持正确思想言论，旗帜鲜明抵制各种错误思潮。强化公共政策的价值导向，探索建立重大公共政策道德风险评估和纠偏机制。

二 坚持党性和人民性的统一

党性原则是党的新闻舆论工作的根本原则。坚持党性原则，最根本的是坚持党对新闻舆论工作的领导。党的新闻舆论媒体的所有工作，就应该体现党的意志、反映党的主张、维护党的团结、捍卫党中央的权威。增强“四个意识”，自觉在思想观念、政治觉悟和行动导向上同以习近平同志为核心的党中央保持高度一致。党要坚持从群众中来到群众中去，党的新闻舆论工作也要坚持党性和人民性的统一，不忘初心，始终坚持为人民服务。

切实提升新闻舆论公信力。民心是最大的政治，人民性是公信力的来源，体现党的意志、反映党的主张，真正被人民群众信赖，才是新闻媒体追求的内在品质。一方面，新闻舆论工作要强化党性原则，要把讲政治守规矩贯穿到新闻舆论管理的全过程；一方面坚持“真实性是新闻的生命”，以事实服人、以理性服人，准确发布、客观评论、权威解读，不给谣言、炒作留下可乘之机。充分发挥网络媒体作用，依法管网治网，加强对各类新兴信息传播载体特别是新媒体、自媒体平台的管理，严格监督和规范涉意识形态的言论和报道。在新闻工作者中组织开展好“三项学习教育”，明确宣传纪律，规范采编行为，保证新闻舆论队伍纯洁正直，维护舆论生态清朗明净。

三 加强中国特色新型智库建设

哲学社会科学是人们认识世界、改造世界的重要工具，是推动历史发展和社会进步的重要力量，其发展水平体现了一个国家的综合国力和国际竞争力。一个国家的发展水平，既取决于自然科学发展水平，也取决于哲学社会科学发展水平。繁荣发展哲学社会科学是中国共产党在坚持和发展中国特色社会主义长过程中治国理政、建设社会主义强国、提高民族文化素质的需要。党的十八大以来，以习近平同志为核心的党中央更是将哲学社会科学的发展纳入实现中华民族伟大复兴的中国梦的新征程中加以考虑。2015 年，中共中央印发的《关于加强中国特色新型智库建设的意见》，2016 年习近平总书记《在哲学社会科学工作座谈会上的讲话》，对繁荣发展哲学社会科学和建设具有中国特色的新型智库产生了重大而深远的影响，也为地方发展哲学社会科学及建立新型智库建设指明了方向。浙江省第十四次党代会提出："大力繁荣哲学社会科学，实施新一期浙江文化研究工程，形成一批有分量有影响的重大理论成果。建设一批专业化高水平新型智库，提升决策咨询服务水平。"①

全省哲学社会科学界聚焦党委、政府中心工作，切实加强对浙江改革发展实践的总结提炼和理论提升，加强对浙江的战略性前瞻性针对性研究，立足浙江、研究浙江、服务浙江，出思想、出成果、出人才。当好党的理论的传播者、主流思想的守望者、浙江精神的弘扬者，引导全社会树立中国特色社会主义道路自信、理论自信、制度自信、文化自信。哲学社会科学工作者要在为人师表、行为世范上有更高标准，用自己高尚的道德情操、模范的道德行为感召人们、影响社会，以奋进的精神状态、严谨的治学态度、高度的质量标准、丰硕的理论成果，担负起历史赋予的光荣使命。

智库是现代决策体制的产物，已成为国家软实力的重要组成部分。浙江省第十四次党代会提出要"建设一批专业化高水平新型智库，提升决策咨询服务水平"。② 近年来，浙江已初步形成了由各级各类官方智库、半官方

① 车俊：《坚定不移沿着"八八战略"指引的路子走下去　高水平谱写实现"两个一百年"奋斗目标的浙江篇章——在中国共产党浙江省第十四次代表大会上的报告》，《浙江日报》2017 年 6 月 19 日。

② 车俊：《坚定不移沿着"八八战略"指引的路子走下去　高水平谱写实现"两个一百年"奋斗目标的浙江篇章——在中国共产党浙江省第十四次代表大会上的报告》，《浙江日报》2017 年 6 月 19 日。

智库、高校智库、民间智库等构成的智库群，为全省经济社会发展提供了有效的决策咨询服务。但智库建设仍处于起始阶段，缺乏具有全国影响力的高端智库，高层次、高水平的成果和领军人物少。专业研究机构和政府咨询机构承接的决策咨询任务较多，具有一定的信息和资源优势，但往往缺乏深厚的学术积淀和广阔的全球视野。

浙江智库建设的总体目标，统筹推进各类智库协调发展，形成定位明晰、特色鲜明、规模适度、布局合理的浙江特色、浙江气派的新型智库体系，建成若干个具有一定国际影响力、体现国家软实力、能说“中国故事”的顶尖智库，重点建设若干个有较大影响、支撑区域战略发展的新型专业智库，培育若干个在省内有较大影响力的重要智库；打造一支坚持正确政治方向、德才兼备、富于创新精神的公共政策研究和决策咨询队伍；形成一套治理完善、充满活力、监管有力的智库管理体制和运行机制。发展定位主要做好以下三个方面：一是植根本土，凝练特色；二是面向全国，引领风尚；三是放眼世界，彰显气派。在“十四五”期间做好智库建设的顶层设计，健全智库参与决策咨询的体制机制和渠道，搭建起智库发展平台，解决智库发展的制度保障、人才培养、成果转化、经费资助等问题，统筹推动各类智库协调发展，初步形成特色鲜明、层次明晰、布局合理、分工合作的智库体系，打造若干个能够为浙江省委、省人大、省政府提供决策和立法咨询，在国内具有较大影响的高水平智库。发挥浙江走在全国前列的优势，通过研究“浙江现象”、总结具有可复制性的浙江经验，为中央提供决策咨询。

第三节 守正创新，提升现代传播力

随着形势发展，党的新闻舆论工作必须坚持改革创新，不断提高能力和水平。增强工作针对性，适应分众化、差异化传播趋势，加快构建舆论引导新格局。推动融合发展，推动传统媒体和新兴媒体在内容、渠道、平台、经营、管理等方面深度融合，形成立体多样、融合发展的现代传播体系。把握好时效，把准时机、节奏，把准力度、分寸，从群众口碑、社会共识上看效果。加强国际传播能力建设，增强国际话语权，讲好中国故事。新闻舆论工作者要增强政治家办报意识，提高业务能力、转作风改文风、加强道德修养，努力成为全媒型、专家型人才，努力推出有思想、有温度、有品质的作品。

一　高度重视传播手段的建设、管理和创新

当前，传媒技术发展迅猛，以互联网为核心的新媒体，打破了人们信息交流的时空界限，各种新兴自媒体的出现，让传媒格局、传媒生态、传播技术都发生了巨大的变化。与此相应，新闻生产方式、受众接受方式也已发生了深层次变革。过去传统媒体作为舆论引导主体相对单一，而当前的传播主体则变得纷繁复杂。新媒体传播渠道相对于传统媒体来说，具有相当大开放性、自由性，而网络新兴媒体的即时性便捷性使得人们越来越追求对信息动态的捕捉，对事态变化的关注，这同时会带来内容短时性、碎片化、角度偏颇化，不顾事实真相，追求吸引眼球等问题；网络媒体给人们之间信息流通带来的交互性，极容易短时间内形成热点效应，甚至急剧发酵。这种舆论态势如果缺乏相应的约束和组织，不利于凝聚共识、风化教育、传播正能量，也给国家安全、社会稳定带来了风险。因此，对于新媒体要进行必要的约束管理。

浙江不断提高新闻舆论传播力、引导力、影响力、公信力，高度重视传播手段建设和创新。传播力的大小与社会生产力的发展密切相关。随着云计算、大数据、人工智能等新技术的不断涌现，舆论生成和传播方式发生了重大变化，只有紧跟时代步伐全方位加强传播力建设，拓展传播渠道、创新传播方式、提高传播能力，才能有效提升新闻舆论传播效能。浙江努力适应受众特点、受众需要，及时创新传播载体、传播手段，充分运用微博微信、客户端、直播平台、微视频等各种新闻生产和表现方式，进行分众化、多样化传播，实现多渠道宣传、全方位覆盖。坚持以融媒体建设为重点，深入推进平台、人员、管理和价值融合，重塑组织架构和生产流程，打造形态多样、手段先进、竞争力强的新型主流媒体。加强对外传播话语体系建设，不断提高国际新闻信息的自采率、首发率、落地率，整体提升主流媒体对外传播综合实力。

发挥浙江互联网优势，加强互联网内容建设，建立网络综合治理体系，营造清朗的网络空间。在宣传方式上，浙江除传统媒体外，还充分运用手机报、微信、微博、微电影、微视频等新媒体、新渠道，借助文艺作品、公益广告等宣传平台，积极营造有利于社会主义核心价值观传播的社会环境；推动核心价值观向各类公共空间、各类宣传文化阵地、各类人群全面覆盖，使核心价值观像空气一样无所不在、无时不有；同时进行网络生态综合治理，推进网络空间清朗等行动。落实意识形态工作责任制，加强阵地建设和管理。

二 加快推进媒体融合发展工程

加快文化浙江“十大工程”中的媒体融合发展工程建设，加快推进媒体深度融合发展，打造新型主流媒体，构建现代传播体系。

一是打造新型主流传媒集团。以浙报集团、浙江广电集团等为龙头，实施移动优先战略，推进采编发流程再造，抓好“中央厨房”这个融媒体中心建设，强化全媒人才培养，构建以“两微一端”为重点的移动媒体矩阵，形成一批具有全国影响力的新型主流传媒集团。集聚资源力量，打造3—5个在全国具有强大传播力、影响力的新媒体平台和一批知名新媒体传播品牌。推进以浙江发布为驱动的全省政务新媒体集群建设。推动市县媒体整合区域资源，强化融合创新，打造区域性新型主流媒体。支持省主要传媒集团与市县媒体建立战略合作关系，实现平台、资源、技术等共建共享。

二是强化内容技术两轮驱动。提高主流媒体议题设置能力和内容创新能力，充分发挥内容原创、权威报道、观点提供等方面优势，强化融合传播。积极推进新闻创新创优，强化品牌栏目、节目建设，推动名记者、名编辑、名评论员、名主持人融入新媒体平台。健全完善原创新闻作品版权保护制度和有偿使用制度。高度重视传播手段建设和创新，运用移动互联、大数据、云计算、无人机采集、虚拟现实等技术，跟踪5G传输、全息投影、物联网、人工智能等前沿技术，发展新应用新业态。利用先进技术，加大融媒体产品的制作生产力度，多渠道推送到互联网电视、智能手机、平板电脑、可穿戴设备等终端，推进新闻传播平台与社交网络平台实现无障碍对接，打通新兴媒体和传统媒体的用户群。

三是推进融合发展体制机制创新。建好国家出版融合发展（浙报集团、咪咕数媒）重点实验室，推动设立省级媒体融合创新实验室（基地），加强媒体融合研究创新。开展建立省新媒体专业委员会试点。制定适应媒体融合发展的人才激励约束机制，研究设计更加科学合理的考核评价体系、职级晋升制度、薪酬分配办法，稳妥推进解决新闻采编人员身份“双轨制”问题。建立全媒体传播效果评价体系，逐步完善落实第三方评估机制。探索传媒企业实施特殊管理股制度、经营团队股权激励试点。坚持采编和经营“两分开、两加强”，全面落实阵地管理和导向管理，确保党对新闻媒体的主导权管理权。

三　加快推进网络内容建设工程

加快推进文化浙江“十大工程”中的网络内容建设工程，通过网络内容建设传播，使互联网成为传播社会主义先进文化的新途径、壮大主流舆论的新平台、开展信息服务的新渠道，构筑更加清朗的网络空间。

1. 唱响网上主旋律

顺应互联网移动化、社交化、视频化、互动化趋势，指导省内重点新闻网站加强内容建设和传播能力建设，创新话语体系和表达方式，深入开展党的理论创新成果宣传，积极开展网上形势政策宣传、主题宣传、成就宣传、典型宣传，使党的主张成为网络空间最强音。以省级主流媒体为依托，培育一批有较大影响力的新媒体公众号，打造网络主旋律传播矩阵。发挥商业网络传播平台的积极作用，扩大正面舆论覆盖面和影响力。统筹推进网络文明创建、网络公益活动等，让正能量充盈网络空间。

2. 丰富优秀网络文化产品供给

实施“现象级”新媒体产品打造计划，组织制作一批高水平、有影响的原创融媒体产品。大力培育催生网络文化精品，鼓励文艺工作者、高校师生、网民以及影视节目制作机构、文化企事业单位、社科研究机构等创作生产更多适合在网上传播的网络文化产品。创建广播电台、电视台与新媒体融合型网络视听节目生产制作体系。加强对重点内容制作团队的扶持，通过市场运作方式，打造一批正能量内容制作团队。推动优秀文艺作品、优质文艺资源和社科理论成果的数字化网络化传播。拓展各类优秀网络内容、产品传播渠道和落地空间，重点支持一批社科理论、文艺网站（频道）和新媒体传播平台。积极创建网上文化家园。推进争做中国好网民工程，加快网络社会组织建设，构建网上网下同心圆。

3. 规范网络内容传播秩序

建立网络综合治理体系，健全完善具有浙江特点的互联网属地治理模式。实施网络空间清朗行动，推出全省网络传播清朗指数。健全网络舆情通报研判等机制，妥善应对处置网上突发舆情。完善网络信息内容管理规章制度，将所有从事新闻信息服务、具有媒体属性和舆论动员功能的传播平台纳入管理范围，对所有新闻信息服务和相关业务从业人员实行准入管理，统一管理制度和要求。构建网络内容执法管理体系，健全网络文化市场监管机制，组织网络内容管理联合执法和系列专项整治行动。建立重点网站联系服务制度。

4. 建立网络内容建设激励机制

加大对优秀网络内容产品和创作团队的扶持力度，将其纳入省“五个一工程”奖、浙江新闻奖等奖项评选和省文化精品扶持范围。建立科学合理的绩效考核制度和优秀网络文化成果评价认证应用机制。鼓励社会组织、行业协会等设立优秀网络文化产品扶持发展基金。

第 六 章

提升文化创造力，
推动优秀传统文化创造性转化创新性发展

文化是一个国家和民族精神的延续，优秀的传统文化更是一个国家和民族文化与精神层面的集中表达，可以为人们认识和改造世界提供有益启迪，可以为治国理政提供有益启示，也可以为道德建设提供有益启发。浙江是中华文明的发源地之一，文化遗存丰厚，文脉悠久，文气丰沛。习近平同志曾说："悠久深厚、意韵丰富的浙江文化传统，是历史赐予我们的宝贵财富，也是我们开拓未来的丰富资源和不竭动力。"优秀传统文化传承体系，是构建文化浙江四梁八柱不可或缺的梁柱。"文化浙江"建设，要着力促进浙江优秀传统文化创造性转化、创新性发展，让优秀传统文化活起来、传下去，并深刻融入当下社会生活之中，与人们精神文化需要相契合，从而推动构建我们共有的精神家园。

文化现代化究其根本，是传统文化精髓的延伸和文化的创新。要对传统文化去粗取精、去伪存真，实现"创造性转化"和"创新性发展"，有很多工作要做。首先对中国传统文化资源进行调查和整理，物质文化资源，非物质文化资源，都深入调查，摸清浙江的文化家底。其次，对传统文化进行研究，这样才能分清哪些是糟粕，哪些是精华，这样才能有取有舍。最后，推动中华优秀传统文化实现创造性发展和创新性转化，培育精神，引领风尚，服务社会、推动发展。

第一节 传统文化资源的调查与整理

文化资源的调查与整理是对传统文化进行研究、保护、传承和利用的基

础工作。2013年12月30日，习近平总书记在主持十八届中共中央政治局第十二次集体学习时讲话指出，要系统梳理传统文化资源，让收藏在禁宫里的文物、陈列在广阔大地上的遗产、书写在古籍里的文字都活起来。2017年1月，中共中央办公厅、国务院办公厅发布《关于实施中华优秀传统文化传承发展工程的意见》，提出要"实施中华文化资源普查工程，构建准确权威、开放共享的中华文化资源公共数据平台"。2017年7月，浙江省委办公厅、浙江省人民政府办公厅发布《浙江省实施中华优秀传统文化传承发展工程工作方案》，对普查工作提出更加明确的要求，强调要"切实加强文化资源普查，积极推动第三次全国文物普查和第一次全国可移动文物普查成果转化共享，建设浙江文物资源地理信息系统GIS管理系统、馆藏文物电子档案等数据资源库，建立文物资源总目录"。

传统文化资源，梳理是基础，梳理了才能有选择，有创造，才能活起来。

一　加强可移动文物的调查与整理

浙江是文化之邦，也是文物大省。新中国成立后，共进行全国性的文物普查3次，1956年是第一次普查，1985年是第二次。第二次普查，浙江有1.3万处文物被登记在册。2007—2012年，进行第三次全国文物普查。2012年国务院启动第一次全国可移动文物普查。经过这几次文物及文物遗址的普查工作，浙江的文物家底已经基本摸清。

相对于不可移动文物，可移动文物流动性强，收藏分散，调查、认定的难度非常大。浙江虽经三次文物普查，最近又刚刚结束可移动文物的全省普查，但普查对象仅限于浙江省行政区域内各级国家机关、事业单位、国有企业和国有控股企业等各类国有单位收藏保管的可移动文物，大量散落民间的可移动文物根本无从查起。经过这几次调查，除非有新的考古发现，浙江不可移动文物的家底已基本摸清，但可移动文物的调查与整理还存在较大改进空间。今后应着重做好以下几方面工作：其一，分门别类建立可移动文物登入标准，为每一件可移动文物建立档案，全部文物做到文字、图像、影像三档齐全；其二，全部可移动文物实现联网；其三，实施民间收藏文物登记制度，建设文物价格评估机制，对民间文物交易实施动态监测；其四，成立专家委员会，完善文物鉴定制度。

二　加强水下考古与水下文物的调查与整理

可移动文物调查难，还在于文物流动性强。其中，考古挖掘是新增文物的重要来源。未来浙江应进一步加强考古工作，在考古工作中显示浙江特色。浙江是海洋大省，也是海上丝绸之路的重要起点，应加强水下考古工作，突显考古领域的浙江优势。

浙江水下考古工作起步较早，已有一定的技术储备与学术积累，在全国处于比较领先的地位。如1998年成立中国历史博物馆水下考古宁波工作站，2008年升格为中国国家博物馆水下考古宁波基地，2010年成立国家水下文化遗产保护宁波基地。这是国家水下文化遗产保护中心（2012年正式定名为国家文物局水下文化遗产保护中心）组建后的第一个国家水下文化遗产保护基地。2012年5月，国家水下文化遗产保护宁波基地象山工作站正式揭牌，这是第一个县级水下文化遗产保护工作站。水下考古宁波基地不仅承担了宁波、浙江的水下文物调查、探测、发掘、保护、研究等重任，还频频应邀参与国内外重大水下考古活动。根据国家文物局部署，受浙江省文物局委托，宁波市文物考古研究所联合中国国家博物馆曾进行了为期五年的第一次浙江沿海水下文物调查工作，在水下文物资料的整理、工作流程规范化、水下考古技术标准的制定等方面做了开创性工作，极大地推动了全国水下文物普查的开展。2016年，宁波水下考古基地在慈溪上林湖越窑遗址进行了一次内水水域水下考古调查。水下文物考古基地与浙江省文物考古研究所、慈溪市文物管理委员会办公室联合组队，对慈溪上林湖后司岙水域展开水下考古调查。考古队运用多波束测深仪、侧扫声呐和磁力仪，获取了上林湖水底地形地貌的高精度三维数字模型、平面声呐图像等情况；发现了凸露于现存湖床表面的多处圆形窑炉、近现代沉船、建筑基址、道路、水下台地以及古水坝、疑似古河道等类型丰富的水下遗存。

未来，浙江应在现有成果的基础上，总结经验，完善规范，并做好宁波水下考古基地文物的陈列展示、保护修复工作；举办论坛，开展学术交流，将它逐步打造为中国水下考古与水下文化遗产保护的重要行业平台与学术阵地，为加强浙江海洋传统文化研究与海上丝绸之路申遗工作服务。

三 加强革命文物与社会主义建设与改革时期文物、文化遗址的调查与整理

2018 年 7 月，中共中央办公厅、国务院办公厅印发《关于实施革命文物保护利用工程（2018—2022 年）的意见》指出：“革命文物凝结着中国共产党的光荣历史，展现了近代以来中国人民英勇奋斗的壮丽篇章，是革命文化的物质载体，是激发爱国热情、振奋民族精神的深厚滋养，是中国共产党团结带领中国人民不忘初心、继续前进的力量源泉。”浙江是近代以来中国人民反抗帝国主义侵略的前沿阵地，鸦片战争与抗日战争时期，浙江人民曾在这片土地上流血奋战、抵抗强敌。而且，浙江是近代革命知识分子比较集中的地区，也是马克思主义重要的传播地区，嘉兴南湖更是中国共产党宣告诞生的革命圣地。浙江大地上，革命遗迹广泛分布，这是我们宝贵的文化资源。

早在 2006 年，中共中央办公厅提出在全国“开展对革命遗址的普查”，并要求各级党史研究部门“参与对红色旅游工作和革命纪念场馆的指导”。2007 年，中共浙江省委在《关于进一步加强党史工作的意见》中明确提出，“开展全省党史胜迹普查，切实加强对党史重要遗址、史迹的保护”。在这两个文件指导下，浙江从 2008 年下半年开始革命遗址普查工作。

浙江吸收党史胜迹普查经验，进一步做好革命文物与革命遗址的调查工作，适当扩大调查范围，将部分已消失或被损毁的重要革命遗址列为普查对象，调查重要战斗、战场的遗址，调查重要政治事件的遗址、重要政治人物的遗迹，设立标志。同时，更新文物观念，改进文物登入标准，把社会主义建设与改革时期的文物列入调查与登入的范围。文物判定的标准是与时俱进、动态变化的。新中国成立前，人们一度认为先秦的遗存才是文物。新中国成立后的考古界，清代以后遗迹不被视作文物。在最近几次

文物普查中，浙江逐渐把一些近代遗存列入文物调查的对象，如宁波的近代工业遗产、乡土建筑，舟山的民间渔用码头一一被列为文物；杭州武林广场的浙江展览馆，因其建筑样式体现了“文化大革命”时期的风貌和价值取向，是一个时代的缩影，也被列入文物。“大跃进”时期的一些人民公社食堂、大会堂，因它们承载了一代人的记忆，也被列入了文物名录。浙江是改革开放先行地，是习近平新时代中国特色社会主义思想重要萌发地，在探索中国特色社会主义道路的过程中，积累了经验，创新了理论，传承了浙江精神。与此相关的重要文物，如义乌小商品市场旧址，习近平同志视察安吉、提出“两山”理念时的原始照片与音像资料，类似这样的文物，都登记保护。

四　加强历史文献的调查与整理

历史文献是一种特殊的文物。历史文献信息含量高、精神影响大，是传播与研究传统文化的主导资源。因此，做好古籍调查工作，对整理传统文化资源具有特别重要的意义。浙江从 2007 年开始在全省范围进行古籍普查。2017 年 9 月，浙江省古籍保护中心发布《浙江省古籍普查报告》，全面总结全省现存古籍的数量、价值、分布、保存状态等情况。

未来浙江将从以下八方面着手，进一步加强历史文献的调查与整理工作。

第一，由于本次古籍普查主要针对公共图书馆、藏书室的馆藏古籍进行，今后将加强民间文献的调查与整理。重点是加强革命文献的征集、搜集、调查与整理。其内容应包括革命时期各级政权领导成员的名单、会议记录、布告、文件、电函、手稿、讲话稿、图像、回忆录、日记、田契地契、账册登记和分田证等；以及社会主义建设与改革时期的重要原始文献。根据革命文献的特点，制定和完善著录标准。

第二，加强家谱等民间史籍的搜集与整理。家谱是中国古代除正史、地方志之外的第三大史籍系统，多具有较高的文献价值，保存了大量佚诗佚文，甚至是整部古籍。这些散落在民间的家谱，在一般情况下，往往就是孤本、绝本，有很高的版本价值。而且，民间家谱极易毁坏遗失。由于人为原因或自然原因，现在大量家谱正在走上“人间蒸发”的道路。搜集旧藏家谱，同时留意民间新修家谱，搜集具有民俗特色的文书，如契约、祝文、喜帖、经书等，形成民间文献搜集与整理的浙江体系。

第三，加强金石文献的整理。浙江虽缺少甲骨、绢帛这样的史料，但有不少金石文献。清人编纂了大量的金石志。新中国成立以来，断断续续又有新发现，但人们对这些石刻史料的整理与利用还显得非常不够，浙江将组织力量，进行系统整理。

第四，加强口述史料的搜集与整理。我们这一代人，处在传统文化与现代文化的分界点上，在传统文化土壤上成长起来的一代人正在老去甚至死亡。他们心里藏着无数对传统最直接、最原始的记忆，浙江对此进行抢救性搜集与整理，形成口述史料。例如，浙江省社会科学院近年来加强口述史料工作，先后出版了《永康手艺人口述史》《义乌敲糖帮——口述访谈与历史调查》《宁海泥金彩漆口述史》《义乌细菌战受害者口述史》等口述史料，取得较好成绩。未来，浙江将继续加强这方面工作，给予专项经费支持，形成学术规模。

第五，加强馆藏未整理文献的整理。一些图书馆、档案馆珍藏的历史文献如一些鱼鳞图册、珍贵手稿有待整理。《浙江省实施中华优秀传统文化传承发展工程工作方案》提出：“搜集、抢救、整理浙江珍贵档案，为研究浙江区域社会民情、生活变迁提供文献资源。整理浙江馆藏未刊本（手稿），选辑浙江历代文人所撰或馆藏稿本中主要内容涉及浙江而未出版刊行的文献资料，发挥其重要的学术价值和艺术价值。”浙江将组织学术力量，按工作方案，尽早整理、编目，对外开放，使其产生应有价值。

第六，促进浙江古籍数字化建设。按《浙江省实施中华优秀传统文化传承发展工程工作方案》，建设浙江历史文献数字资源总库，形成便利的数字服务体系；建设浙江地方文献缩微资源总库，形成纸质、数字资源和缩微胶片三位一体的文献保护体系。

第七，制定规划，实施古籍分级整理。浙江传世古籍数量庞大，浩如烟海，古籍整理工作不可能一蹴而就。浙江将根据保护优先、分级整理的原则推进古籍整理。在古籍数字化整理中，所有古籍拍制图像存档，利用价值高的古籍可实施文本化；珍贵古籍可影印出版。

第八，按照《浙江省实施中华优秀传统文化传承发展工程工作方案》的要求，在上述工作的基础上编撰《浙江文献总目》，对浙江历代文献进行考校编目和提要介绍，彰显浙江深厚的文献底蕴和内涵。

五　加强非物质文化遗产的调查与整理

中国对于文化资源的调查，如果说 20 世纪主抓物质文化遗产的话，那么到 21 世纪以后，非物质文化遗产越来越成为人们关注的对象。浙江曾全面开展非物质文化遗产普查工作。并由各市组织对所辖的普查工作区域进行了检查评估，由省文化厅组织对全省各地非物质文化遗产普查工作进行重点抽查验收。经过普查，浙江基本摸清非物质文化遗产的全部家底。在联合国教科文组织公布的“人类非物质文化遗产名录”“急需保护的非物质文化遗产名录”中，浙江 9 项上榜，位居全国之首；在 2006 年至 2014 年的 4 批国家级非物质文化遗产名录中，浙江实现国遗申报全国四连冠，总计入选 217 项，显示了“文化浙江”的深厚底蕴。在普查中，浙江也积累了丰富的经验，提出了“村报普查线索、乡查重点项目、县做申报文本”的普查方式，随后进行推广，在普查结束时，实现了全省乡镇、村和街道的全覆盖，形成了非物质文化遗产普查的浙江模式。这在后续普查工作中应加以坚持。

2016 年后，浙江非物质文化遗产调查与整理工作开始转向专业化，对一些重点门类进行深入调查。如浙江是南戏的发源地，地方戏曲种类众多，浙江从 2016 年 1 月开始启动首次大规模戏曲普查，历时一年半，最终确定全省现有昆剧、京剧、越剧、婺剧、绍剧、甬剧、姚剧、瓯剧、和剧、湖剧、杭剧、睦剧、新昌调腔、宁海平调、台州乱弹、皮影戏、木偶戏和滑稽戏共 18 个剧种。未来，按照《关于实施中华优秀传统文化传承发展工程的意见》和《浙江省实施中华优秀传统文化传承发展工程工作方案》的要求，浙江将对民族传统体育项目和浙江历史经典产业这两大类非物质文化遗产进行深入挖掘。尤其是系统梳理和研究丝绸、茶、黄酒、青瓷、中药等浙江历史经典产业。

第二节 传统文化遗产的保护、利用与传承

传统文化遗产不仅要调查整理，更要保护好、利用好、传承好。调查整理是基础，保护、利用和传承才是目的。

一 物质文化遗产的保护与利用

改革开放以来，文化遗址的保护越来越受到重视，也越来越显出其保护的迫切性。在新型城镇化的背景之下，一些历史建筑、居住性历史文化街区则由于其受关注度低、建筑质量堪忧、基础设施落后等原因，往往较易受到“推土机”的威胁。浙江在这方面也有过教训。20 世纪末，舟山定海陆续拆除了某些地段具有历史文化价值的传统街巷和建筑，受到舆论的批评。此后，浙江在历史文化遗存的保护上化被动为主动，陆续出台一批地方性法规，在文化遗址保存上取得了长足进步。

今后物质文化遗产保护工作应以文化遗址为主，兼顾可移动文物，着重抓好以下八方面工作。

1. 立法先行

文化遗址的保护，不同于非物质文化遗产的保护，也不同于可移动文物的保护，它关系到城市改造、房屋拆迁等一系列问题，牵涉面广，利益关系复杂，容易引起各种社会矛盾。因此，文化遗址的保护必须坚持立法先行的原则。浙江早在 1999 年就颁布《浙江省历史文化名城保护条例》。2012 年，国务院颁布《历史文化名城名镇名村保护条例》，浙江将条例升级为《浙江省历史文化名城名镇名村保护条例》。此后一些地市也陆续颁布相关法律，如杭州在 2012 年出台《杭州市历史文化街区和历史建筑保护办法》，衢州出台《衢州市区历史文化街区保护管理办法》，湖州在 2013 年出台《湖州市市区历史文化街区与历史建筑保护管理办法》，宁波在 2015 年颁布《宁波市历史文化名城名镇名村保护条例》，温州在 2015 年通过《温州市历史文化名城保护管理办法》《温州市历史文化街区保护管理办法》《温州市历

史建筑保护管理办法》等多个法规性文件。绍兴在2017年颁布《绍兴古城保护利用条例（征求意见稿）》。未来浙江文化遗址的保护工作将严格按法律规定进行，做到执法必严，违法必究。

2. 全域保护

文化遗址可分为两大类：一是考古意义上的文化遗址，如历史建筑、古城、窑址、墓葬等；二是广义上的文化遗产，包括历史文化名城名镇名村进行全域性保护。浙江不仅保护狭义上的文化遗址，也对附近地区原有文化面貌进行保护，尽量做到全域保护。实际上，狭义上的文化遗迹，在此之前就有文物法律作为保障，在文化保护中不存在多大争议。近年来，人们文化遗址保护的理念不断更新，越来越注重对历史建筑、文化遗址进行全域性保护。

浙江省《关于实施中华优秀传统文化传承发展工程的意见》强调，要加强新型城镇化和新农村建设中的文物保护。加强历史文化名城名镇名村、历史文化街区、名人故居保护和城市特色风貌管理，实施中国传统村落保护工程，做好传统民居、历史建筑、革命文化纪念地、农业遗产、工业遗产保护工作。规划建设一批国家文化公园，成为中华文化重要标识。推进地名文化遗产保护。

该《意见》还强调，深入挖掘城市历史文化价值，提炼精选一批凸显文化特色的经典性元素和标志性符号，纳入城镇化建设、城市规划设计，合理应用于城市雕塑、广场园林等公共空间，避免千篇一律、千城一面。挖掘整理传统建筑文化，鼓励建筑设计继承创新，推进城市修补、生态修复工作，延续城市文脉。加强“美丽乡村”文化建设，发掘和保护一批处处有历史、步步有文化的小镇和村庄。推进传统村落保护利用。全面摸清我省传统村落保有现状，围绕保护建筑、保持肌理、保存风貌、保全文化、保有生活的要求，科学界定每个村落的保护价值，严格保护村落的格局、风貌、田园景观以及存有环境的空间形态，大力保护有传统历史、时代印记、文化标志、人文故事的乡土建筑。加强对全省历史文化村落的管理，编制传统村落保护名录，建立古建筑档案，提升保护利用水平。坚持乡村物质遗产与非物质遗产保护并重，传承一批具有浙江味道和地域特色的活态文化，推动传统村落在新时代焕发新活力。

从中可以看出，浙江版的文化保护方案，相比国家意见，保护要求更高，文化外延更广，突出了对有形文化遗址中无形文化的保护。

在具体保护工作中，在城镇化的推进过程中，浙江积极探索，形成了一些行之有效的文化遗址保护办法，如被各地广为采用的“双城”保护模式，跳出老城建新城。还有一些地区，在旧城改造中，对建筑形式、建筑材质和建筑色彩多采用传统文化元素。还有一些地方，则在尽量保持历史文化街区原有文化氛围的基础上让原住居民回迁。如杭州小河直街重建改造就采取了这种办法。在小区改造中有一半以上居民愿意回迁。小区尽量保持原有生活方式，最大限度地延续了街区长期积淀形成的人文环境。在这种方案中，人们持着这样一种理念，历史建筑是一种文化，生活在历史建筑中的居民也是一种文化，而且是最大的文化。

3. 突出重点

当前要重点做好世界文化遗产的申报、保护与后续管理工作。

杭州西湖文化遗产与大运河文化遗产浙江段。这两处文化遗产已经成为世界文化遗产，浙江加强日常保护、管理和监测工作。浙江抓住大运河文化带建设的契机，继续推进大运河遗产保护工程，对大运河（包括江南运河与浙东运河）沿线的遗址遗迹进行调查、考古、发掘，调查、研究大运河沿线具有地方特色的节庆、戏曲、文学、民间艺术与传统技艺，挖掘历史上的文化名家，并在古迹保护的基础上打造一批运河特色文化小镇和特色文化设施；同时，将大运河的文化传承与生态保护、经济建设结合起来。

良渚文化遗址。浙江省第十四次党代会报告特别强调了良渚遗址申遗与大运河文化带建设。要以良渚文化申遗为契机，对浙江地区的先秦文化遗存，包括新石器时代的文化遗存和先越文化、越国文化遗存进行系统的梳理和保护。

其他文化遗产。除良渚遗址之外，《浙江省文化发展“十三五”规划》还提出，争取将海上丝绸之路（浙江）纳入中国世界遗产申报正式提名项目；积极推动浙江青瓷窑遗址、江南水乡古镇、明清古城墙、闽浙木拱廊桥等已纳入中国世界文化遗产预备名单项目的基础研究、保护整治等申遗前期准备工作，开展钱塘江海塘和苍南矾山矾矿遗址申遗可行性预备研究。

4. 明确主题

除抓好世界文化遗产申报工作外，浙江还根据文化遗址的优势和特点，形成几个明确的保护主题，进行系统性保护。

新石器时代的文化遗存。新石器时代的文化遗存以上山文化、跨湖桥文化、河姆渡文化、马家浜文化、良渚文化为代表。浙江是中华文明的重要发源地，浙江境内的新石器文化遗存类型较多，且能在时间上形成一个比较完整的发展序列，这在全国是少见的。浙江以良渚申报世界文化遗产为契机，对域内全部新石器时代文化遗存进行系统梳理和保护。

绍兴、杭州一带的古代墓葬。据不完全统计，浙江境内拥有古墓葬约1800座。在历史上，绍兴、杭州先后成为浙江的区域性中心城市，在这两个城区都有大量古墓葬出土。绍兴主要是春秋到六朝时期的墓葬，杭州主要是五代及以后的墓葬。绍兴墓葬中的青铜器、铜镜及随葬的陶瓷明器，较为引人注目。而杭州最显著的则是五代吴越国钱氏家族墓群。钱镠父母、钱元瓘和他的次妃吴汉月及一些不知身份的钱氏贵族墓在杭州、临安出土，充分展示了五代吴越国时期杭州经济发达、文化繁荣的景象。墓中出土的石刻星图、秘色瓷等器物，弥足珍贵。

古代的瓷窑遗址。浙江是中国历史上最重要的陶瓷产地之一，境内有瓷窑遗址2000多处，自商周至明清，历代遗存，连绵不绝。其中比较著名的窑系即有越窑、瓯窑、婺州窑、德清窑、龙泉窑和南宋官窑等。尤其是越州窑、龙泉窑和南宋官窑，代表了中国中古时代制瓷业的最高水平。越窑的中心，东汉六朝时期主要在绍兴、上虞一带，到唐五代以后，则转移到慈溪上林湖地区。

佛教建筑与佛教造像。浙江曾在1980年代在全省开展文物普查，查到古建筑约8600座，石刻3400余处（块）。古建筑中，临安功臣塔是砖塔仿木式样较早的实例，宁波保国寺是江南木构建筑第二，湖州飞英塔采用“塔中塔”的构造形式，这些都在中国建筑技术史上具有典型意义。石窟造像自东汉佛教传入中国以后一直盛行于北方，但自五代以后，北方即已衰微，而杭州慈云岭、烟霞洞和飞来峰保存了大量自五代吴越至元的佛教造像，正好与北方造像一脉相续，在佛教艺术史上也具有典型意义。浙江将佛教寺塔、经幢与造像等形成主题，统一加以保护。

除此之外，浙江还以大运河、海上丝绸之路、明清古镇为主题对浙江境内的文化遗存进行系统、全面的保护。

5. 预防性保护

经过不断宣传，文化遗产保护的观念已经深入人心，保护措施已经全面铺开。以前，文化遗产保护中，人们的观念是主要问题；现在，在观念已经改变的情况下，技术问题成为文化遗产保护的首要问题。浙江将着重建立和完善预防性保护体系，通过对文物保存环境的监测和调控，抑制各种不利环境因素对文物的危害。

6. 数字化保护

在技术上，除预防性保护外，浙江还结合“互联网 + 中华文明”行动计划推进工作，利用现代信息技术，系统完整保存文物及相关信息，多渠道推广和传播文物资源。对所有可移动文物和不可移动文物，浙江都建立数字化档案，包括文字描述、图片和影像，三档合一。对于不可移动文物，建立地理信息系统。

7. 保护与利用相结合

2006 年 6 月 10 日，习近平同志在调研浙江文化遗产保护工作时提出，要正确处理文化遗产保护和经济社会发展的关系。正确处理文化遗产保护、传承与管理、利用的关系。2014 年 2 月 25 日，习近平总书记在北京市考察时指出，要本着对历史负责、对人民负责的精神，传承历史文脉，处理好城市改造开发和历史文化遗产保护利用的关系，切实做到在保护中发展、在发展中保护。浙江遵照此要求，把文物遗产的保护与传统文化的宣传教育结合起来，与旅游产品的开发结合起来，争取社会效益与经济效益“双丰收”，既教育人们，又获得收益，形成良性循环和文物古迹的长效保护机制。

二　非物质文化遗产的保护与传承

浙江对非物质文化遗产的保护起步早，重视程度高。2005 年 5 月到 6 月，习近平同志任浙江省委书记时对非物质文化遗产保护作了 6 次批示，涉及“浙江民间工艺传承保护”“浦江县高登山古村落抢救”“民间艺术保护工程”“抢救振兴永嘉昆剧团”等文化遗产保护与传承。一个月内集中 6 次批示，充分体现了习近平同志对这项工作的关注和重视。2007 年 5 月，浙江率先通过了地方法规《浙江省非物质文化遗产保护条例》。浙江在非物质文化遗产的保护上，形成一些成功做法，如浙江对人类非遗项目和国家级非遗项目最早实践了“八个一”的保护措施。现在的“八个一”保护措施已被总结成“一个保护方案、一个专家指导组、一个工作班子、一个传承基地、一个展示平台、一套完备档案、一册普及读本、一项配套政策”，依照“一项一策，分类保护”的原则，加强非遗项目的保护工作。2016 年 10 月，浙江省文化厅印发了《浙江省非物质文化遗产保护发展“十三五”规划》，提出围绕建设文化遗产保护模范区的目标，构建全省非遗保护事业五大格局，实施保护发展八大行动，完善机制保障五大体系，实现浙江非遗保护事业再出发，推进传统文化活起来、传下去。

当前浙江的非物质文化遗产以以下五个方面为重点推进。

1. 抢救性保护

尽管浙江的非物质文化遗产保护工作成效显著，但还是有很多非遗项目面临着消失的危险。物质文化遗产是以“物”的形式存在，非物质文化则要借助“人”才能存在。一旦传承人去世，非物质文化遗产随之消亡。一些非遗项目采用“口传心授”教徒，没有文字记载。一些非遗项目的传承人因收入窘迫，不得不改行去做别的营生。传承人多数年岁已高，后继乏人。加上宣传推广不够，很多年轻人对非遗文化知之甚少，更谈不上喜爱。一些非遗项目还没有被调查登记，一些非遗项目面临灭绝失传危险。对非物质文化遗产来说，传承就是保护，没有传承就没有保护。因此，对非物质文化遗产应进行抢救性挖掘，培养传人。

浙江是传统戏剧大省，省级以上非遗传统戏剧项目有58项，其中国家级以上24项，许多处于濒危状态。浙江以地方戏曲为重点，切实抓好非遗保护传承工作，推进传统戏曲保护振兴。大力加强传统戏剧保护，创新濒危剧种、曲种保护方式。扶持越剧、婺剧等戏曲剧种传承，扶持戏曲团体发展、戏曲剧本创作、戏曲人才培养、戏曲市场培育等，推动戏曲创新发展。建立健全省戏曲传承发展工作体系，形成有利于传统戏曲活起来、传下去、出精品、出名家的良好环境。以产业化的方式使非物质文化遗产以产品的形式与现代人的生活发生活态联系，同时使传承人获得稳定收益，从而在根本上解决传承危机。2013年以来，浙江对传统戏剧开展濒危项目的抢救性保护工作，并在2015年制定实施了《浙江省传统戏剧振兴计划》。不少民营剧团在表演之余，还承担着传统戏剧传承的重任，省财政每年安排300万元专项资金支持民营剧团。在组织“送戏下乡”的政府采购中，省里规定民营剧团演出场次应占总场次的三分之一以上，帮助民营剧团增加演出份额。对于这项工作，浙江将立足长远，持之以恒，动态监测，不断完善。

2. 数字化保护

浙江对于非遗数据库的建设一直走在全国前列。浙江非物质文化遗产保护数据库平台建设工程启动后，对所有非遗项目进行影像采集，进行数字化存储。考虑到一些非遗传承人在镜头面前容易紧张，表演失真，非遗采集人员需要认真做好服务工作，加强沟通，提升采集质量。

3. 整体性保护

对地域相对集聚的非物质文化遗产项目，要设立非遗保护区，进行整体性保护。浙江已建设一批非遗保护区，象山海洋渔文化生态区还被列为国家级文化生态保护实验区。

4. 生产性保护

在非物质文化遗产保护中，经费匮乏是一个普遍存在的问题。可考虑对有市场前景的非遗项目采取生产性保护。在这方面，浙江也积累了一定经验，2013 年和 2017 年，浙江先后评选命名 120 家省级非遗生产性保护基地，培育一批非遗主题（实验）小镇，推动一些非遗项目进行旅游开发。《浙江省实施中华优秀传统文化传承发展工程工作方案》也特别强调，要推进历史经典产业传承发展。坚持文化传承与产业提升并重、创新发展与跨界融合并举，主动适应经济发展新常态和大众消费新特点，以木雕、根雕、石刻和文房等十大历史经典产业为重点，扶持一批小微企业，培育一批重点企业，打造一批产业园区，创建一批特色小镇，支持一批重点区域，加快形成特色鲜明、重点突出、布局合理、链条完整、效益显著的产业发展格局，推动历史经典产业转型升级、创新发展。制定浙江省中国传统手工艺振兴计划实施方案。培育一批传统工艺振兴项目。以国家级非物质文化遗产代表性项目名录为基础，对具备一定传承基础和生产规模、有发展前景、有助于带动就业的传统工艺项目，给予重点支持。培育一批非物质文化遗产生产性保护平台。充分发挥省级非物质文化遗产生产性保护基地在传承振兴传统工艺、推动非物质文化遗产融入现代生活等方面的作用。合理利用非物质文化遗产资源助推区域经济社会发展，进一步增强传统工艺项目创新创业能力。

5. 传承人保护

对传承人的保护和对其主观能动性的激发，是非遗保护传承的关键之一。浙江在传承人保护上也出台了一些措施，如“八个一”保护措施，即“进行一次走访慰问、发放一笔政府补贴、召开一次座谈会、安排一次健康体检、举办一次展示活动、开展一次传习活动、制订一项传习活动计划、组织一次宣传报道”。浙江不断营造全社会尊重、服务传承人的良好氛围，使优秀非遗项目后继有人，薪火相传。立法赋予非遗项目传承人以相关知识产权，切实保障他们的社会地位。

第三节　传统文化的转化与发展

进入新时代以来，以习近平同志为代表的中国共产党人在对传统文化继承吸收的基础上，提出要对中华优秀传统文化进行创造性转化和创新性发展。2014 年，习近平总书记多次在不同场合对传统文化创造性转化和创新性发展问题进行论述。2014 年 9 月 24 日，习近平总书记在纪念孔子诞辰 2565 周年国际学术研讨会上发表讲话指出：“传统文化在其形成和发展过程中，不可避免会受到当时人们的认识水平、时代条件、社会制度的局限性的制约和影响，因而也不可避免会存在陈旧过时或已成为糟粕性的东西。这就要求人们在学习、研究、应用传统文化时坚持古为今用、推陈出新，结合新的实践和时代要求进行正确取舍，而不能一股脑儿都拿到今天来照套照用。要坚持古为今用、以古鉴今，坚持有鉴别的对待、有扬弃的继承，而不能搞厚古薄今、以古非今，努力实现传统文化的创造性转化、创新性发展，使之与现实文化相融相通，共同服务以文化人的时代任务。”① 这段讲话全面总结我们党的传统文化观，有批判，有继承，更论述了对传统文化进行“创造性转化、创新性发展”的新课题。

那么，如何实现对传统文化的创造性转化、创新性发展呢？可考虑从以下几方面推进。

一 用中国传统文化题材丰富文艺创作

一个时代有一个时代的文化，一个时代有一个时代的艺术形式。新时代，影视、网络、游戏等新兴媒体越来越多地影响了人们的生活。进行传统文化的创造性转化与创新性发展，首先，在文化载体上进行创新与发展，实现传统文化与新媒体的高度融合。这表现在两个方面：一是在新媒体创作中充分融入传统文化元素，借鉴传统艺术手法；二是用新媒体技术对传统文化内容和题材进行改造和再创造。

传统文化与媒体，特别是与新媒体相结合，已在浙江结出累累硕果。

新媒体技术在文博行业得到广泛应用，3D 大屏已成为很多博物馆的标配，以往只能静态展示的古人古物、生活场景开始以 3D 动态的形式展示在人们面前。杭州正在研究用数字化模型方法来再现南宋临安城，在对杭州临安府城的地理、街坊、建筑进行系统研究的基础上，初步复原了三维立体的垂拱殿、钱塘门、德寿宫、太庙等南宋古建筑，用数字化形态进行展示。

① 《习近平谈治国理政》（第二卷），北京：外文出版社 2017 年版，第 313 页。

在演艺界，宋城演艺在杭州、三亚、九寨沟、桂林等数十个旅游区、全国总计共有三十大主题公园、上百台千古情及演艺秀，其主要作品都以传统文化题材为主要内容。

在新兴的网络文学领域，浙江涌现出一批"大神"级作家和网络文学精品，很多网络文学型如"盗墓"类、"后宫"类、"玄幻"类，都以传统文化为题材。

浙江更是中国影视制作的重镇，东阳横店集团被称为中国好莱坞，自1996年以来，横店集团累计兴建广州街·香港街、明清宫苑、秦王宫、清明上河图、华夏文化园、明清民居博览城、梦幻谷、屏岩洞府、大智禅寺、红军长征博览城、春秋·唐园、圆明新园等13个影视拍摄基地，其中绝大部分拍摄场馆与中国传统文化息息相关。中国影视史上一些里程碑式的作品如《鸦片战争》《荆轲刺秦王》《汉武大帝》《英雄》《无极》《满城尽带黄金甲》等都是在横店诞生的。这些作品无一不以传统文化为题材。

在电视领域，浙江卫视近年来推出了一些以传统文化为题材的综艺栏目，获得广泛好评。2014年浙江卫视推出文化综艺类节目《中华好故事》，该节目以中华传统故事为主要内容，用知识竞赛、故事演绎、名人出题、知名校友助阵等多元化方式，来普及中华传统故事相关知识，彰显民族精神和传统美德。2017年浙江卫视又推出了《向上吧！诗词》节目，引入综艺感极强的"打关"模式。挑战者从100位诗词爱好者组成的"英雄挑战团"中脱颖而出，将获得闯关机会，逐层挑战各个层级的"荣耀守关团"。"荣耀守关团"由40位萌娃组成第一层关卡，外国友人团组成第二层关卡，博士团组成第三层关卡，冠军团组成第四层关卡，名师团组成第五层关卡。节目以传统文化中的诗词为题材，采用电子游戏中常见的"闯关"模式，寓教于乐，提升了节目的可看性和趣味度。节目具有较强的互动性，由文化名人组成的"向上名师团"除了点评选手表现与解读题目知识外，自己也将登台与挑战者进行面对面的比拼，让闯关者体验把名人"拉下马"的快感。此外，浙江电视台还于2016年推出大型人文纪录片《南宋》，取得极大成功，一度打破纪录片收视纪录。在制作过程中，该片创作团队既采访了国内知名的历史学者，也采访"民科"史学爱好者，同时让一些来自美国、欧洲等外国汉学家出场解读，从不同角度、不同层次展示人们对南宋的认知。

但传统文化在新媒体的再创造中仍存在诸多不足。一是很多影视作品在服装、道具、建筑等方面采用传统文化元素，但其中人物的言行举止、思维方式都是非传统的，甚至是西化的，缺少历史真实性，形似神不似，缺少对传统文化精神内核的关注。二是传统文化的学术研究与传统题材的文学创作，彼此缺少联动机制。一些影视作品，虽有历史顾问、文化顾问，很多是挂名，基本不起作用；一些顾问虽也参与创作，只是审审稿，看看剧本，基本不参与后期制作，作品与传统文化脱节，有传统文化之名，无传统文化之实。三是一些传统文化题材的影视与文学作品，过分追求商业化，一味迎合观众与读者的口味，甚至将怪力乱神、封建迷信这些文化糟粕包装推出；有的罔顾事实，对历史上的一些丑恶现象进行美化和洗白。

有鉴于此，应推进历史文化研究，从多方面着手推进传统文化内容在新兴媒体的创造与转化。

第一，为传统文化研究与传统题材创作搭桥铺路，建立联动机制，向文学艺术界提供研究成果，同时为媒体创作找到最合适的专家。

第二，对传统文化与历史题材作品进行科学规划和前期研究。科学编制创作规划，然后进行学术研究，走先规划、再研究、再创作的道路。

第三，鼓励影视、游戏、动漫等企业在推出传统文化题材作品前进行课题设计与招标；鼓励文化企业与学术机构进行联合研究，直接将研究成果应用于文化产品。

第四，推进传统文化题材作品的研究与评论，组建研究会，创设期刊，建立研究阵地，推动文艺评论。鼓励在大学设立相关专业与研究机构。

第五，设立奖项，奖励传统文化题材的文学影视作品。

第六，关注技术前沿，在虚拟现实等领域实现对传统文化的动态复原。

二 用中华传统美德涵养社会主义核心价值观

习近平总书记最初提出“传统文化创造性转化和创新性发展”时，就把它指向了中华优秀传统文化中最核心、最内在之处——价值观问题。2013年12月30日，习近平总书记在十八届中共中央政治局第十二次集体学习时讲话指出，要继承和弘扬中国人民在长期实践中培育和形成的传统美德，坚持马克思主义道德观、坚持社会主义道德观，在去粗取精、去伪存真的基础上，坚持古为今用、推陈出新，努力实现中华传统美德的创造性转化、创新性发展，引导人们向往和追求讲道德、尊道德、守道德的生活，让13亿人的每一分子都成为传播中华美德、中华文化的主体。2014年2月24日，习近平总书记在十八届中共中央政治局第十三次集体学习时讲话，更明确提出，要使中华优秀传统文化成为涵养社会主义核心价值观的重要源泉。

学习中华传统美德，涵养社会主义核心价值观，着力做好以下几个方面。

首先，提倡文明礼让，重塑中华公德。近代自梁启超提出公德之说以来，大家就有一种误解，以为中华传统道德有私德，无公德。这其实是一种误解，中国自古以来既讲私德，也讲公德。比如，现在讲文明出行，要“守住线、不添堵”，倡导礼让斑马线，倡导文明开车。其实中国古代也有教导人们如何行路的道德。唐朝《仪制令》就讲“凡行路巷街，贱避贵，少避老，轻避重，去避来”。五代后唐时，甚至要求诸道、州、府，乃至各县、镇，刻碑于交通要冲、坊门与桥柱上，晓示行人。中国诸子百家都强调道德，孔子讲不争，荀子讲礼敬，墨家讲兼爱，都体现着公德精神，体现着古代圣贤对社会公平的追求。中国是礼仪之邦，应深入研究古代礼仪，重塑中华公德，把它们中最积极的因素吸收到社会主义道德建设中来。

其次，发扬浙江精神，推进诚信建设。浙江推进道德建设，自然要发挥浙江传统文化的优势和特点，弘扬浙江精神。在全国各地的学术学派中，浙东学派强调事功，注重发展商业，因此，注重契约精神，强调诚信互利是浙江文化的一个特点。2000年，浙江精神提炼为16个字：“自强不息、坚韧不拔、勇于创新、讲求实效。”2005年，与时俱进的浙江精神归纳为“求真务实、诚信和谐、开放图强”12字。其中就特别强调了“诚信”，更准确，也更全面。浙江深入贯彻十八届四中全会《决定》和全国诚信建设制度化座谈会精神，在全省广泛开展“诚实立身、信誉兴业”主题活动，逐项推进落实中央文明委《关于推进诚信建设制度化的意见》要求，扎实推进诚信建设制度化工作。当前浙江着重抓好征信制度的建设，发布诚信“红黑榜”，让失信者无处遁形，在全社会形成讲诚信、重然诺的声势和氛围。

再次，重视家庭美德，弘扬优良家风。中华传统文化是一种伦理型文化，中国传统道德是以家庭伦理为本位的，认为夫妇之道是人伦之始，有夫妇，有家庭，然后才有父子，有兄弟，有君臣，有朋友。所以，在中国古代的道德传统中向来特别注重家庭道德的建设。近代以来，随着中西文化的融合，西方道德价值观的输入，中国传统的家庭伦理受到了严重的冲击。婚姻关系稳定性下降，离婚率提高。代际关系中，“啃老”、弃老现象突出，亲情纽带松弛。当代中国正处在一个历史转型时期，传统的家庭道德面临解体，现代家庭道德尚未形成。党的十八大、十九大报告中，都很重视“家庭美德”。2016 年 12 月 12 日，习近平总书记在会见第一届全国文明家庭代表时讲话指出，“家风是社会风气的重要组成部分。家庭不只是人们身体的住处，更是人们心灵的归宿。家风好，就能家道兴盛、和顺美满；家风差，难免殃及子孙、贻害社会”。[①] 浙江在新时代道德建设中，十分重视家庭美德建设，持续开展“我们的家训——浙江百姓重家风”活动。

总之，浙江高度重视中华美德的传承与弘扬，使中华优秀传统文化成为涵养社会主义核心价值观的重要源泉。

三 推进马克思主义中国化中弘扬优秀传统文化

党的十八大以来，我们党在治国理政上提出很多创见，体现着中华优秀传统文化的理论滋养。今天，站在“两个一百年”奋斗目标交汇的关键节点上，在浙江高水平推进全面建成小康社会和社会主义现代化建设的新征程中，仍要坚持学习历史，从浙江的古圣先贤中汲取智慧，提高领导能力和执政水平。

首先，我们党在强调依法治国的同时，也重视以德治国。习近平同志 2014 年 10 月 23 日在党的十八届四中全会第二次全体会议上讲话指出：“必须坚持依法治国和以德治国相结合。法律是成文的道德，道德是内心的法律，法律和道德都具有规范社会行为、维护社会秩序的作用。治理国家、治理社会必须一手抓法治、一手抓德治，既重视发挥法律的规范作用，又重视

① 《习近平谈治国理政》（第二卷），北京：外文出版社 2017 年版，第 355 页。

发挥道德的教化作用，实现法律和道德相辅相成、法治和德治相得益彰。”①这与中国古代的德治传统是一致的。纵观古代德治理论，多从三方面立论：一是从执政者自身讲，重视执政者自身的道德修养；二是从法德关系上或从礼刑关系讲，重视教化，强调以德化人；三是将两者联系在一起，便是发端乎“恻隐之心”仁政。我们今天讲修身律己，讲法德并治，讲以人为本，无不以史为鉴，从古人那里得到启迪。

其次，在对人与自然关系的论述上，我们也从中国古代天人关系理论中获得理论滋养。我们党对社会主义建设内涵的认识有一个发展的过程。1982 年召开的党的十二大是改革开放以后召开的第一次党代会，这次党代会提出物质文明和精神文明两个文明建设。精神文明建设包括文化建设和思想建设两部分。1997 年召开党的十五大，报告中提出三大建设，即把中国特色社会主义建设分为经济建设、政治建设和文化建设三大部分。在 2007 年召开的党的十七大提出的是四大建设，经济建设、政治建设、文化建设之外，又加上社会建设。2012 年召开的党的十八大提出五大建设，除经济建设、政治建设、社会建设、文化建设之外，又加了生态文明建设。党的十九大报告中更特别强调，我们要建设的现代化是人与自然和谐共生的现代化，提出要像对待生命一样呵护生态环境。

这种理论可从中国天人关系的观念中找到理论源泉。中国传统文化强调天人关系，道家讲“人法地，地法天，天法道，道法自然”，儒家讲“天有好生之德”，主张人与自然和谐相处。西汉儒学大师董仲舒更系统论述了“天人合一”学说，他认为，人与自然具有感通性，人类社会的活动与自然界的变化具有对应关系。撇开其中唯心主义的不合理成分，仅从环保的角度来看，它有一定的合理性。受这种理论影响，中国古代都重视人与自然的和谐相处，多有对森林砍伐、狩猎捕鱼进行限制的措施，强调对自然资源进行季节性保护。

浙江文化对环境保护也有自己独特的理论。如东汉思想家王充，在批判天人感应理论的同时，也肯定人与自然的有机联系，认为人应当顺应自然规律行事；又如王守仁，其学虽以心性为本，却也强调天人合一，在人与自然

---

① 《习近平谈治国理政》（第二卷），北京：外文出版社 2017 年版，第 116 页。

的关系上主张取用有度，取用有养。这些都是我们进行环境保护与治理的宝贵理论财富，是建设美丽浙江的理论源泉。

中国传统思想，可供今天治国理政借鉴的还有很多。如中华文化中尚同崇和，对今天社会治理也有参考价值。习近平总书记2014年2月24日在十八届中共中央政治局第十三次集体学习时讲话指出，要深入挖掘和阐发中华优秀传统文化中尚和合、求大同的时代价值。浙江文化传统中尤尚和合，天台山是和合文化的重要发祥地之一。浙江人有比较强的地域观念、宗族观念。有人说，浙江人外出经商善于抱团作战，就是这种地域观念的体现。如浙江近年来推行的农村文化礼堂建设就充分利用传统文化资源，很多农村文化礼堂都利用宗祠等古建筑修建，将文物古迹的保护与农村文化建设结合起来，并充分利用了地域观念、宗族观念中的良性因素，对推进农村和谐社会建设起到了很好的作用。

又如，中国古代“协商”传统对今天推进政治文明建设也有一定参考价值。《诗经》所谓“询于刍荛”，《尚书》所言“谋及庶人”，春秋时有“郑人游于乡校，以论执政”的记载，以及后世乡绅议事，都是中国古代协商传统的体现。浙江的传统文化中，协商民主的精神尤显突出。由于民间商业的发达，造就浙江政治文化的两个特点：一是民间力量比较强；二是规则意识比较强。浙江在宋代就以“健讼”闻名。到明清之后更产生一个深刻着浙江文化烙印的职业群体——绍兴师爷。绍兴师爷主要有两种，一是钱粮师爷，一是刑名师爷，说到底，无非利用规则解决问题。新中国成立之后，浙江在制度建设中也充分发挥了自身的文化优势，如枫桥经验，即是活用民间力量，借用乡贤调解纠纷的传统。

此外，对于浙江来说，充分发扬浙江历史上重商主义的文化传统来推进经济发展。宋代以后，以地域为名的学派，如洛学、关学、蜀学等，渐次形成，以陈亮、叶适等人为代表的浙学以事功为特色，其义利合一的观念以及重商主义在各大学派中独树一帜。他们充分肯定追求与占有财富的合理性，甚至不加掩饰地为商人利益说话，为浙江商业的发展提供了理论土壤与精神支撑。在改革开放之初，浙江大小市场遍布城乡各地，义乌小商品批发市场尤其闻名世界，形成一种以块状经济与市场发展为基础的经济模式。即使到了互联网时代，面临经济转型升级的关键时期，浙江经济仍以电商发展闻名，不能不说根植于浙江重商主义的文化传统。

所有这些，都可成为我们提升执政能力、发展经济的思想文化源泉。

2016 年 5 月 17 日，习近平总书记在《在哲学社会科学工作座谈会上的讲话》中指出，要加强对中华优秀传统文化的挖掘和阐发，使中华民族最基本的文化基因与当代文化相适应、与现代社会相协调，把跨越时空、超越国界、富有永恒魅力、具有当代价值的文化精神弘扬起来。要推动中华文明创造性转化、创新性发展，激活其生命力，让中华文明同各国人民创造的多彩文明一道，为人类提供正确精神指引。要围绕中国和世界发展面临的重大问题，着力提出能够体现中国立场、中国智慧、中国价值的理念、主张、方案。我们不仅要让世界知道“舌尖上的中国”，还要让世界知道“学术中的中国”“理论中的中国”“哲学社会科学中的中国”，让世界知道“发展中的中国”“开放中的中国”“为人类文明作贡献的中国”。[①] 也就是说，对于中国传统思想，我们不能停留在学习上，要在继承的基础上加以转化，要在学习的基础上加以创新，体现新理论、新主张，推进马克思主义中国化。马克思主义为中华优秀传统文化的学习研究提供了科学指南；中华优秀传统文化为马克思主义中国化提供了深厚土壤。必须坚持用马克思主义的立场观点方法指导优秀传统文化传承、发展、转化、创新，不断开辟马克思主义中国化的新领域。身处习近平新时代中国特色社会主义思想重要萌发地，浙江尤其重视习近平新时代中国特色社会主义思想与浙江文化的深切联系，深入阐释“八八战略”“绿水青山就是金山银山”“腾笼换鸟、凤凰涅槃”等重要思想背后的浙江文化动因，为推动马克思主义中国化、时代化贡献浙江智慧。

第四节　传统文化的研究、教育与传播

习近平同志非常重视文化研究，他在担任浙江省委书记时，推出文化建设的“八项工程”，并且亲自担任“文化研究工程”指导委员会主任。之后，文化研究工程围绕“今、古、人、文”四大主题，即“浙江当代发展

---

① 《习近平谈治国理政》（第二卷），北京：外文出版社 2017 年版，第 340 页。

问题研究”“浙江历史文化专题研究”“浙江名人研究”“浙江历史文献整理”，对浙江历史文化进行全面研究，取得了比较丰硕的学术成果。2017 年 3 月，第二期文化研究工程也已启动，进展顺利，并取得丰硕成果。

一 深入开展传统文化研究

（一）开展专题研究，推进名人研究

对于如何进一步推进浙江传统文化研究，《浙江省实施中华优秀传统文化传承发展工程工作方案》指出，一是开展浙江历史文化专题研究。围绕良渚文化、河姆渡文化、跨湖桥文化、上山文化等，加强浙江史前文化研究。深入推进浙江书法研究、浙江戏剧研究、浙江中国画研究、浙江音乐研究等浙江传统艺术研究。深入推进天台山和合文化、浙东海洋文化、浙江治水文化等具有区域特色和时代特征的浙江文化遗产及其当代意义的研究阐释。系统梳理浙江学术思想的发展历程，揭示浙江绵延不息历史文脉的宗旨和“浙学”发展成就。系统梳理和研究丝绸、茶、黄酒、青瓷、中药等浙江历史经典产业。系统梳理浙江与西方及东亚等地区的历史交流与互动。系统梳理民主革命时期党在浙江领导武装斗争的文献、遗迹、口述史料等。开展“浙学”文化意义诠释专题研究，重点做好“浙学”与中华文明、“浙学”与当代中国、“浙学”精神与社会主义核心价值观建设研究等。二是推进浙江名人研究。开展在浙江历史上产生重大影响的浙籍名人的生平、思想、业绩、贡献等研究，重点做好浙江革命家、浙江文化名人、浙籍商界名人、浙籍政界名人等研究。系统研究对浙江文化发展影响巨大、已融入浙江文化的历史名人。开展浙江重要历史名人群体系统研究，重点做好浙东学派群体、浙江商帮、浙江中国画家群体、近现代浙江文艺家群体等研究。进一步系统研究历史名人、历史名人群体与浙江地域文化的关系等。这两项研究内容既突出了浙江文化的特点，又针对了以往浙江文化研究中的薄弱环节，是浙江省委、省政府在认真调研、广询民意的基础上制定的，具有很强的针对性和可行性，已成为全省社会科学界开展研究的行动指南。

（二）深化具有典型意义的浙江文化研究

在扎实研究浙江专题文化与浙江名人的基础上，应研究浙江历史文化中具有全国意义与世界意义的内容，进行更加深入的挖掘与阐述。

1. 浙江新石器文化研究

《关于实施中华优秀传统文化传承发展工程的意见》指出，加强中华文化研究阐释工作，深入研究阐释中华文化的历史渊源、发展脉络、基本走向，深刻阐明丰富多彩的多民族文化是中华文化的基本构成，深刻阐明中华文明是在与其他文明不断交流互鉴中丰富发展的。浙江境内有大量新石器时代文化遗存，河姆渡文化距今约 7000 年，它的发现确立了中国文明起源多元的观点，对中国史学持续讨论文明起源问题产生了深远的影响。浙江的新石器时代的文化遗存，分布广泛，内容完整，从上山文化、跨湖桥文化、河姆渡文化、马家浜文化、良渚文化到崧泽文化（崧泽文化主体在上海境内），在时间上组成一个比较完整的系列，这在整个中国都是不多见的，对深入研究中华文化的发展与构成具有重要意义。

2. 佛教中国化研究

浙江是中国佛教传播的重要地区，唐宋时期是浙江佛教发展史上的一座高峰，五代、两宋尤称峰中之巅。当时的浙江是禅宗、律宗、净土宗与华严宗的传播中心，也是中国对外佛教交流的中心。唐后期至宋，佛学发展的一个最显著特点即是各种思想的融合。首先是佛教内部各宗派的融合，其次是佛教与儒学的融合。最具此种会通思想的代表人物，延寿和契嵩，都是来自浙江的僧人，都曾入住杭州灵隐寺。会通思想在浙江蔚然勃兴，领导中国佛学潮流，恐怕是与当时当地各种宗派汇聚提供了肥沃的思想土壤分不开的。这一时期中国佛教发展的另一个显著特点是佛教的世俗化、平民化趋势。浙江佛教在这方面同样领导了中国佛教的潮流。禅宗、净土宗在浙江的流行，就反映了这一趋势。无论是各宗思想的会通还是世俗化的趋势，实际上都表明了佛教逐渐中国化的倾向。这种倾向，表现在另一个方面，即是对佛教神灵的改造。一是把佛教固有神灵中国化，如对观世音的改造；二是把中国历史人物改造为佛教神灵，如布袋和尚与济公。这些事例都是佛教中国化的反映。当今世界，不同文明之间既有冲突，也有交融，一些外来宗教、外来文化在进入中国之后如何适应、如何实现中国化，不仅是文化问题，也是现实的社会问题和政治问题。研究浙江佛教的发展，对于研究佛教中国化具有现实意义。

3. 浙江学术与浙江精神研究

浙江学术以其包容的态度、批判的精神与其对现实问题的高度关注在中国思想史上独树一帜。汉人王充“退孔孟而进黄老”，对传统儒学提出尖锐批评，提出“神灭无鬼”的新说。他所开创的学术新风气对后来魏晋玄学产生了重大影响。南宋“浙学”诸家，倡言事功，强调“利”的正当性，于朱、陆两家之外独树异论，对此后浙江文化的塑造也产生了深远的影响。明人王守仁突破理学旧说，“致良知”，肯定人欲的合理性。晚明社会思潮开放，王氏之学，有以导之。清人章学诚强调“六经皆史”，标榜“浙东学术”，与乾嘉之学相颉颃。至于清末，学风再变，程朱理学与经世思潮重新抬头，浙江不但产生了龚自珍这样新思潮的代表人物，还产生“清末三先生”这样的朴学大师。综观中国学术发展史，浙江学人在其中的地位清晰可见：他们未必是某一时期学术发展的主导者，却常常是某一时期主流学术的批判者；而他们所开创的学术新风，又常常引导着下一时期的学术新方向。浙江学人的这种批判精神在本质上就是一种创新精神。此外，黄宗羲主张“工商皆本”，批判君主专制；章太炎倡导“种族革命”，都体现了浙江学人对现实不回避的态度与勇气。近代以来，在“西学东渐”的大背景下，在西方学术科目的引进和建立中，很多浙江学人成为一个学科的开创者或奠基人。蔡元培在执掌北京大学期间，以“兼容并蓄”治校，鲁迅以“拿来主义”的态度译介西方文学，王国维介绍西方哲学，又运用西方美学方法研究中国传统文学，首创“二重证据法”研究商史，都体现了浙江学术的包容态度与开放精神。这样的学术精神至今仍有特别的意义。

（三）推进浙江革命文化与马克思主义中国化研究

浙江革命文化既是浙江传统文化的延续，也将成为浙江传统文化的组成部分。近代以来，中国人选择自己的发展道路经历了不少波折，甚至血与火的洗礼。最后，在嘉兴南湖诞生的中国共产党带领人民选择了马克思主义。这既是中国发展道路的正确选择，也是文化方向的正确选择。新中国成立以来，中国所进行的伟大事业就是社会主义建设，中国所取得的伟大文化成就，就是马克思主义的中国化，也就是马克思主义与中国优秀传统文化相结合，与社会主义建设、改革开放的实践相结合，实现马克思主义的新发展。

《关于实施中华优秀传统文化传承发展工程的意见》中指出，中华文化研究，要深刻阐明中华优秀传统文化是发展当代中国马克思主义的丰厚滋养。浙江文化学者，在研究传统文化时，应着重阐述中华文化，特别是浙江文化与马克思主义互相契合、互相通融的内在的文化基因，着重阐述浙江文化对于马克思主义传播、对于浙江社会主义建设与改革事业的促进作用，着重阐述浙江文化对新时代马克思主义发展、对习近平新时代中国特色社会主义思想萌发的理论滋养。

当下，浙江革命文化研究应着重在以下三个方面展开：马克思主义在浙江传播与红船精神的研究；浙江革命文化对浙江社会主义建设与改革开放的促进作用；浙江革命文化与习近平新时代中国特色社会主义思想萌发的关系。

（四）加强地方志工作

把史志修撰工作列入地方行政体系，是中国史学研究的传统，也是中国史学研究的优势。浙江历史文化研究，应继续抓好地方志工作。

浙江是方志之邦，自古至今，浙江的方志修撰工作都处于全国领先地位。中国大规模的方志修撰工作是从宋代开始的，而恰在宋代以后，中国经济、文化重心南移，两浙地区成为全国的经济、文化中心。经济发展，文化昌盛，促成了浙江“方志之乡”的形成。宋代传世方志已经不多，中华书局曾刊《宋元方志丛刊》，其中大部分是浙江方志。像“临安三志”“四明六志”“会稽二志”等，俱是方志中的上乘之作。到明清时代，浙江所修方志数量更多。清人崇尚考据，清代浙江方志多注意对前代方志进行梳理、纠误的工作。民国时期，浙江修纂各类志书、志稿约 80 种。新中国成立之后，修志工作蓬勃展开。这一时期修志的一个突出特点是，除“地方志”外，出现了大量的专业志，如教育志、农业志、林业志、工业志、交通志等。此外，一些单位也修撰本单位的志书，如《杭钢志》。一些新志在编纂过程中不仅查阅旧志，还走访知情人、搜集口碑资料，征集散落在民间的文献、文稿、文物。如费黑撰写的《萧山县志》，搜集到口碑资料 13 万字，征集来稿 68 万字、文物 20 余件。①

当前，《浙江通志》的修撰正在扎实推进，我们继承前人优秀的修志传统，创新内容、扎实考订，使它成为一个时代的上乘佳作。此外，针对方志修撰中内容重复多、体裁创新少、利用率低的问题，应编制篇目索引、专题索引、专志索引，推进浙江地方志数字化与网络化。

二 积极开展优秀传统文化教育

（一）改革教材，推进乡土文化教育

《关于实施中华优秀传统文化传承发展工程的意见》指出，围绕立德树人根本任务，遵循学生认知规律和教育教学规律，按照一体化、分学段、有序推进的原则，把中华优秀传统文化全方位融入思想道德教育、文化知识教育、艺术体育教育、社会实践教育各环节，贯穿于启蒙教育、基础教育、职业教育、高等教育、继续教育各领域。当前应重点抓好幼儿、小学、中学教材改革，构建中华文化课程和教材体系。要在教材中增加传统文化的内容。2014 年 9 月，习近平总书记在前往塔吉克斯坦访问的专机上，聊到中华优秀传统文化时说，古诗文经典已融入中华民族的血脉，成了我们的基因。语文课应该学古诗文经典，把中华民族优秀传统文化不断传承下去。浙江在使用好教育部统一组织新编的义务教育《道德与法治》《语文》《历史》教材的同时，不断推进具有浙江文化特色的乡土教材进课堂。

作为对全国统一教材的补充，浙江积极编写乡土教材，开展乡土文化教育。全省统一规划，小学乡土教育以地市为主，中学乡土教育立足全省。乡

① 魏桥、王志邦、俞佐平：《浙江方志源流》，杭州：浙江人民出版社 1998 年版，第 227 页。

土教材的编写坚持以学生为本，内容符合学生的口味，激发学生的学习兴趣。修订完善乡土教材，一定要体现生活化，选取那些日常生活中随处可见的、与本地自然生态环境和历史相关的内容作为教材；充分利用当地既有的文化遗产、历史名人，体现地域文化特点。乡土文化教育应生动活络，采用演讲、调查、游戏、表演、绘画、手工、戏剧、模拟等多种方法。

（二）持续开展传统文化进校园活动

《关于实施中华优秀传统文化传承发展工程的意见》特别强调，丰富校园文化，推进戏曲、书法、高雅艺术、传统体育等进校园，实施中华经典诵读工程。

浙江不断推动优秀传统文化融入校园文化活动。组织开展中华优秀传统文化、高雅艺术进校园等活动。整合戏曲教育资源，在全省大中小学中广泛开展戏曲进校园活动。开展多层次的经典诵读活动。建立不同门类的学生兴趣小组或社团组织，组织中小学生学习优秀传统文化知识、参与优秀传统文化活动等，激发学生对优秀传统文化的兴趣爱好。现在一些非物质文化遗产普遍存在后继乏人问题；而中小学传统文化教育中则存在教育内容单调的问题，除了书法、民乐等少数项目外，传统文化教育师资缺乏，资源不足。地方教育、文化部门应通力合作，鼓励非遗项目与学校互结对子，实现文化互补、资源共享。

浙江在开展非物质文化遗产进校园上已取得一定成绩，特别是推动戏曲进校园工作，成绩显著。2017 年 7 月，浙江省教育厅发布《关于在全省学校深入开展戏曲进校园活动的通知》。在此规划指导下，浙江各地多个学校掀起了传统戏曲传承的热潮。浙江昆剧团与杭州京都小学签订合作协议，双方共建昆曲实验基地，让孩子们能更多地接触昆曲。嵊州市是越剧之乡，为了推动越剧的传承与发展，该市组织编写了《我爱越剧》地方教材，并邀请有关专家制定《嵊州市越剧特长生测试标准》，规定考生唱越剧达到一定水平并通过相关测试，可以在中考中获得 3 分的加分。据统计，嵊州现在在中小学、幼儿园里学唱越剧的学生达 7000 余人，有 41 名学生获得中国戏曲小梅花金奖，数量居全国县市前列。

（三）继续开展经典诵读活动

教育部、国家语委出台的《国家中长期语言文字事业改革和发展规划纲要（2012—2020年）》中指出，充分发挥语言文字传承弘扬中华优秀文化的载体作用，积极开展中华经典诵写讲等活动。

（四）增进文化场馆的教育功能

浙江大力推进图书馆、文化馆、博物馆、美术馆、非物质文化遗产馆等文化设施建设，发挥其社会教育功能。充分利用农村文化礼堂、城市文化公园、高校文化校园、社区文化家园和企业文化俱乐部等文化阵地和场所，组织开展各类优秀传统文化教育普及活动。鼓励文化场馆与学校结对子，鼓励研究机构、文化场馆组织专家到学校开展有关传统文化的讲座。

三 推进中华优秀传统文化走出国门

推进中华优秀传统文化走出国门，要解决好两个问题：一是让哪些中华优秀传统文化走出国门，二是用什么样的方式传播中华优秀传统文化。

（一）既要传播中华优秀传统文化，又要宣传中国道路、中国主张

《关于实施中华优秀传统文化传承发展工程的意见》提出，支持中华医药、中华烹饪、中华武术、中华典籍、中国文物、中国园林、中国节日等中华传统文化代表性项目走出去。积极宣传推介戏曲、民乐、书法、国画等中国优秀传统文化艺术，让国外民众在审美过程中获得愉悦、感受魅力。《浙江省实施中华优秀传统文化传承发展工程工作方案》则强调，积极向海外宣传推介展示我省戏曲、民乐、书法、国画等优秀传统文化艺术。

2014年2月17日，习近平总书记在省部级主要领导干部专题研讨班开班式上发表讲话，提出要把既继承优秀传统又弘扬时代精神、既立足本国又面向世界的当代中国文化创新成果传播出去。2016年5月17日，习近平总书记在《在哲学社会科学工作座谈会上讲话》中进一步提出，围绕中国和

世界发展面临的重大问题，着力提出能够体现中国立场、中国智慧、中国价值的理念、主张、方案。我们不仅要让世界知道“舌尖上的中国”，还要让世界知道“学术中的中国”“理论中的中国”“哲学社会科学中的中国”，让世界知道“发展中的中国”“开放中的中国”“为人类文明作贡献的中国”。[①]

可见，在向外传播中华传统文化时，既要传播中国的传统文化，更要传播创新的中国文化，宣传中国方案。

（二）既要坚定文化自信，又要创新传播方式

习近平总书记在多个场合多次谈到向外传播中国文化的方法、方式问题。2013 年 8 月 19 日，习近平总书记在全国宣传思想工作会议上讲话指出，要精心做好对外宣传工作，创新对外宣传方式，着力打造融通中外的新概念新范畴新表述，讲好中国故事，传播好中国声音。2013 年 10 月 21 日，习近平总书记在欧美同学会成立 100 周年庆祝大会上讲话指出，要多用外国民众听得到、听得懂、听得进的途径和方式，讲述好中国故事，传播好中国声音，让世界对中国多一分理解、多一分支持。2013 年 12 月 30 日，习近平总书记在主持十八届中共中央政治局第十二次集体学习时讲话指出，要提高国家文化软实力，努力提高国际话语权。加强国际传播能力建设，精心构建对外话语体系，发挥好新兴媒体作用，增强对外话语的创造力、感召力、公信力，讲好中国故事，传播好中国声音，阐释好中国特色。对中国人民和中华民族的优秀文化和光荣历史，加大正面宣传力度，通过学校教育、理论研究、历史研究、影视作品、文学作品等多种方式，加强爱国主义、集体主义、社会主义教育，引导中国人民树立和坚持正确的历史观、民族观、国家观、文化观，增强做中国人的骨气和底气。

2016 年，《中华人民共和国国民经济和社会发展第十三个五年规划纲要》发布，也谈到文化的传播问题，提出要拓展海外传播网络，丰富传播渠道和手段。打造旗舰媒体，推进合作传播，加强与国际大型传媒集团的合资合作，发挥各类信息网络设施的文化传播作用。打造符合国际惯例和国别

① 《习近平谈治国理政》（第二卷），北京：外文出版社 2017 年版，第 340 页。

特征、具有中国文化特色的话语体系，运用生动多样的表达方式，增强文化传播亲和力。

可见，在向外传播中华传统文化时，既要坚定文化自信，以我为主，建立自己的话语体系，又要灵活应用，创新手段，使用外国民众能够接受的方式。

第　七　章

提升文化服务力，进一步完善公共文化服务体系

党的十九大报告指出，中国特色社会主义进入新时代，中国社会主要矛盾已经转化为人民日益增长的美好生活需要和不平衡不充分的发展之间的矛盾。可以预见，文化生活在人民生活中的重要性将会越来越高。

文化浙江建设，要加快构建城乡一体、区域均衡、人群均等的现代公共文化服务体系，高水平推进基本公共文化服务标准化均等化。要进一步提高公共文化服务效能，提升公共文化服务水平，提高文化产品服务精准供给水平。总之，要着眼更广覆盖、更高层次、更高水平的文化服务，深化公共文化服务供给侧结构性改革，提升标准化、均等化、社会化、效能化，切实保障人们享受文化成果、参与文化活动、从事文化创作等权利，更好地维护社会公平正义，使人民群众的文化获得感显著增强。

第一节　创新公共文化服务体系的体制机制

首要任务是要健全公共文化服务体系的管理机制，包括政府对公共文化服务体系的管理机制，社会对公共文化服务体系的参与机制，理顺公共文化服务与文化产业的关系，以及公共文化服务单位自身的运行机制。

一　整合文化资源，提高配置效率

当前浙江建设公共文化服务体系中碰到一些问题，遇到一些困难，最大

的问题是机制问题。如文化资源的管理，政出多头，新闻出版广电、文化、地方志、科研、学校以及工会、共青团、妇联及其他社会团体各自拥有一批文化资源，互不相属，群众使用文化资源的迫切愿望与大量文化资源闲置的矛盾比较突出。

公共文化服务应包括哪些内容，还是一个有争议的学术话题。浙江推进基本公共文化服务标准化研究课题组总结梳理了国内、省内最新的研究成果，采集了《浙江省基层公共文化服务评估数据（2008—2012）》，参考《文化部“十二五”时期文化改革发展规划》《文化部“十二五”时期公共文化服务体系建设实施纲要》《国家公共文化服务体系示范区创建标准（东部）》《浙江省文化发展“十二五”规划》等文件，借鉴浙江公共文化服务体系制度设计的相关研究成果，结合前期调研成果和浙江实际，制定了“浙江省基本公共文化服务的范围、标准”。将公共文化服务内容分为以下六大部分：一是公共阅读服务：包括图书馆（室）、公共阅读橱窗；二是公共视听服务：包括广播、电视与电影；三是公共文化活动：包括文化馆、博物馆、美术馆、其他公益性文化活动场所，以及文化流动服务、群众文化活动与“文化走亲”活动；四是公共文化鉴赏：表演艺术服务、艺术展览服务与公益性文艺培训；五是基本公共文化服务人才保障；六是基本公共文化服务投入保障。①

以上六项，前面四项是从公共文化服务的内容而言的，后面两项是从公共文化服务的运行而言的，从中可以看出，公共文化服务涉及文化、新闻、出版、广电等多个部门，仅从文化场馆而言，除文化文物部门外，很多专业的博物馆分属各个行政部门，如财税博物馆属于财政部门，方志馆属于方志部门，更遑论很多企事业单位以及工会、共青团、妇联及其他社会团体各自拥有一批文化资源，互不相属。因此，文化资源配置失衡，使用效率不高，是当前公共文化服务体系中一个比较突出的问题。全省工青妇科教各系统各自拥有不少文化服务设施，但真正纳入公共文化服务体系的并不多。

有鉴于此，应着重做好以下三方面工作。

---

① 浙江推进基本公共文化服务标准化研究课题组：《浙江公共文化服务范围、标准研究》，《上海文化》2014 年第 2 期。

第一，建立公共文化服务体系建设协调机制。2013 年 11 月，党的十八届三中全会通过《中共中央关于全面深化改革若干重大问题的决定》。《决定》指出要构建现代公共文化服务体系。构建现代公共文化服务体系，“建立公共文化服务体系建设协调机制，统筹服务设施网络建设”。2015 年 7 月 8 日，浙江省委办公厅、省政府办公厅印发了《关于加快构建现代公共文化服务体系的实施意见》，其中指出：“建立公共文化服务体系建设协调机制。完善党委领导、政府管理、部门协同、权责明确、统筹推进的公共文化服务体系建设管理制度。省、市、县三级建立公共文化服务体系建设协调机制，充分发挥各有关部门职能作用和资源优势，形成全省统一配套的现代公共文化服务协调体系，在规划编制、政策衔接、标准制定和实施等方面加强统筹、整体设计、协调推进。”要积极引导驻区机关、驻区部队、企事业单位、大专院校等将文化设施向群众低偿或无偿开放。如杭州实施学校体育设施向社会开放，倡导“文教联姻”“文体联姻”，综合利用文化设施，已经取得了显著成效。

第二，建立资源联盟与共享平台。《浙江省文化发展“十三五”规划》提出，统筹全省文化资源，破除制约资源流动的体制屏障，健全全省图书馆联盟、文化馆联盟、美术馆联盟、博物馆联盟等平台，完善资源共建共享。对于不可复制的文物，加强馆际交流与流动展览。2014 年，浙江公共图书馆网络技术联盟成立。当然，图书馆网络技术联盟与真正的图书馆联盟还有差距。

一些地市已经在尝试建立这样的联盟。早在 2010 年底，由嘉兴市公共图书馆系统、中小学教育系统、科技系统等组成的图书馆联盟初步形成，开通嘉兴数字图书馆，实现区域性数字信息资源共享。又在 2012 年创建嘉兴“文化馆联盟”运作模式，实现各市县文化馆“会议联席、活动联办、培训联做、平台联建、场地联用”的“五联”工作机制，形成“资源共享、优势互补、区域联动、服务基层”的长效运作机制。又如台州，2015 年开始构建“三大联盟”——环市民广场公共文化服务联盟、优质资源共享联盟和馆际文化业务联盟。“环市民广场公共文化服务联盟”由台州市文化馆、台州市图书馆、台州市博物馆、台州市青少年活动中心、台州市妇女儿童活动中心、台州市公共安全教育馆、台州市城市规划展览馆、台州市科技馆、台州市园林绿化管理处、台州书画院、台州海洋世界共 11 家具有公益服务属性和公益服务意愿的单位组成，它们于 2016 年 4 月签订《环市民广场公共文化服务联盟意向书》。环市民广场公共文化服务联盟实行联盟主席轮值制度和年度工作例会制度，联盟成员共享优质人力、物力等资源。此外，台州市文化馆还与省内外知名艺术院团、文化机构以及高校加强合作，进行资源共享、交流互助，2015 年以来，相继挂牌成立“上海书画院台州书画交流基地”“浙江音乐学院声乐歌剧系台州教学培训实践基地”“中国作家书画院浙江分院”“台州职业技术学院地方民俗与文化研究所公共文化服务研究基地”“浙江美术馆流动美术馆合作单位”“上海戏剧学院艺术殿堂社会文化合作单位”等，将上海、杭州等地优质文化资源引入台州。“馆际文化业务联盟”是市县两级文化馆的合作机制，提出“平台联建、活动联办、分馆联创、素质联提”，促进文化资源共融、共生、共进、共取、共同发展。在该框架下，演出、培训、讲座、展览等项目内容全面缔结业务联盟，建立 QQ 群、微信群等工作交流平台，开展业务交流互动，构建多层次、多样化的群众文化活动新格局。

第三，推进公共文化服务数字化发展。推动公共图书馆、文化馆、博物馆等公共文化机构对馆藏资源进行数字化加工。要建设基于全省公共文化服务体系的大数据中心，建立面向全省的文化资讯查询和文化服务交互信息平台，推进公共文化场馆建成面向群众的、交互性的公共文化空间展示及应用服务平台。建设文化演艺人才、文化研究人才的专家数据库，加强文化产品的资源库群建设，保护知识产权；加快智慧文化社区建设。党的十八大把信息化建设上升为国家战略和全面建成小康社会的标志。党的十八大之后，中国的信息化建设全面提速，随着“宽带中国战略”实施，信息基础设施建设高歌猛进，各级地方政府也加大了包括互联网终端设备在内的基础设施投入。当前公共文化数字化建设中的主要问题是：各自为政，重复建设，成果不能共享，浪费现象严重；有些地区数字化设备陈旧，技术落后，文化资源数字化转化进展缓慢，所提供公共文化服务数字化产品内容不够丰富，服务形式简单，有些地方靠行政命令强行推广，但群众不感兴趣，参与度不高。相比之下，反倒是一些市场化平台（如 QQ、微信等）提供的数字化文化产品，吸引了各类社会群体参与，成为他们日常生活中须臾不离的平台。有鉴于此，一些数字化条件不太好的地区，可考虑由政府部门提供基础数据与文化内容，由企业实施数字化，再由 QQ、微信等平台提供给公众，三方合作，推进公共文化服务数字化发展。

二　鼓励社会参与，创新运行机制

浙江作为一个民营经济大省，机制灵活，民间参与文化建设的热情非常高。但也存在一些问题，一是社会力量参与文化建设的广度和深度还有所不足；二是吸引和鼓励社会力量参与公共文化服务的政策动力、激励机制尚不健全，比如捐赠税收减免政策和实现减免的程序比较复杂。例如，近年来浙江民办博物馆比较兴盛，但在发展中遇到不少困难，首先是民办博物馆的法律地位比较尴尬，藏品的来源、所有权存在诸多障碍；其次是资金困难，很多博物馆的发展缺乏后劲，难以长期维持。在理论上，民办博物馆在规划建设、土地征用、规费减免、从业人员职称评定等方面与国有博物馆一视同仁，但在现实中很多规定往往难以落实。一些民办博物馆则是借机投机，圈地建房，不务正业。因此，创新公共文化设施管理模式势在必行。

第一，探索开展公共文化设施社会化运营方式。对于政府建设的公共文化设施，在明晰产权的基础上，提倡通过公开招投标，以承包、联营、合资、合作等方式，由具备一定资质的社会组织、企业或有能力的个人等民间资本运营或管理。浙江在这方面已进行探索和实践，取得了不少经验。如宁海文化综合体推出的 PPP 项目，包括潘天寿艺术中心和宁海大剧院，宁海县文化发展有限公司作为政府方代表出资 10%，社会投资人出资 90%，吸引了多家社会资本参与角逐，对缓解政府的财政压力，理顺政府与市场关系，加快政府职能转变，提高公共文化服务质量起到了很好的作用。

第二，加大政府向社会力量购买公共文化服务的力度。2016 年初，浙江省人民政府办公厅转发了省文化厅等四部门《关于政府向社会力量购买公共文体服务的实施意见》，明确要求创新公共文化服务提供方式，由政府面向社会购买公共文化服务。浙江各地积极探索政府购买公共服务工作，形成一些各具特色、行之有效的做法。如温州市瓯海区有农家书屋 191 家，但在实际运作中，一些书屋处于闲置状态，人流量不大。从 2017 年 1 月起瓯海区将辖区内首批 12 家精品农家书屋的日常运行工作全年以“半托式”打包给中标的社会第三方机构进行管理，每家精品农家书屋均配置 1 名专职管理人员，并要求成立瓯海区农家书屋配送中心，每月向各书屋配送流通图书 500 册以上，提高农家书屋的利用率；瓯海区同样采用“第三方机构”托管运行，利用丽岙浓郁侨乡文化元素，对瓯海区图书馆丽岙分馆进行全新改造，推出全国首家华侨文化精品书屋——“瓯悦书屋”。书屋中，明亮的落地窗、木质桌椅、仿古台灯、欧式风格的内部装饰，引入丽岙咖啡业主入驻，成为小镇人气最旺、利用率最高的休闲文化场所，同时这里还成为温州市侨务文化基地。

但政府采购公共文化服务也存在一些问题，如到底应该买什么样的公共服务，用何种方式进行购买，服务的公益性如何体现，服务的质量如何认定，如何进行事后监督，政府各部门在购买公共文化服务时如何合作协调等等问题，亟待解决。当前应着重做好以下工作：在积极探索政府购物公共文化服务的基础上，各地市应根据各地文化特色，细化、优化公共文化服务产品目录；引入第三方机构对公共文化服务质量进行认定、评估，科学制定评估体系；采用问卷调查、访谈等形式邀请市民——公共文化服务的受众——对服务进行评价；建立统一的公共文化服务采购委员会，协调财政部门、文化行政部门、街道社区等对采购内容进行统一规划；适当放宽条件，创新购买方式。避免恶性竞争，避免以低价提供劣质服务，造成“劣币驱逐良币”的恶果；进一步简政放权，减少行政审批，培育文化类社会组织。

当前政府在购买公共文化服务时还遇到的一个问题是，社会组织培育不够成熟、事业单位改制未到位，未能做好政府委托的各类服务。现有社会组织普遍规模较小、专业能力不强、区域和行业间发展不平衡，在采购中不能形成充分竞争，不能适应政府购买服务的需要，给政府购买公共服务工作的推进造成一定困难。实际上，上述两条，无论是公共文化设施社会化运营，还是政府向社会购买公共文化服务，都有赖于文化类社会组织的培养。如果没有这样一大批具有专业服务理念和专业服务能力、管理运行规范的社会组织，所谓政府购买、所谓基层设施的社会化管理运营就没有承接主体，公共文化服务的提供主体就实现不了多样化，就形不成竞争机制，资源配置方式、服务提供方式也就无法通过市场机制、市场手段实现。

当前要着重做好以下工作。加强宣传，鼓励自发性文艺团队组织认识到升级转型为文化类社会组织，加入公共文化服务体系建设中，既实现其自身价值，又能服务公众；简化文化类社会组织的登记手续，明确《国务院机构改革和职能转变方案》中提出的"公益慈善类"社会组织包括文化类社会组织，文化类社会组织适用直接向民政部门申请登记的政策，扫除在成立登记方面烦琐的程序障碍；政府购买公共文化服务项目向文化类社会组织倾斜，为文化类社会组织持续发展打下基础；政府加强对文化类社会组织的管理和监督，促使文化类社会组织建立健全内部治理结构，完善财务、资产、人员的管理；在财税支持、队伍培训、人员职称评定等方面，对文化类社会组织实行与公益性事业单位同等待遇。

三　深化事业单位改革，建立法人治理结构

众所周知，中国过去是一个由"单位"组成的国家，全国各"单位"按性质分为行政、事业、企业三大类，那些以满足人民文化、教育、卫生等需要，其经费由国家事业费内开支的单位被称为事业单位。事实上，众多的事业单位既是公共文化服务产品的供给者，也是公共文化服务体系的运行主体。事业单位改革，事关公共文化服务体系全局。

纵观中国事业单位改革的历史，改革开放初期，一些新闻单位实行事业性单位、企业化管理的"双轨制"，这是事业单位改革的第一阶段。2003 年，全国文化体制改革试点开始，文化事业与文化产业进行"分类改革"，文化产业从原有事业体制中剥离，获得了蓬勃发展，在国民经济中的占比与地位不断提高；同时，作为文化体制改革试点的重要环节，文化事业单位改革也全面展开，日益成为公共文化服务体系的主要承担者。

《中共中央关于全面深化改革若干重大问题的决定》指出：构建现代公共文化服务体系，要明确不同文化事业单位功能定位，建立法人治理结构，完善绩效考核机制。推动公共图书馆、博物馆、文化馆、科技馆等组建理事

会，吸纳有关方面代表、专业人士、各界群众参与管理。

《浙江省关于加快构建现代公共文化服务体系的实施意见》也指出：深化公益性文化事业单位改革。按照转变职能、管办分离的要求，加快推进分类改革，进一步理顺政府与公益性文化事业单位关系，形成政府加强管理、公益性事业单位自主发展的有效机制。按照全面释放创新发展活力，文化服务提质增效，国有资产保值增值的原则，积极探索符合浙江实际，适合不同类别公益性文化事业单位的法人治理结构，逐步推进公共图书馆、文化馆、科技馆、博物馆等组建理事会，吸纳有关方面代表、专业人士、各界群众参与管理，健全决策、执行和监督机制。

浙江在文化事业单位的法人治理结构的改革上已取得一些经验，如温州市图书馆以“理事组成社会化、运行管理开放化、管理约束制度化、理事活动常规化、文化服务多元化”进行改革。首先，通过媒体发布面向社会公开招募理事成员，从29名申请人中筛选出10名社会理事成员（其中文化教育界代表3名，工商企业界代表3名，普通读者3名，图书馆志愿者代表1名），与1名市文广新局委派理事、2名图书馆代表理事共同组成理事会，选举决定理事长。这种以社会人士为主，选举社会理事担任理事长的创新，打破了目前文化事业单位理事会成员主要由改革单位推荐组成的格局。理事会有权参与图书馆管理层的任免，图书馆中层干部的竞聘，图书馆新进员工招聘岗位、招考专业、招考范围等相关报考条件设置等工作。理事会有权参与审议图书馆本年度财政投资执行情况和审核下年度财政预算，对资金调整提出合理化建议。其中，50万元以上货物采购和100万元以上工程类项目实施需经理事会审议批准后方可进行。理事会有权参与图书馆领导班子上级评议工作。理事实行任期制，每届任期3年，理事成员每届需保持20%的更新率，新任理事由公开招募产生。理事会成立以来，推出理事接待日活动，增加图书馆服务项目，提高读者阅读兴趣，取得了较好成效。

我国的事业单位法人治理结构改革借鉴了西方非营利性文化机构运行机制，但两者之间存在较大差异。西方非营利性文化机构的经费来源较为多元化，这些机构理事会的成员，很多是投资方代表，对机构的运行非常关注；而我国的文化事业单位依赖公共财政，很多社会人士虽然成为“理事”人，但没有薪酬，参与热情不高，容易沦为看客，使法人治理结构的改革徒具形式。因此，如何深化事业单位改革，仍有待进一步探索，任重道远。

第二节　平衡公共文化服务投入

浙江省委、省政府高度重视公共文化服务工作，先后出台了《关于加快构建现代公共文化服务体系的实施意见》《关于加强基层综合性文化服务中心的实施意见》等一系列文件，并在财力上给予支持。

公共文化服务的投入可分为四大部分：一是文化遗产的保护，二是文化设施建设；三是基层文化中心的建设与运行；四是群众性文化活动的开展。我们在公共文化的投入上，不能漫无目的地撒钱，要以保基础、抓重点为原则，坚持向基层倾斜、向群众倾斜，把每一分钱花在刀刃上，让人民群众在公共文化服务上享受好处，得到实惠。这里着重从文化设施建设、基层文化中心建设等方面加以论述。

一　积极推进网络建设

文化基础设施包括广播、电视、电信、互联网等基础设施，它们本身不一定直接提供文化服务的内容，却是公共文化服务的载体，是公共文化服务的基础性工程。

（一）普及广电网络

浙江自 1998 年以后按照党中央、国务院决定统一部署启动广播电视村村通工程，现在工程已圆满完成。2015 年，浙江省新闻出版广电局制定下发《浙江省加快构建新闻出版广播影视公共服务体系的实施方案》。根据《方案》，浙江在“十三五”期间实现“三百目标”，即乡镇广播、有线电视联网率达到 100%，农村有线电视达到 100% 数字化，有线对农广播覆盖率达到 100%。

（二）推进“三网融合”

“三网融合”是指互联网络、电视网络和电话网络的相互渗透、互相兼容，并逐步整合成为统一的信息通信网络，其中互联网是其核心部分。实际上，早在十多年前，以华数为代表的浙江企业就开始了“三网融合”全业务的探索之路。2000—2004 年，华数组建杭州网通信息港有限公司，开始大规模有线电视网的数据宽带网络建设。2004 年，华数首创“广播与交互”融合的交互数字电视，创新了数字电视发展模式。2007 年，浙江文化体制改革工作领导小组明确华数为浙江数字电视发展的省级主体。2008 年，华数首创“数字电视、互联网、信息通信”的“全媒体”服务，使浙江的“三网融合”新业态走在了全国前列。当下，浙江直面股权、资本与人事改革的难题，积极探索整合方案，平衡各方利益，加速“三网融合”。

2016 年 5 月，《浙江省三网融合全面推广实施方案》发布施行，将广电、电信业务双向进入扩大到全省范围。

（三）推动 5G 应用

为了推动 5G 应用，2018 年 5 月 16 日，浙江 5G 产业联盟在杭州成立。该联盟由中国移动浙江公司牵头 26 家产业链合作伙伴共同成立，成员单位中包括华为、浙江大学、阿里巴巴、之江实验室、海康、吉利、安恒等国内外知名企事业单位和科研院所。

2018 年 7 月，浙江出台《关于推进 5G 网络规模试验和应用示范的指导意见》。根据工作安排，2018 年启动 5G 试验建设和应用测试，2019 年开展部分重点区域试商用，2020 年进入全省 5G 网络规模部署并实现快速商用。力争经过 2 ~ 3 年规模试验和应用示范，使浙江在 5G 规模试验和示范应用方面走在全国前列，力争使杭州成为全球 5G“先行城市”。到 2020 年建设形成网络先进、机制创新、应用丰富、市场活跃的 5G 建设和应用示范省，实现在智慧城市、工业互联网、信息消费和社会管理等多领域的融合应用和创新应用的突破，基于 5G 的新兴产业发展空间进一步拓展，初步形成较完善的 5G 产业链。《指导意见》明确了五大工作重点：一是统筹推进试验网建设。通过加强技术验证、对接国家示范专项、开展典型应用，加快 5G 商用进程及垂直行业应用示范开展；二是打造创新应用示范区；三是培育5G应用新业态新模式；四是培育5G产业发展；五是优化发展环境。通过落实5G建设配套设施需求、加大开放公共基础设施力度、加强网络基础设施保护，全方位支持5G建设发展。

二 合理布局文化场馆

浙江对完善公共文化设施作出规划："加强中国美术学院、浙江音乐学院、浙江传媒学院等重点文艺院校和浙江自然博物园等重大文化设施建设，打造一批浙江文化标志平台。建设以中心城市标志性公共文化设施为龙头，城镇特色性公共文化设施为纽带，乡村（社区）普及型公共文化设施为基础的公共文化设施网络。推进图书馆、文化馆、博物馆、非物质文化遗产馆等为主要内容的省之江文化中心建设。"依照这一规划，浙江公共文化设施网络由以下三级组成：（1）中心城市——"标志性"公共文化设施；（2）地方城镇——"特色性"公共文化设施；（3）乡村社区——"普及型"公共文化设施。前两者往往成为全省或地市的重要文化工程。

（一）中心城市——"标志性"场馆

这些文化场馆往往具有如下特点。一是标志性。这些文化设施建设往往以某某工程的面目出现，投资巨大，建成后具有标志性意义。二是专业性。这些文化设施往往具有较强的专业性，仅在某个文化领域提供公共服务，这与乡镇文化馆、农村文化站点等综合性文化场馆形成明显对比。《纲要》列举了浙江自然博物园等重大文化设施建设。《浙江省文化发展"十三五"规划》明确省级重点文化项目为：之江文化中心、中国丝绸博物馆、浙江自然博物园核心馆区、浙江考古遗产展示园等，这些重点项目将成为浙江公共文化场馆中的标志和龙头。

（二）地方城镇——"特色性"场馆

地方城镇的特色性场馆要依托当地物质文化遗产、非物质文化遗产进行建设，或依据其地方文化特色进行综合规划与建设。前者如龙泉的青瓷文化园。龙泉青瓷是著名的非物质文化遗产，其青瓷制作是浙江著名的历史经典产业。青瓷文化园保留原国营龙泉瓷厂风貌，设置青瓷传统技艺展示厅、青瓷名家馆、青瓷手工坊等各种青瓷主题的休闲体验区。后者如浦江是中国著名的书画之乡，历史上名家辈出，浦江人学书学画蔚然成风，在浦江建立美术馆，就非常符合其固有的文化特色和优势。

（三）乡村社区——“普及型”场馆

根据经济社会发展情况，以农村文化礼堂为重点建设乡村社区“普及型”场馆，整合基层传统文化、党员教育、科学普及、体育健身、老年服务等，培育农村文化服务综合体，有序推进乡村社区文化建设，形成“一村一品”或“一乡一品”，不断提高农村居民的文化水平和文化素养。

总之，以上三大类型场馆，各具特色，互相补充，共同构成浙江公共文化的场馆布局体系。

三 持续推进文化礼堂建设

基层文化中心不同于中心城市与重点城镇那种“大而专”的文化设施、文化工程，具有“小而全”的特点，它既是图书室，又是书画院，既是歌厅，又是棋院，既是书场，也是会堂，而且其服务功能也常常超出“文化”的范围。它们虽不像重点文化设施与文化工程那样引人注目，但它更贴近群众，更接地气。在文化浙江建设中，随着文化基础设施的逐步改善，随着重点场馆的逐步竣工，加强基层文化中心建设应成为公共文化服务体系建设的重中之重。

基层综合性文化建设，在农村为农村文化礼堂，在城市则为社区文化家园。浙江“十三五”规划指出，整合基层宣传文化、党员教育、科学普及、体育健身等设施，有序推动城市社区文化建设，以农村文化礼堂为重点建设农村文化服务综合体，推进覆盖全省的数字文化服务网络建设。浙江省第十四次党代会报告也强调了基层公共文化服务，指出要持续推进基层文化阵地建设，建成1万个农村文化礼堂，开展社区文化家园试点建设。

农村文化礼堂是浙江近年进行公共文化服务建设的一大亮点。一些农村文化礼堂，充分利用历史文化资源，与普及传统文化、弘扬革命文化相结合，与文物古建筑保护相结合，与美丽乡村建设相结合，与经济产业转型升级相结合，取得不俗成绩，已成为农村群众开展文化活动的精神家园。浙江“十三五”规划明确指出，到2020年，全省将建成文化礼堂10000所，覆盖80%的农村群众。增加农村文化礼堂的覆盖，让农村文化礼堂真正融入农民生产、生活之中。

浙江农村文化礼堂建设已取得丰硕成果，未来将在发挥作用上下功夫。

第一，突出各自特点。结合地域文化特点，因地制宜做好村落文化的特色文章，充分挖掘整理村庄的历史文化，才能让农村文化礼堂有内涵有活力。让农村文化礼堂努力打造独属于自己村子的文化品牌，争取做到百花齐放，各有特色。比如，经济发达的村落，可打经济牌，发掘、弘扬相关产业的文化内涵，营造独具特色的乡村企业文化；历史名人众多的村落，可打名人牌，编名人传，可以将历史人物的事迹加以挖掘，确定文化主题；红色革命村落，就突出宣传红色革命精神；有文物古迹或非物质文化遗产的村落，要通过大力保护古物古迹，保护“非遗”资源，传承传统技艺。

有条件的地区可组织编写村志、家族史。宁波一些村落在这方面做得非常好。鄞州区下应街道史家码村、江六村两个村，制订村民口述史、村史编纂计划，出版了《史家码村史》《江六村史》，完成了《史家码村民口述史》《江六村民口述史》《史家码村谱》。这是浙江农村文化礼堂建设比较成功且有文化内涵的案例。地方史志部门可在专业上给予指导，并组织村志、家史编写竞赛。史志部门也可将村志、家史作为素材编入地方志中，实现文化双赢。

第二，广泛开展活动。群众文化活动常态化，建立健全农村文化工作可持续发展机制。组织活动中把群众的文化需求放在第一位，组织那些覆盖面广、群众参与率高、影响力大、深受群众欢迎的文艺活动。让群众成为农村文化礼堂的主体，让农民热情参与，让他们在工作之余直接参与活动的策划组织。

第三，发挥人才作用。组织人才下乡，培养文化通才。众所周知，文化人才缺乏，是农村文化工作中普遍现象。当然，我们不可能给每个农村文化礼堂既配书法家，又配戏剧专家，还配文物专家、历史学家。这完全不可能，也不现实。面对文化人才匮乏，我们一方面要善用外脑，经常组织专家到农村举办讲座，或组织演员送戏下乡；同时，充分挖掘、整合农村的人才资源，积极培育草根文化能人，创作和表演带有浓郁地方特色的文艺节目，让乡村文艺团队成为农村文化礼堂活动的主力军，实现自我服务。利用基层大学生先进的科学理念，组织管理农村文化礼堂。鼓励村民参加志愿者活动，参与农村文化礼堂建设。除此之外，也要学习医院模式，高级医院有专家，基层医院配全科医生。我们应该积极规划，科学设置专业，在大学中培养文化通才，将这些文化通才输送到基层特别是农村文化礼堂，争取做到一村一堂一通才。

第四，严格管理制度。“文化礼堂”要真正成为精神家园，是一个长期的、系统的工作。建设只是第一步，后续运营、后续管理才是关键所在。必须建立健全农村文化礼堂管理制度，严格财务纪律，活动公开透明，让群众参与监督。

四 探索社区文化家园建设

相比于农村，城市社区文化建设则相对滞后。我们在城市社区文化建设中面临不少困难。

第一，城市居民流动频繁，社区认同意识薄弱。在城市新型住宅小区，由于多是新迁居民，互不熟悉，居住封闭，人际交往少，关系相对冷漠。一些社区居民之间存在疏离感，甚至有些社区，一部分有一定社会地位且比较富有的居民不愿意或不屑与社区其他居民往来。

第二，城市文化供给丰富，人们在文化娱乐上有更多的选择余地，一般社区文化无法满足他们的需要，因而对社区文化建设十分淡漠。尤其是中青年居民和居民中的专业技术人员，较少参与社区文化活动。在许多社区，经常参与社区文化活动的主要是老人，尤以老年妇女居多。

第三，社区文化运行机制上行政化倾向严重。大多数社区在举办社区文化活动时，每组织一次活动，从设计方案到实施过程，基本上都是由街道办事处牵头进行，再由居委会操作，动员各方参与，社区文化建设过度依赖政府。而且，对地方政府来说，相对教育、医疗，公共文化服务是软任务，容易被边缘化。

第四，经费不足，活动场所缺乏。不少社区自身仅有几间办公室、一个会议室，办公条件都很紧张，导致一些社区开展文化活动只能停留在棋牌、书报等一些占用空间较小的项目上。

第五，资源共享难度大。社区资源共享较困难，导致社区文化活动开展难度加大。一些社区中有学校、企业，但由于行政隶属关系不同或资金投入主体的多元性，不归社区支配，导致了社区内资源共享较难。

第六，缺少共同的文化资源、共同的文化记忆。在农村，一个村，有一条河，大家世代相聚，有共同的传说、共同的故事，甚至有共同祖先和祠堂；但在城市社区，很少有这样一种共同的物质文化资源或非物质文化资源把社区居民联系在一起。社区文化建设缺乏依托，难以形成文化特色。

因此种种，城市社区文化建设，已成为基层公共文化服务体系中的一块短板。这次浙江省第十四次党代会报告特别强调“社区文化家园”建设，是这次党代会报告中的一个亮点，体现了浙江在探索基层公共文化服务体系中的思考与创新。在此之后，浙江一些市县积极探索社区文化家园建设，取得了一些经验。如杭州市一些区提出“6 + X”，“6 + X”指“六个有”，即有“市民文化讲堂”、有“社区文化展示”、有“社区文化社团”、有“社区文化品牌”、有“社区文化节日”、有“网络文化平台”；“X”指多项社区惠民服务。

2016 年《国务院办公厅关于推进基层综合性文化服务中心建设的指导意见》（以下简称《指导意见》）下发后，浙江以此为指针，结合实际情况与在农村文化礼堂建设中取得的成功经验，以及一些社区的先行探索，从以下几方面扎实做好社区文化家园建设工作。

第一，坚持正确的文化导向，让社区文化家园成为弘扬社会主义核心价值观、弘扬浙江精神的高地。《指导意见》中提出要求：“坚持导向，服务大局。发挥基层综合性文化服务中心在宣传党的理论和路线方针政策、培育社会主义核心价值观、弘扬中华优秀传统文化等方面的重要作用，推动人们形成向上向善的精神追求和健康文明的生活方式，用先进文化占领基层文化阵地。”

第二，各级领导应高度重视社区文化工作，把社区文化工作的成效纳入各级领导干部的政绩考核范围。按《指导意见》的要求，政府应发挥主导作用，在推进基层综合性文化服务中心建设中承担主体责任；宣传文化部门发挥牵头作用，加强协调指导，及时研究解决建设中存在的问题；各相关部门要立足本职工作、分工合作；公共文化体育机构应加强业务指导，共同推动工作落实。

第三，财政给予适当的投入，但要合理使用经费，不要盲目追求硬件，搞形象工程，避免重复建设与资源浪费。按《指导意见》的要求，“村（社区）综合性文化服务中心主要依托村（社区）党组织活动场所、城乡社区综合服务设施、文化活动室、闲置中小学校、新建住宅小区公共服务配套设施以及其他城乡综合公共服务设施”，“要采取盘活存量、调整置换、集中利用等方式进行建设，不搞大拆大建，凡现有设施能够满足基本公共文化需求的，一律不再进行改扩建和新建”。

第四，社区文化家园建设应与基层社会治理相结合，与群众生活的实际需要相结合。

按《指导意见》，社区要“积极开展农民科学素质行动、社区居民科学素质行动、法治宣传教育和群众性法治文化活动，提高基层群众的科学素养和法律意识。要结合当地党委和政府赋予的职责任务，与居民自治、村民自治等基层社会治理体系相结合，根据实际条件，开展就业社保、养老助残、妇儿关爱、人口管理等其他公共服务和社会管理工作，推广一站式、窗口式、网络式综合服务，简化办事流程，集中为群众提供便捷高效的服务”。也就是说，社区文化家园不仅成为社区文化中心，也成为社区的办事中心与社会活动中心。

《指导意见》指出，推进基层综合性文化服务中心建设，要“有利于增加基层公共文化产品和服务供给，丰富群众精神文化生活，充分发挥文化凝聚人心、增进认同、化解矛盾、促进和谐的积极作用”。也就是说，社区文化家园不仅要有文化功能，也要发挥社会作用，做社会和谐的黏合剂。

应贴近社区居民的实际生活需要，考虑将社区文化家园与便民服务、儿童教育与养老事业相结合。举例而言，前一阵子，城市老年人的广场舞健身活动引发“扰民”争议。类似的纠纷，其实完全可以纳入社区文化家园的建设中加以解决。我们还可以参考国外一些做法，将社区文化中心与便利店铺结合起来，同时组织人员帮助居民收取快递、照看孩子、修理电器，甚至可以组织相亲与联谊活动，把文化与生活结合起来，增进邻里关系，建设邻里文化。相比之下，城市社区中，未成年人与老年人对公共文化的需求更加强烈。可利用现有的青少年宫或老年活动中心，让孩子们一起做作业、一起学习，让老年人一起健身，一起娱乐，又以未成年人与老年人为纽带，将中青年人吸引到社区家园中，建设邻里文化，让社区文化家园成为城市居民的精神家园。

浙江省嘉兴市南湖区七星街道湘城社区在这方面就提供了一个成功的案例。社区于 2011 年 8 月成立，是嘉兴市最大的拆迁安置小区，居民由附近 5 个村的村民拆迁集聚而成，社情复杂、诉求多样。湘城社区文化家园内建 1500 平方米的社区文化广场，将健身休闲、演艺娱乐等功能融为一体；又建了 170 平方米的舞台和 20 米的文化长廊；同时又有居家养老服务中心、残疾人康复站、志愿者服务站、警务站、新居民事务站等，为社区各类人群提供全方位服务。社区还由文艺骨干组成一支 30 多人的民乐队。同时小区将“七彩湘城·幸福家园”提炼为湘城社区，让来自不同地方的居民在这里找到归属感和幸福感。我们要总结类似成功经验，加以推广。

第五，社区文化家园要特别重视体育健身活动。党的十九大报告提出，广泛开展全民健身活动，加快推进体育强国建设。2022 年杭州将举办第 19 届亚运会，我们应抓好抓实亚运会的筹备工作，将社区文化家园建设与亚运会的文化宣传工作结合起来，调动社区居民的健身热情，赋予杭州亚运会更多的文化因素，扩大浙江文化、中华文化的国际影响力。

第六，充分利用社区的历史文化资源，与文物古建筑保护与爱国主义教育相结合。浙江是历史文化大省，文物古迹、革命遗址遍布各地，社区文化家园建设应充分利用这些历史文化资源，让它们成为社区的文化坐标。大到一山一水，小到一桥一亭，都可利用起来，形成共同记忆。

第七，整合社区文化资源。充分利用现有基础设施设备，积极与辖区单位联系，争取辖区单位将文化活动场所向群众开放。如社区内有学校以及文化、科技类单位，更要充分利用。

第八，有条件的地方可创办一批特色文化社区，如书画社区、诗词社区、越剧社区等。

第三节 加大公共文化服务体系惠民力度

加大公共文化服务体系的惠民用度，浙江从标准化、均等化、个性化与公益性上下功夫。

一 服务内容标准化

浙江非常重视公共文化服务体系的制度化建设，将标准化试点工作列入省委全面深化改革领导小组“2015 年浙江重点突破改革项目”。浙江省副省长郑继伟主持开展《浙江省基本公共文化服务标准化均等化的目标和实施路径》研究，确定了推进基本公共文化服务的范围和标准。浙江省委办公厅、省政府办公厅出台《关于加快构建现代公共文化服务体系的实施意见》，公布《浙江省基本公共文化服务标准》，对全省推进现代公共文化服务体系建设提出了刚性要求，从基本服务内容、硬件设施、人员配备三个方面明确了 49 条标准。省公共文化服务体系建设协调组办公室制定《浙江省实施基本公共文化服务标准化均等化行动计划（2015—2020 年）》，每年制定年度责任分解计划，明确路线图和时间表。除基本公共文化服务标准外，还颁布了《浙江省公共图书馆管理办法》《浙江省文化馆管理办法》，制定《浙江省乡镇综合文化站评估定级标准》等一系列法规和实施标准，浙江在建设公共文化服务体系的标准化、法制化、规范化上成绩卓著，走在全国前列。2017 年初，浙江被文化部确定为基本公共文化服务标准化建设和基层综合性文化服务中心建设示范地区。

在此过程中，浙江一些地市区县也纷纷出台各自的公共文化服务标准。杭州在 2016 年出台《关于加快构建现代公共文化服务体系的实施意见》及附件《杭州市基本公共文化服务标准 2016—2020 年》。杭州的很多指标，在国标和省标的基础上，作了进一步拉高，明确了 2016 ~ 2020 年基本公共文化服务内容和政府保障范围，比省标多了 11 条，内容上有 27 条标准高于省标。余杭区的《乡镇综合文化站服务规范》成为全国第一个乡镇综合文化站的地方标准。

此外，一些行政部门也推出各自领域的公共文化服务标准。如浙江省新闻出版广电局制定下发《浙江省加快构建新闻出版广播影视公共服务体系的实施方案》。提出到2020年，浙江居民综合阅读率力争达到90%以上。广播电视台对农节目，县级以上广播电视台每天播出不少于3次，自办对农节目每周达3档以上，每档不少于45分钟。《方案》提出，在县级以上政府所在地建有标准化广播电视播出机构和发射台站；实现县级以上政府所在地数字多厅影院全面覆盖，中心镇数字多厅影院基本建成。在出版物流通网络建设上，要确保“市市有书城、县县有书店、乡乡有网点、村村有书屋”。

未来浙江公共文化服务体系的标准化建设应加强以下三方面工作。

第一，跟踪评估。公共文化服务体系标准化，不仅要建立公共文化服务的标准，更要评估、监督标准的实施情况。浙江在这方面做得非常出色，不仅建立了公共文化服务标准化检查和评估制度，开发了“浙江公共文化尺——基本公共文化服务标准化数据跟踪平台”，实施第三方评估，邀请专业评价团队对公共文化服务绩效进行满意度测评，对全省实施基本公共文化服务标准化情况进行实时管理，还开展基层公共文化服务评估指数和文化发展指数排名，将考核结果纳入地方政府的年度绩效考核，对推动标准实施起了非常大的作用。这样的跟踪评估机制应坚持并加以改进、不断完善。

第二，尊重差异。现在在标准制定中出现一种竞争与攀比的倾向：你的标准多，我的标准就更多；你的标准定得高，我的标准比你更高。似乎标准越多越好，越高越好。这实际上是一种错误的观念。在公共文化服务中，人们的文化需求具有多样化、个性化的特点，过于严格的标准不符合文化需求的特点和规律。而且，各地区差异大，也很难做到标准化。文化资源供给丰富的地区，无须用标准化来要求。比如说，在省会城市，既有省级图书馆，又有市级图书，藏书丰富，可选择性大，交通便利，借阅方便。在现实中，人们有借阅需求时更愿意去这些大图书馆享受阅读的乐趣，谁愿意去社区图书室？对于这样的地区，用多少公里一个图书馆，多少藏书量去约束它，反而是累赘，也是一种文化资源的浪费。在公共文化服务标准的制定中，应充分考虑各地经济发展水平与文化差异。公共文化服务的标准要与区域文化、本土文化相结合，突出区域和本土特色；以需求为导向，尊重当地人的选择。有鉴于此，建议以后制定地方制度时以公共文化服务的下限作为基本参照，而不是一味寻求上限突破。

第三，动态变化。公共文化服务的标准应随着经济发展水平、技术能力的提升和政府保障能力的提高，服务范围和内容应不断变化和扩展，服务标准应不断调整。当下，新技术的发展日新月异，新的文化设备、文化形式不断产生，现在人们的文化生活对手机、移动互联网的依赖越来越大，政府就应考虑将手机与流量列入公共文化服务标准，为困难群众购买手机，提供最低流量。

二 服务对象均等化

党的十七届六中全会通过的《中共中央关于深化文化体制改革推动社会主义文化大发展大繁荣若干重大问题的决定》提出，“要以公共财政为支撑，以公益性文化单位为骨干，以全体人民为服务对象，以保障人民群众看电视、听广播、读书看报、进行公共文化鉴赏、参与公共文化活动等基本文化权益为主要内容，完善覆盖城乡、结构合理、功能健全、实用高效的公共文化服务体系”。其中“覆盖城乡、结构合理、功能健全、实用高效”十六字原则基本体现公共文化服务均等化的思想。我们要根据这样的原则来切实采取措施，推进公共文化服务均等化。

（一）覆盖城乡

当前公共文化资源分布不均衡、公共文化投入不平衡现象普遍存在，甚至十分严重。这种不平衡体现在区域不平均，更体现在城乡不平衡。公共财政保障机制不健全，基层政府事权与财力不匹配，多渠道投入政策不完善，影响了公共文化服务均等化的进程。举省会城市杭州为例，杭州市一级公共文化设施和公共文化机构全部集中在上城区、下城区、拱墅区、西湖区、江干区、滨江区、余杭区、萧山区等八大区，尤其是上城区、下城区、拱墅区、西湖区、江干区、滨江区等六个主城区，八大城区以外的五县市没有市级的文化设施和机构。即使在五县市中，大型文化体育场馆主要集中在城区，乡镇文体设施建设滞后。市一级重大文化节庆活动，如“中国国际动漫节”“西湖之春”艺术节、西湖国际音乐节等都集中在八大城区尤其是主城区范围内举行。对此，一方面要坚持文化下乡活动，另一方面，要也做反向运动，加强基础设施建设，改善交通，开通更多下乡的公交线路，为农民进城参加文化活动大开方便之门。

（二）结构合理，功能健全

所谓“结构合理”“功能健全”，是指基本的公共文化服务都应享受。《中共中央关于深化文化体制改革推动社会主义文化大发展大繁荣若干重大问题的决定》列举了“电视、听广播、读书看报、进行公共文化鉴赏、参与公共文化活动”这几项。2015 年，中共中央办公厅、国务院办公厅印发了《关于加快构建现代公共文化服务体系的意见》，所列内容，与之大致相同。除此之外，还有哪些内容应列入公共文化服务，如要不要加入游戏、棋牌，要不要加入互联网、移动互联网的内容，要不要提供旅游、文化疗养等内容，都需要结合各地实际情况，仔细研究，认真规划。

（三）面向重点人群

公共文化服务，虽然说是面向全民，全体老百姓都有权利享受，但实际操作上要关注重点人群，特别要关注弱势群体、困难群众、残障人士和老年人。对于经济条件好的人来说，他有更多享受文化服务的选择，如健身，他可以花钱去健身馆，甚至可以聘请健身教练。但弱势群体、困难群众和一些外来务工人员，就做不到这样，他无力去消费高档的文体设施，没有别的替代方式。对于他们，政府应给予特别关注，否则公共文化服务均等化就无从谈起。关键要做好以下几方面工作。第一，照顾困难群众与弱势群体。我们在建设基本文化设施的时候，应优先考虑困难群众、外来务工人员居住较多的地区。第二，关心残障人士。文化行政部门与街道、社区都要做好登记备案工作，建立定期上门服务机制，在公共文化服务上做到决不落下任何一个人。第三，关爱老年人。应推行文化养老制度，将文化服务与养老结合起来。一些老年人在退休转型之后，经济上“贫困”，精神上也贫困，对于文化层面的要求特别强烈。应大力加强老年大学和老干部活动中心等基础设施建设，确保老同志能进学堂，能去活动中心娱乐，能利用健身设施健身。农村文化礼堂、社区文化家园等基层文化中心建设，也应优先考虑老年人的文化需求。第四，打造数字化平台加快文化服务的数字化进程，构建数字化公共文化服务平台。在数字化进程中，要对于不同群体的实际需要，设计和提供数字化文化产品和服务。在不同的实体和数字平台上，如公交站、广场等人流密集地设置电子屏，推送数字化服务。享受公共文化服务，既是一项权利，也是一种能力。如果不懂相关技术，就无法享受这些文化成果。所以，要提供数字技术培训，为老年人、低收入、农民工等群体实施文化指导和文化救助。

三 服务手段个性化

浙江公共文化服务体系建设在推行服务标准化的同时，尽量满足人们的个性化文化需求。浙江各地积极探索建立公共文化供需机制，涌现了杭州“你点我送”网上预约配送服务、嘉兴“文化有约”服务平台、丽水“文化订制”模式、舟山“淘文化”公共文化交易平台等供需对接平台，在提供公共文化服务个性化上取得了很大成绩。

以舟山“淘文化”为例。2014 年 4 月，舟山首创的“淘文化”网公共文体产品和服务社会化运作平台正式启动。其运作方式类似淘宝购物，注册用户提供文艺演出、培训展览、电影放映等项目，消费完全由居民自由选择。根据规定，有条件的社会组织、团队，无论是专业的还是业余的，只要能提供整台演出，都可以到平台注册，经审核后上线“开张”。老百姓像逛“淘宝”一样，自主点选喜爱的文艺团队和文体节目，节目单点单后交易成功，自动形成协议。通过该平台，人们还可对文化产品、售后服务进行评价。政府主要做两件事：文化馆提供专业指导，文化部门抽查演出效果。根据演出效果和群众满意度，为剧团提供一定数额的资金补贴。除文艺演出外，还有培训项目。全市百名文化馆业务干部和外聘资深教师向全体市民提供音乐、舞蹈、器乐、美术等近百个项目的培训。培训实行零门槛、全免费，根据年龄层次设立少儿班、老年班、成人班。市民可根据自己的兴趣爱好登录“淘文化”网或下载“淘文化”手机 App，注册后进入“全民人文素养提升行动——百名业务干部百堂公开课”，选择参加培训项目。通过“淘文化”，舟山政府部门实现了职能转变，由过去的“办文化”变为“管文化”，既提高了行政效率，又提高了服务质量。舟山“淘文化”改革举措被评为全省公共管理创新案例优秀奖。

对于这些成功案例，浙江认真总结推广，扩大服务内容，让老百姓享受更多更好的公共文化服务。

四 服务公益性

何谓公益性？就是由政府出资，为公众提供免费的公共文化服务。公共文化服务机构不是以盈利为目的。保证公共文化服务的公益性，但不是说公益性越强越好，免费服务越多越好。这就要处理好文化产业中公益性与经营性的关系，处理好公共文化服务与文化市场的关系。例如，一些基层电影院既放映免费的公益性电影，也以盈利为目的放映收费电影。这就有一个问题，什么样的电影该收费，什么样的电影该免费，免费电影的场次以多少为宜？又如，很多文化遗址、博物馆，常常也是旅游景点，有些文化遗址在开发保护过程中得到企业投资，它所提供的文化产品就具有公共文化服务产品与旅游产品双重性质。如何既能满足群众的观看需求，又能让投资者获得回报；如何制定标准才能既满足人民群众的基本文化需求，又能刺激和鼓励文化产业的发展，让两者比翼齐飞，蓬勃兴盛，这是制定公共文化服务标准化时应着重考虑的问题。并不是说，公共文化服务的标准越高就一定越好。我们应动态地、历史地考虑这个问题。总的原则是，在积极发展文化产业的同时，逐步提高公共文化服务的标准。除此之外，一些博物馆，为保护文物免受损害，也不要过度开放，要限制开放时间与场次，有一些高雅艺术的场馆，如果因为免费，被人当作纳凉闲扯的场所，也是十分不宜的。因此，对于公共文化服务，我们既要保证其公益性，也不能一味追求免费，无限放大这种公益。应在两者之间寻求一种平衡。只有这样，公共文化服务才能可持续发展，才能有生命力。

这里有几种模式可供操作。一是内容限制。以电影为例，新出的电影收费，老电影免费。二是场次限制。每月看电影一次或数次免费，数次多了就要收费。三是价格优惠，电影院中提供一定比例的免费座位，其他座位收费，政府给予财政补贴或税收减免。各地应根据当地实际情况，采取相应措施。

第 八 章

提升文化竞争力，做大做强文化产业

文化产业不仅是推动现代化建设的强大动力，也为经济和社会的全面进步提供了强大的精神动力和智力支持，更是国际竞争力的基础。党的十九大给中国文化产业的发展构建了一个更宏大的框架，如“四个自信”的明确强调，如“满足人民日益增长的美好生活需要”的新目标等，这些都预示着文化产业将在政治、社会、民生、对外交流中起更大作用，扮演更重要的角色。

浙江省第十四次党代会报告提出“文化产业迈入万亿级”的战略目标。发展“八大万亿产业”，是 2017 年浙江省《政府工作报告》提出的新口号。与 2015 年提出的“七大万亿产业”相比，新增的文化产业是一大亮点，文化产业首次跻身“万亿产业俱乐部”。2017 年 10 月，浙江省委、省政府发布了《关于加快把文化产业打造成为万亿级产业的意见》，提出到 2020 年，力争全省文化及相关特色产业总产出达到 1.6 万亿元，增加值近 5000 亿元，占 GDP 比重达 8% 以上，基本建成全国文化内容生产先导区、文化产业融合发展示范区和文化产业新业态引领区。[①] 发展文化产业是加快建设“文化浙江”、实现“两个高水平”的内在要求，是抢抓全球化机遇、打造人类命运共同体的现实需求。

第一节　建设文化产业集聚发展平台

近年来，浙江贯彻创新、协调、绿色、开放、共享的新理念，推动文化

---

① 《中共浙江省委浙江省人民政府关于加快把文化产业打造成为万亿级产业的意见》，《经济日报》2017 年 10 月 23 日。

产业结构优化升级，发展提升优势产业，培育新兴文化生态，推动文化产业规模化、集约化、专业化发展，并立足全省各地特色文化资源和区域功能定位，因地制宜构建了一批具有鲜明地域特色的文化产业集群，推动形成了文化产业集聚基地，进一步凸显了文化产业在促进地方经济繁荣、推动公共文化服务体系建设、推动城乡统筹发展等方面的重要作用，充分发挥了文化产业的育民、富民、乐民功能。浙江省第十四次党代会提出："建设文化产业集聚发展平台，推动文化与相关产业深度融合、跨界发展，加快发展壮大文化产业。"① 党的十九大报告明确提出"完善文化经济政策"②，说明在新的时代和产业格局下，政策红利仍有更大的释放空间。要使文化产业成为支柱性产业，实现快速可持续发展，必须做好规划引领、特色培育、招商引智、人文挖掘等，构建规模效应明显、特色品牌丰富、运营模式多样、产业关联度高的文化产业集聚平台。

一 政策推动文化产业集聚发展

2017 年 11 月 9 日，浙江省委十四届二次全会提出："打造文化事业和文化产业发展新高地，要做大、做强文化市场主体，大力发展新兴文化业态，打造之江文化产业带，加快横店影视文化产业集聚区等重大平台建设，建成全国文化内容生产先导区、文化产业融合发展示范区、文化产业新兴业态引领区。"③ 并确定了建成"六个浙江"的时间节点，明确提出要制定实施《浙江现代化建设中期规划（2020—2035 年)》，到 2035 年全面建成"六个浙江"，以此作为高水平完成基本实现现代化目标的重要标志。

由于发展阶段所限，浙江省内文化产业以中小微企业为主，他们是文化产业的底部根基和希望所在，有望在空前重视文化产业发展的政策下获取成

---

① 车俊：《坚定不移沿着"八八战略"指引的路子走下去，高水平谱写实现"两个一百年"奋斗目标的浙江篇章——在中国共产党浙江省第十四次代表大会上的报告》，《浙江日报》2017 年 6 月 19 日。

② 习近平：《决胜全面小康社会 夺取新时代中国特色社会主义伟大胜利》，《人民日报》2017 年 10 月 28 日。

③ 《中共浙江省委关于高举习近平新时代中国特色社会主义思想伟大旗帜，奋力推进"两个高水平"建设的决定》，《浙江日报》2017 年 11 月 10 日。

长的新动力，浙江也会创造更适合中小微文化企业生长的文化生态，全面激发企业、创客活力。集群化是现代产业发展的一个重要趋势。加快文化产业集聚区建设，引导文化产业集群化发展，已经成为各城市或区域提升区域文化产业竞争力的重要措施。浙江切实提升文化产业发展的质量，大力打造文化产业发展“三大平台”，即产业发展平台、产业服务平台和产业交易平台；巩固发展“双五大产业”，即巩固提升影视、出版、演艺、动漫、制造等现有优势产业；大力发展数字内容、创意设计、艺术品交易、文化旅游、文化会展等新兴优势产业。既加大对骨干文化企业的扶持力度，重点培育一批“文化航母”，又加强对民营文化企业的培育扶持，孵化一批“专、精、特、新”中小微文化企业。一大批重大文化产业项目、文化骨干企业不断涌现。

浙江有各类文化法人单位近 10 万家，从事文化生产的个体工商户 10 万多家。建成各类文化产业园区 150 多个，确定 20 个重点文化产业园区，形成影视动漫、文化创意、工艺美术品生产、文化产品制造等一批具有较强影响力的特色文化产业集群。横店影视产业实验区已集聚 843 家影视机构、492 个工作室，拥有 29 家上市企业、6 家影视类高新技术企业，注册“横漂”演员 4.8 万余人。2016 年实现营业收入 180.9 亿元、税费 20.87 亿元。中心城市文化产业发展的集聚辐射功能进一步增强。杭州、宁波、金华 3 市文化产业增加值总和约占全省的 2/3，其中杭州占 1/3 以上。2016 年杭州文化产业增加值 1080 亿元，占 GDP 的 9.8%。

二　人才培养与产业集聚共生

文化产业发展的关键在于创新，而创新的关键在于人才。推动文化产业与相关产业深度融合，打造“文化 +”的产业形态，对人才的要求更高。由于文化产业较其他产业特征不同，支撑产业发展的人才特征也不尽相同。文化产业人才的思考方式、工作方法与行为模式都与其他产业人才不同。如何培养优秀的文化产业人才，是文化产业发展中面临的重要课题。

首先，根据文化产业链条结构与产业融合需求制定人才培养计划和人才引进机制，为文化产业发展提供智力支持。但是，人才培养和引进切不可脱离产业环境，而应和产业集聚区建设同步考虑、通盘规划。产业集聚除了可以为文化产业与相关产业融合提供必要的协作便利，还可以为人才培养和成长提供适宜平台。引进和培养一批文化产业领军人才、经营管理人才和创新团队。健全人才评价激励机制，鼓励文化企业采取股权奖励、期权分配、技术入股等方式激励人才。建立全省文化产业人才大数据库。

其次，充分尊重专业特点，鼓励文化领域职业教育和师徒传承。文化产业较注重实践，很多人才在工作中积累了大量的经验，高校应以不拘一格选人才的情怀壮大师资队伍。考虑到文化产业人才的特殊性，建议可以将师资分为通识类和工匠类。通识类以各校常规标准进行招聘，而工匠类以产业标准进行量身定制，“重实践、轻学历”，并在日后的晋升通道上给予一定的特殊考虑，留住优秀师资人才。推进浙江大学、中国美术学院、浙江传媒学院、浙江音乐学院、浙江艺术职业学院等高校开展校企合作和校际合作，鼓励文化企业参与重大文化产业人才培养活动，培育一批适应文化产业发展需要的创新型、高层次文化产业人才。鼓励高校、科研机构及有条件的骨干企业开展文化创新研究，引导跨国企业和海外高端人才在浙江设立文化技术服务机构。鼓励文化领域职业教育和师徒传承，弘扬工匠精神，强化技能培训，培养一批文化产业实用人才。

最后，文化产业人才不仅要培养好、引进来，而且要留得住、干下去。因此，应致力于人才培养与产业集聚协同，依托政策支持和配套服务，实现复合型人才与关联型产业的双重集聚，为文化产业持续发展及其与相关产业深度融合提供有力支撑。将文化产业人才培养和引进纳入省特级专家、“千人计划”和“151 人才工程”等，建立符合文化产业特点的人才保障机制，组织实施文化名家造就计划。

三 打造之江文化产业带

《浙江省大湾区建设行动计划》提出，按照“万亩空间、千亿量级”的要求，高起点规划、高标准建设，打造若干产业高端、优势突出、竞争力强的产业大平台；《关于加快把文化产业打造成为万亿级产业的意见》中也提到，构建数字文化产业集聚发展平台，打造全国数字文化产业发展新高地。之江文化产业带，主要规划范围是以钱塘江杭州段为轴线，以上城、江干、西湖、滨江、萧山、富阳等6个沿江分布的主城区为核心。这一区域自然人文要素荟萃、文化产业基础雄厚、区位交通条件优越、创新创业氛围浓厚，集聚了一大批高水平文化教育科研机构、高端文化服务机构和文化行业领军企业，形成了一系列富有特色和核心竞争力的文化产业集群，是全省文化产业发展的前沿阵地。

（一）《之江文化产业带建设规划》的出台

2018年6月26日，浙江省委宣传部会同浙江省发展规划研究院、杭州市委宣传部编制的《之江文化产业带建设规划》正式发布，为推动全省文化产业大发展大繁荣提供了战略支撑。

杭州文化产业发展走在全国前列，尤其数字文化产业领域，高端要素集聚，产业先发优势明显。在杭州沿钱塘江区域打造之江文化产业带，与浙江大湾区建设和杭州“拥江发展”等战略要求高度契合，是贯彻落实浙江省十四次党代会和全省文化发展大会精神的重要举措。规划建设省之江文化中心项目和之江文化产业带，是浙江深入贯彻落实党的十九大精神及浙江省第十四次党代会决策部署，着力解决浙江经济社会发展不平衡不充分问题、满足人民群众日益增长的文化需求的具体行动，也是加快建设文化浙江的必然要求。

（二）以数字文化产业为核心，优化产业环境

未来，数字文化产业可能成为浙江全省文化产业发展的核心引擎。数字文化产业是以文化创意内容为核心，用新数字技术呈现产品、实现创作、提供服务，并将带动传统文化行业转型升级。文化产业归根结底内容为王，文化内容创意创新是核心竞争力所在。数字文化内容不仅是文化内容生产的重要组成部分，通过深化“文化+互联网”，将实现数字文化与旅游、商贸流通、农业、健康、消费品工业等相关产业的融合发展。所以，数字文化可以有相对狭义和相对宽泛的两种理解。在之江文化产业带规划中，提出打造数字文化产业基地、影视产业基地、艺术创作产业基地、动漫游戏产业基地四大基地，其中，数字文化产业基地就是着眼于狭义的数字文化产业，突出重点发展数字出版、数字传媒、数字音乐等数字内容产品和服务；但在空间布

局中，在之江发展核中重点谋划建设之江数字文化产业园，通过大力实施“互联网+”战略，促进数字文化与信息、影视、演艺、娱乐等产业的全方位深度融合，使之江数字文化产业园的数字文化内涵和外延进一步延伸拓展。

浙江之江文化中心项目和之江文化产业带是文化浙江建设的重大项目。浙江之江文化中心项目包括浙江图书馆、浙江省博物馆的新馆建设以及非遗馆、文学馆等；之江文化产业带规划范围以钱塘江杭州段为轴线，以6个沿江分布的主城区为核心，将重点发展数字文化、影视、艺创设计、动漫游戏等四大产业，打造11个特色文化组团。

（三）之江文化产业带的发展定位

之江文化产业带顺应国家文化产业“十三五”规划中提出的打造文化产业新的增长极和增长带的要求，努力把之江文化产业带打造成浙江文化产业参与省际乃至国际竞争的重大平台。力求达到以下五个目标。一是规模化，强调将之江文化产业带做大做强，实现文化产业高位增长，形成较大规模，有规模才有竞争力。二是集群化，在空间上加以引导。产业带目前的文化产业属于自发形成，比较零散，通过集群化引导文化企业集聚到文化产业基地、文化特色小镇、文化创意街区等文化产业发展载体中，构筑文化产业发展核心和特色组团，这就强化了集群优势。三是高端化，顺应产业新技术革命、产业转型升级的要求，引导文化产业聚焦高端环节、高端功能和高端要素，打造高端品牌。四是融合化，顺应文化产业与相关产业跨界、渗透、融合等趋势，以文化产业发展带动制造、旅游、信息、体育等产业发展，用“文化+”来助推“产业文创化”。五是国际化，把之江文化产业带打造成为浙江的一个优秀文化符号，对标国际一流，对接“一带一路”倡议及相关国家战略，推动文化产业加快“走出去”。

文化产业具有超强的辐射能力和渗透能力，之江文化产业带的“五化”路径正体现了辐射带动全省文化产业，以及与其他万亿产业协同发展的功能，它将在提升文化产业的同时提振其他相关产业。为保障之江文化产业带高质量发展，还会完善文化金融、文化科技、文化人才以及文化贸易四大支撑体系。同时强化内容创新、业态创新、模式创新、机制创新，实现区域文化产业的高位增长、空间集聚、价值提升、产业融合、国际接轨，打造“一带四基地”，即以之江文化产业带为空间形态，集成数字文化产业基地、影视产业基地、艺术创作产业基地、动漫游戏产业基地等产业功能，力争成为浙江文化产业发展的重要增长带和参与省际乃至国际文化产业竞争的重大平台。

四 推动影视企业实体集聚

（一）横店影视文化产业集聚区的基本情况

从20世纪90年代起，横店集团根据国家大力发展文化产业、浙江关于重点建设影视产业拍摄基地的要求，就在各方面积极探索，以极快的速度在短时间内吸引和培养了一批具有品牌优势和巨大影响力的制作主体，初步奠定了产业集群发展的基础。2012年，浙江省委、省政府将横店影视文化产业上升为省级战略，批准设立浙江横店影视文化产业实验区，开启要素整合平台构建期。2017年，横店影视城累计接待中外游客超过1.3亿人次，拍摄影视剧2100多部。截至2019年1—9月，横店影视城实现营业收入151.14亿元；入库总税收17.95亿元；接待剧组249个，接待游客1229万人次。横店影视城以影视拍摄基地为依托，以影视文化为内涵，以旅游观光为业态，以休闲娱乐为目的，将影视旅游作为一个新兴的产业加以发展，致力于中国超大型影视旅游主题公园的建设，使之成为充满活力、独具魅力的梦幻之城、快乐之都。

20多年来，横店影视文化产业充分发挥比较优势，着力在全要素整合的专业化服务、全产业链发展的产业化集聚、全域化推进的社会化带动，成为全球规模最为宏大、影视要素最为集聚、服务体系最为完备的影视文化产业实验区。在面积达365平方公里的浙江横店影视文化产业实验区中，模式创新的服务平台逐步凸显，多元业态的创业平台应运而生，引领产业的资本平台顺势而至，影视主体要素的人才平台异军突起，影视元素深度植入的产业平台齐头并进。横店影视文化产业的先发优势嬗变为中国影视产业的领军格局。

（二）横店影视产业集聚区发展的四大平台

一是打造影视产业服务平台。完善产业服务平台，做影视文化产业发展理念的先行者。通过聚合线下和线上资源，做强做全从创作、拍摄、制作、发行、交易到衍生产业的影视文化全产业链，培育和提升一批层次结构合理、功能完备的产业服务平台，促进影视文化产业进一步做大做强。瞄准高端化，开展影视产业理论研究，研发中国影视文化产业发展指数，抢占影视文化产业市场的理论研究高地、话语权、引导力，研究影视文化产业市场的需求，提供国家层面的影视产业发展的决策依据，增强横店影视文化产业的理论自信，引导产业和企业可持续发展。

二是打造影视人才培养平台。加快创建横店电影学院，做影视文化产业人才培养的引导者。着力破除体制机制障碍，建设一支“懂影视、善管理、能开拓”的高素质人才队伍。主动对接各级层面扶持政策，推动影视产业各要素集聚，激发产业发展新动能。政府出台相应的政策，鼓励社会和企业自主采取同国内外知名电影学院合作办学的模式，或参照 PPP 模式，让各种非公共部门所掌握的资源与政府合作，参与横店电影学院的创建和管理，提供影视文化人才的公共产品和服务，引进和培育同步或交错推进，让高层次、高素质的创意策划人才、后期制作人才、影视市场运作经营人才集聚横店，突破横店优秀人才稀缺的产业发展瓶颈，延伸产业链，提高实验区的核心竞争力。

三是打造影视学术平台。加快创办《横店影视周报》，做影视文化产业市场导向的引路者。打造权威专业的中国影视传播媒体，以此整合和权威发布横店影视产业发展中的信息，讲好横店影视产业故事，宣传横店影视产业态势，进行影视文化产业的深层次互动，引领影视产业发展潮流。

四是打造影视节会品牌。加强与世界知名影视基地和影视机构的合作交流，建立沟通对接机制，充分对接国际重大节展活动，在戛纳影视节等节展设立专门展台或联合办展，进一步打响横店影视国际品牌。加强横店影视文化的对外宣传、交流和展示，每年举办中国（横店）影视文化产业发展大会、横店影视节、“横漂”才艺大比拼等活动。在全国影视文化产业中，横店的品牌和地位毋庸置疑，横店具备的优势也是其他地方无法比拟的。但横店的影视节会和展会的影响力还不足以在业内获得广泛认同。地方政府和横店集团要有国际眼光、高点定位，利用横店影视特色小镇的优势，尽快规划建设有横店特色的“星光剧院”，实现横店影视品牌和中国电影电视顶尖节会品牌的强强整合，承办“中国金鸡百花电影节”“中国电视剧飞天奖”颁奖典礼，或让这样国字头的影视品牌落地横店。

放眼全省，特色文化产业已经成为多地经济发展的支柱产业，改变着地方经济社会发展版图。浙江注重打造具有鲜明地域特色的文化产业集群，积极构筑“一核三极三板块”的文化产业发展格局，即推进形成以杭州为中枢的全省文化产业核心，宁波、温州、金华为节点的区域文化产业增长极，以及浙中北文化内容生产与创意设计板块、浙东沿海沿湾文化产品智造板块、浙西南历史经典与文化旅游板块，引导特色优势产业集聚，带动湖州、嘉兴、绍兴、衢州、舟山、台州、丽水等城市协同发展。努力抓好重大平台、重大项目建设，谋划建设之江文化产业带和大运河文化带，以杭州为核心引擎，宁波、温州、金华为三个增长极，浙中北、浙东和浙西南为三个特色板块，形成特色鲜明、错位竞争、协同推进的区域文化产业发展新格局。建设文化产业综合服务平台。指导推动浙江国家级文化产业示范园区创建工作，开展省级文化产业实验区建设，构建文化产业园区评价指标体系。扩大和引导文化消费，做好宁波国家试点经验总结和杭州试点申报工作。引导推动成立文化产业联盟。推动若干文化与科技协作重大项目落地，加强文化科技重点实验室培育建设。

第二节　推动文化与相关产业深度融合

文化加快融入国民经济各行业各领域，在全省建成一批综合实力和示范带动力强的文化产业重点县（市、区），推动文化产业跨界发展，秉持“文化+”理念，形成全方位、深层次的发展格局，文化与旅游、创意、科技、金融、体育等业态融合日臻完善，对经济转型发展带动作用明显，成为浙江地方经济转型升级的新引擎。比如旅游业本身不是文化产业，但是文化产业已经进入旅游产业链，甚至有些进入核心层，处处体现着跨产业深度融合的趋势。坚持正确导向，把社会效益放在首位，实现社会效益和经济效益相统一；坚持内容为先，以内容优势赢得产业发展优势；坚持融合创新，树立“文化+”理念，推进全行业文创化；坚持开放发展，统筹国际、国内两个市场，不断推动中华优秀文化走向世界。

《浙江省文化产业发展“十三五”规划》提出，将浙江建设为全国文化内容生产先导区、文化产业融合发展示范区和文化产业新兴业态引领区的目标。所谓建设全国文化内容生产先导区，就是大力倡导文化创新，积极打造文化精品，力争影视剧生产、舞台表演、音乐制作、书报刊出版和数字内容等内容产业保持国内领先水平，提升文化产业发展的核心竞争力。所谓建设全国文化产业融合发展示范区，就是充分发挥文化产业在促进经济结构调整和发展方式转变等方面的重要作用，加快建设文化产业园区、文化创意街区等融合发展新平台，推动文化产业与相关产业的深度融合，树立具有鲜明浙江特色的全国文化产业融合发展示范样板。所谓建设全国文化产业新兴业态引领区，就是以改革创新和科技进步为动力，推动文化产业技术进步、效率提升和模式变革，促进文化产业领域大众创业、万众创新，打造文化产业转型动力强劲、文化创新氛围浓郁、文化市场主体富有活力的省份。浙江还提出重点实施影视演艺产业发展计划、数字内容产业打造计划、文化创意设计提升计划、文化新兴业态促进计划、工艺美术产业升级计划、文化制造业转型计划、文化旅游融合发展计划、文化体育产业推进计划。

一 “文化+科技”

科技是文化产业发展的重要引擎，高新技术对文化产业的发展具有巨大的推动作用。只有融合现代科技，充分借助科技力量的推动，文化产业发展才能不断转型升级。全面加快文化与科技融合发展创新体系建设，是推动文化产业转型升级的关键因素。近年来，浙江各地积极运用数字技术、网络技术，搭建文化技术创新平台。东阳市依托横店影视城，建立了国家级文化和科技融合示范基地。滨江区重视运用高新技术和动漫游戏产业深度融合，支持开展数字高清技术和三维动画电影技术的研发推广活动，推进动漫游戏衍生产品开发，培育新的增长点。

产业融合的前提是，必须要明确两个产业的独立地位，才能实现真正融合。“文化+科技”，于产业融合而言，可以理解为文化产业与科技服务业的双向融合，互为元素。但“文化+科技”不是硬生生地让科技企业做文化，更不是强迫传统文化企业使用科技。对于科技企业而言，文化是内容；对文化企业而言，科技是形式。一些传统的文化企业依旧墨守“内容为王”

的信条，认为一切浮夸的形式都是多余的，消费者应当消费的是内容而不是形式。而一些科技企业考虑到机会成本的高昂，或者科技和文化政策福利的差异，并没有强烈的意愿要去做内容。如 2016 年 G20 文艺晚会，堪比 2008 年北京奥运会开幕式的文娱演出，集合了最先进的声光电技术，是中国演艺科技水平在全世界面前的一次集中展示。可以说，G20 文艺晚会满足了我们对“文化 + 科技”的想象。

文化与科技融合是一种技术进步对文化经济运行方式的作用机制，实现文化与科技的有机融合，将有利于新的文化产业的形成和新的经济增长点的产生。另外，在看到新技术推动文化产业发展新旧动能转换的同时，也要警惕技术对文化产业的异化和负面影响。比如，数字技术在催生文化产业新业态的同时也可能带来负面效应，比如过度娱乐化等。

二　“文化 + 互联网”

浙江省委、省政府发布的《关于加快把文化产业打造成为万亿级产业的意见》指出：“发挥国家信息经济示范区优势，依托杭州国家数字出版产业基地、乌镇互联网经济创新发展综合试验区、浙江（金华）数字创意产业试验区，以业态创新、产品创新和内容创新为重点，加快发展网络文学、网络影视、动漫游戏、数字音乐、数字电视、数字教育等数字内容产业。依托先进数字技术，建设数字文化资源平台，加快出版发行、影视、影像、演艺娱乐、艺术品、文化会展等行业数字化进程，加强文化资源的数字化采集、保存和应用，提高行业的文化品位和市场价值。注重挖掘优秀文化资源，创作优质、多样、个性化的数字内容产品。建成全省数字出版内容发布投送平台和出版资源数据库。构建数字文化产业集聚发展平台，创建国家级文化产业示范园区，打造全国数字文化产业新高地。”①

2017 年 1 月，浙江“文化 + 互联网”产业推进工程启动仪式暨文化产业促进会年会在杭州举行，浙江把发展“文化 + 互联网”产业作为下一阶

① 《中共浙江省委浙江省人民政府关于加快把文化产业打造成为万亿级产业的意见》，《经济日报》2017 年 10 月 23 日。

段文化产业发展的重点内容。浙江也是全国互联网强省，世界互联网大会永久落户乌镇，全国首个国家信息经济示范区落地浙江，为“文化＋互联网”产业创造了极好的发展条件。“中国作协网络文学研究院”落户浙江。浙江活跃的网络文学作家现有1000多人，研究网络文学的“浙江现象”已成为全国性命题。浙江出版联合集团等9家企业在启动仪式现场展示了其“文化＋互联网”的探索与布局，呈现了文化产业与互联网深度融合之后，在教育、泛娱乐生态、网络内容定制开发、数据服务应用、社交直播平台、短视频内容等多个领域不断创新的多样可能，为浙江“文化＋互联网”新一轮发展提供了思路。

加快培育新兴文化产业是推进文化产业转型升级的重要内容，省委、省政府顺时应势，着力培育适应“互联网＋文化产业”融合发展趋势、具有产业链整合和辐射带动作用的骨干文化企业。树立“互联网＋”理念，积极推广应用数字技术、网络技术，实施“文化＋互联网”产业推进工程，打造基于互联网的文化产业发展生态。支持浙江在线、新蓝网等主流网络媒体开拓新业务新渠道，支持基于移动互联网，以阅读、信息、社交等服务为主要内容的热门软件应用。推进全省有线电视网络双向化、智能化升级改造，加快建成下一代广播电视网。推动数字广播电视传输技术研发，加强地面无线广播电视与互联网的融合创新，打造移动、交互、便捷的地面无线广播电视新业态。适应智能互动、虚拟现实等发展趋势，加强内容和技术装备协同创新，推进文化信息生产、传输、接收等技术和装备更新换代。推动媒体融合技术创新，支持浙报集团“媒体云”和浙江广电“中国蓝云”建设。进一步支持杭州、宁波、横店三个国家级文化和科技融合示范基地建设，加快培育一批高新技术文化企业。做强全省文化产业大数据平台，推动文化产业大数据资源开放共享。

数字技术是人类历史上正在进行着的最重要的技术创新之一，也是当代社会发展的新动能，必将推动文化产业不断产生新业态、构建新体系。“数字技术对应的文化产品是互联网等庞大的新业态，构成了当代意义上的文化产业。”① 数字技术对文化产业的影响是根本性的，突出表现在数字技术使

① 张杰：《文化产业为高质量发展注入新动力》，《中国社会科学报》2018年4月25日。

得相关文化产业突破时间、空间、形态限制，创造出难以想象的巨大的领域。数字文化产业是当代文化产业新的增长点，是当下重要的文化业态。强大的科技创新能力是文化自信的一个重要方面。在数字赋能时代，文化产业要以“互联网+”为切入口，加速传统文化产业转型升级，积极拥抱移动互联网、大数据、物联网、人工智能等新技术，实现“文化+互联网”全面融合发展。

三　“文化+旅游”

近年来，浙江各地充分利用博物馆、艺术馆、美术馆、农村文化礼堂等公共文化场所和文化创意园区（街区）、古城、古镇、古村落等文化旅游资源，培育壮大文化旅游经营主体，引导有实力的大企业、大集团参与文化旅游示范区和非物质文化遗产等旅游景点景区的建设运营，推动文化与旅游的深度融合。《关于加快把文化产业打造成为万亿级产业的意见》指出：“大力发展文化旅游，创建非物质文化遗产旅游经典景区和自然博物馆、美术馆、艺术馆等文化与旅游融合发展示范区；提升特色小镇、旅游风情小镇等的文化内涵，打造一批在全国具有较强影响力的文化旅游项目和文化旅游品牌路线。推进文化演艺与旅游深度融合，推动各地打造一批特色精品演艺节目。充分利用历史地域文化资源，规划设计一批名人故里、非物质文化遗产、民俗节庆、特色展览、文化休闲广场和文化创意街区等旅游产品和载体。大力开发独具地方特色的工艺品和老字号产品、文化旅游纪念品等创意商品，通过产品创新和营销创新，促进文化旅游消费。推进嘉兴南湖红色文化、绍兴古城文化等一批文旅项目建设。支持丽水、衢州等地发挥文化旅游优势，建设美丽大花园。”①

2018年，在浙江省大花园建设动员部署会上，省长袁家军重点提出了打造“四条诗路”——浙东唐诗之路、钱塘江诗词之路、瓯江山水诗之路以及大运河（浙江段）文化带，让诗路不仅兴盛在纸笔间，更兴旺在实景

① 《中共浙江省委浙江省人民政府关于加快把文化产业打造成为万亿级产业的意见》，《经济日报》2017年10月23日。

中，全力打造现代版的“富春山居图”，打响“诗画浙江”金名片。根据全省大花园决策部署，浙江未来将致力于打造具有国际影响力的旅游目的地，加强生态环境、历史遗存、非物质文化保护，大力推进重点景区和重要基础设施建设，以文化带建设推动沿线地区经济、社会、文化、生态的全面发展，把“四条诗路”打造成全省大花园建设的一号工程，坚持综合保护与科学开发相结合，坚持山水布景与文化传承相结合，坚持统筹谋划与培育特色相结合，坚持业态升级与民生改善相结合。

“文化+旅游”让未来旅游有了更多选择，也成为传统文化保护的重要方式。比如说我们现在在做大运河文化带，那它应该会成为一个旅游的项目，同时也会成为一个文化产业项目，也是文化保护的一个项目。那么在文化旅游融合的过程中，传统文化的挖掘，比如说传统的建筑艺术、艺术家和商人的故事等，通过商人文化来挖掘传统文化的各个方面，就可能会成为一个不错的表达方式。文化和旅游部会让更多的景区在产品创新上下功夫，而不是在景区门票或者着眼于对自然资源的垄断上。西湖模式的成功就是依托于产品创新，西湖景区是免费的，但它重视文化产品的开发。以后像西湖模式这样依靠产品创新的景区更多，这样的盈利模式也更科学。比如，嘉善县充分挖掘本土文化特色，形成了“一镇一节、一镇多节”的节庆文化特色。2016年，嘉善西塘古镇成功创建国家AAAAA景区，云澜湾温泉小镇成功创建国家AAAA景区，接待国内外游客1338.58万人次，实现国内外旅游总收入150.33亿元。再如，安吉围绕“茶旅融合”产业，将生态旅游项目和茶园风光、茶文化底蕴相结合，以特色茶园为点，旅游线路为线，串联起百公里十万亩茶园，推进安吉白茶产业链融合发展示范区建设，在全域旅游打造中突出茶文化内涵。2017年，安吉茶园种植面积17万亩，产量1860吨，产值24.74亿元，安吉白茶已经成为安吉县的支柱产业。长久以来，安吉广大茶企坚持种好茶、做好茶、卖好茶，这也始终摆脱不了“靠天吃饭”的命运，于是走茶旅融合的路子成了不少当地人的共识。眼下的安吉，以茶兴旅、以旅促茶、品牌叠加、协同发展，塑造出了生机勃勃的产业新景观。按照全域旅游发展理念，以茶产业分布为基础，合理规划茶主题旅游休闲功能区，旅游过程有了茶文化基因注入，游客身在安吉就能体验自然与人文完美结合的“茶之旅”。

四　“文化 + 体育”

《关于加快把文化产业打造成为万亿级产业的意见》指出：“推动文化与体育产业深度融合，提升体育产业的文化内涵。支持体育传媒、体育影视、体育动漫、体育表演、运动休闲、品牌赛事、体育培训、智力体育、电子竞技等体育服务业发展。加强对品牌体育赛事文化内涵的深度挖掘，培育一批知名度高、竞争力强的运动品牌。促进体育衍生品创意和设计开发，打造文化体育产业集群。引导建设一批文化体育、智能体育产业园和集聚区，争创一批国家级运动休闲特色小镇。”① 在体育项目、体育赛事中加大传统文化要素。

比如，“余杭滚灯”，是融健身、舞蹈、曲艺于一体，集力量与审美于一身的优秀民族民间文化。2006 年 5 月，经国务院批准，余杭滚灯被列入第一批国家级非物质文化遗产名录。2008 年 8 月 8 日北京奥运会开幕式上，余杭滚灯作为浙江唯一进京节目参加了表演，70 多名滚灯队员在开幕式上向全世界展示了这项中华民间文化运动的瑰宝。浙江发达的经济与民间强劲的消费能力为休闲体育市场提供了良好的外部环境，市民传统的生活方式和群体气质对当代浙江文化体育的发展具有不可忽视的内生效应。

五　“文化 + 会展”

浙江各地通过发掘和融合文化内涵，结合丰富和完善城市服务功能，积极培育会展业，带动旅游、酒店、餐饮、物流、广告等现代服务业发展。西湖区依托省会城市中心城区的地缘优势，近年来举办了杭州文化创意产业博览会、中国影视艺术创新峰会等多项专业品牌活动。位于滨江区的白马湖国际会展中心，是白马湖生态创意城建设的重要组成部分。余杭区依托良渚博物馆以及周边配套的高星级酒店设施，打造以文化艺术为主题、文化展览功

---

① 《中共浙江省委浙江省人民政府关于加快把文化产业打造成为万亿级产业的意见》，《经济日报》2017 年 10 月 23 日。

能相配套的文化会展板块。中国（义乌）文化产品交易会、杭州西湖国际博览会、中国国际动漫节（主办地在滨江区）等大型综合性文化会展平台，已经成为推动全省文化产业“走出去”的重要载体和平台。

中国义乌文化产品交易博览会创办于2006年，2008年被评为“中国最具影响力的文化行业品牌展会”，2010年升格为由文化和旅游部、浙江省人民政府主办，浙江省文化厅和义乌市人民政府承办的文化产品领域国家级展会。经过多年的发展，义乌文博会成功搭建起了文化产品交易（出口）、文化产业展示、文化信息交流、文化项目合作的重要平台，被列入文化部“十二五”期间重点扶持的品牌展会之一。自第9届起，义乌文博会新增中国国际贸易促进委员会为主办单位，并正式更名为中国（义乌）文化产品交易会（简称“中国文交会”）。更名后，展会将更加注重经贸性和实效性，坚持“市场化、专业化、国际化”的办展思路，以文化产品交易为核心，以国际水准为目标，在原有展会基础上“出新意、出亮点、有特色”，努力把中国文交会打造成为中国文化产品交易的重要平台、中外文化交流的重要窗口、中国文化产业国际贸易的“风向标”、促进文化产品结构调整和创新的重要载体，促进文化产业发展和中华文化“走出去”。第13届中国（义乌）文化产品交易会于2018年4月30日在义乌国际博览中心落下帷幕。设置了标准展位3376个，共1325家企业参展，展览面积6万平方米，展示了来自俄罗斯、法国、澳大利亚、瑞士、意大利、乌克兰、匈牙利、南非、拉脱维亚、保加利亚等45个国家和地区的文化产品及作品参展。吸引了104268人次的境外采购商及观众、50个贸易团队参会。现场达成采购与合作意向2700余个，实现洽谈交易额53.21亿元。新品发布会上17家企业现场展示了新产品、新科技，现场意向成交额达3000万元。如长春展区四天时间里，实现现场订单87个2610万元，意向订单158个2.2亿元。突出“文化+”、产业融合、交易和消费、市场化办展等特色，紧扣“新业态、新技术、新产品、新概念、新工艺、新设计”六新概念，展会形式、内容、功能不断优化，取得了预期成效。

再如，西湖国际博览会，创办于1929年6月。此后停办70年。1999年6月重新开办。2017年10—11月，以“休闲——让生活更美好”为主题的第三届世界休闲博览会在杭州召开。场馆设在G20杭州峰会的主会场——

杭州国际博览中心，而杭州及各分会场将作为休闲案例示范体验主园区。

中国国际动漫节自2005年以来每年春天固定在杭州举行，它以“动漫的盛会、人民的节日”为宗旨，以“专业化、国际化、产业化、品牌化、市场化”为目标，以“国际动漫，拥抱世界”为主题，内容包括会展、论坛、商务、赛事、活动五大板块等50多个品牌项目。中国国际动漫节已经连续举行十多年，有效汇聚了全国动漫产业的信息流、资金流、人才流，正在成为推动民族动漫产业发展的重要平台；有效搭建了中外动漫文化交流的平台，正在成为推动中国动漫走出去的重要桥梁；有效激发了海内外动漫爱好者的创意和热情，正在成为人民群众尤其是青少年喜爱的重要节日。中国国际动漫节是杭州目前唯一一个国家级的节庆会展品牌，也是浙江的一张文化金名片。

第三节　推进文化创意产业发展

文化创意产业以其科技含量高、资源消耗低、环境污染少、发展潜力大的特点，具有优结构、扩消费、增就业、促转型、可持续的独特优势，是典型的低碳、绿色经济。文化创意产业可以说是“生活品质”的代名词，所以瞄准文创产业的前沿趋势，推动新业态发展，将帮助中国实现“弯道超车”，让中国文化产业真正成为国际产业的新势力。大力发展文化产业，不仅能够更充分满足人民群众日益增长的精神文化需求，而且能够寻找到经济发展的新途径和新空间，是加快转变经济发展方式的重要途径和突破口。对提高人民群众经济生活品质、文化生活品质、社会生活品质、环境生活品质，都具有不可替代的作用。

一　“文创会”为创意者赋能

文化创意，用创意和创新广泛参与城市改建、制造业升级、产业融合、人民幸福感提升等全领域。文化产业的壮大、文化“走出去”、文化消费等现实问题，都与如何理解文化在国计民生中的角色息息相关。

2017年杭州文博会的开幕论坛“文化消费新趋势”盛大召开。“文化消费”成为这一届杭州文博会的关键词，高峰论坛从“新文化消费的流量阵地之争”这一文化消费的核心话题切入，由头头是道基金发起的大头 CEO Club 的与会嘉宾们着重讨论了在线直播、网红、IP、现场娱乐、线下渠道等流量入口在面对全新的文化消费产品形态时如何被打碎、重构和联动。

随着经济实力的不断增强和文化产业的蓬勃发展，中国已经拥有了相对强大的文化产品生产能力和产业经营能力。中国生产的优秀影视作品、游戏产品、互联网应用等已进入世界市场，在一些地区更拥有了强大的竞争力，具备与世界上先进的文化产业强国平等对话的条件。“我们对改革开放40 多年来波澜壮阔的生产生活实践，对自己的历史传承、精神特质，应拥有充分的自信和强烈的自豪感，在这个基础上，才有望不断推出反映中国面貌的优秀文化产品。”

二 文化创意产业的范例

（一）杭州文化创意产业发展规模

经过多年发展，浙江已成为全国文化创意产业发展最快的省份之一，初步形成了信息软件、动漫游戏、工业设计、广告、现代传媒、艺术品创作和交易等优势产业。文化创意产业已经成为浙江经济发展的新动力，其作用日益显现。杭州坚持对文化创意产业的内涵和外延只做“加法”不做“减法”，明确重点发展信息服务业、动漫游戏业、设计服务业、现代传媒业、艺术品业、教育培训业、文化休闲旅游业、文化会展业等八大门类文化创意产业。2017 年，杭州文化创意产业实现增加值 3041 亿元，同比增长 19%，占 GDP 比重为 24. 2%。文化创意产业已经成为区域经济发展的重要组成部分。截至 2018 年 1 月，杭州已经拥有国家级文化产业园区 10 家，[①] 市级文创产业园 24 家，这 24 家市级文创产业园区聚集了 5770 家企业。

① 10 家国家级文化产业园分别为：西湖创意谷、之江文化创意园、西湖数字娱乐产业园、运河天地富臣天街创意园、杭州创新创业新天地、良渚创意产业园、西溪文化创意园、湘湖文化创意产业园、下沙大学科技园、白马湖生态创意城。

（二）杭州文化创意产业支持体系

浙江文化产业向创意产业提升发展最早最好的地区是杭州。2005 年《杭州市大文化产业发展规划（2005—2010 年）》提出要使“创意产业”成为“杭州文化的支柱产业”；2007 年杭州市委、市政府提出打造全国文化创意产业中心的战略目标；2008 年又提出构建“3 + 1”现代产业体系和实施“软实力”提升战略，进一步确立文化创意产业的战略地位；2009 年编制《杭州市文化创意产业发展规划（2009—2015 年）》，2012 年编制《杭州市“十二五”文化创意产业发展规划》。2016 年编制《杭州市文化创意产业发展“十三五”规划》，提出了文化创意产业发展目标和实施步骤，提出到 2020 年建成具有国际影响力的全国文化创意中心，把“全国文化创意中心”和全国数字内容产业中心作为战略目标。2010 年国务院批准的《长江三角洲地区区域规划》将杭州确定为全国文化创意中心。经过近十年发展，杭州的文化创意产业较过去的文化产业大大提升了发展层次，极大地扩展了发展规模，成为最大的支柱性产业之一。在人才政策方面，杭州主要依托中国美术学院、浙江音乐学院等高校和杭州文化创意产业研究中心专业机构培养文化创意人才，不仅鼓励本土优秀的文化创意产业人才到国外深造，也积极引进国内外文化名人。杭州文化创意产业的发展也促进了三次产业的转型，使杭州成为浙江经济升级最快的城市。

杭州文化创意产业在浙江处于领先地位，且产业门类比较齐全，优势明显，和浙江其他地市文化创意产业的发展差距较大。因此杭州文化创意产业的发展应放眼于全国。杭州目前重点发展的八大文化创意产业还未形成全国领先的细分行业，与北京、上海、深圳等城市相比，国际化程度也比较低，因此，在下一阶段，杭州文化创意产业的发展重点就是要培育全国具有核心竞争力和排名靠前的文化创意产业细分行业，提高产业的国际化程度。

（三）余杭区的文创产业实践

以余杭区为例，余杭具有发展文化产业的资源优势和扎实基础。深厚的历史文化积淀、丰富的民间传统工艺等构筑文化创意的资源沃土；梦想小镇的数字创意、艺尚小镇的时尚产业、梦栖小镇的设计服务等带来新兴文创产业的层出不穷；余杭文创产业公共服务平台吸引了诸多国际设计师人才和米菲、史努比等众多国际知名 IP 品牌，构成文创产业可持续发展的广阔空间。2017 年，余杭文创产业实现增加值 876.99 亿元，产业增加值连续 6 年领跑全市各区县，并入选浙江文化产业重点区。文化创意产业已成为余杭未来综合竞争力的重要元素。

在加快构建具有余杭特色的文创产业体系的进程中，余杭名人文化与良渚文化、运河文化、径山禅茶文化等一样，具有先天的资源禀赋优势。余杭名人文化可以为影视、文旅、文博、书画、设计等余杭、杭州以至浙江优先发展的优势文创产业，凝神铸魂、强筋健骨，发挥先进文化的引领作用；启智开物，以其优质元素、素材、内容等丰富文创产业的内容和形式。例如以杰出人物、重大事件、突出事迹为核心的文创品牌打造，以名人曲折人生、辉煌业绩为题材的影视剧创作，以著名文学作品为底本的剧目改编，以书画艺术品文物为元素的文博衍生产品、旅游纪念品开发等，均可为打造具有区域特色的文创平台、建设龙头文创企业、培育特色文创品牌，奉献来自地域历史和先贤智慧的结晶，促进余杭文创产业和经济又好又快发展。

近年来，余杭在政府提供平台的前提下，努力将本地的历史文化资源既“保护好”又“活起来”。以文化创意为抓手，构筑文化创意产业新体系，提升历史名人的含金量，推动历史名人资源转化为文化发展的现实优势。在尊重历史尊重传统的前提下，对名人资源进行适当的艺术创造。可借鉴各地博物馆的文创经营模式，探索适合自身发展的产业路线。近年来，博物馆文创全面利用微信、微博、直播平台以及 APP 等新媒体，获得了新的打开方式。越来越多曾经形象严肃的博物馆开始走“软萌”路线，以青春、活泼、亲民的方式进入公众视野。借助文创产品，藏品文化可以被人们“带回家”，实现藏品走出去的社会、经济双重效益。博物馆“卖萌”文创，以博物馆所在地的特色文化或当地文化为设计元素，色彩艳丽，体格小巧，设计感很强，受到国外朋友的普遍欢迎。以“故宫文创”为代表的博物馆文创取得了巨大成功，有许多思路方法可以借鉴。如故宫文创有专门的研发团队，每个月都会有几十甚至上百种文创产品走向市场，优胜劣汰。

三　加强文化创意产业知识产权创新与保护

文化创意产业在中国的起步较晚，发展较快，但是问题依然存在。有关文化创意产业知识产权创新激励与保护的政策法规还不完善。浙江各级政府，尤其是杭州、宁波等城市已经出台了有关发展文化创意产业的政策法规。然而，这些政策大多是着力于扶持产业发展的财政、税收、融资等方面，而涉及文化创意产业知识产权创新激励和保护方面的政策法规相对缺失，目前只有杭州于2009年出台了《杭州市服务外包知识产权保护若干规定》。另外，文化创意产业知识产权创新与保护意识不强，被侵权现象严重。知识产权创新是文化创意产业的灵魂，知识产权保护是文化创意产业产生和存在的基础。浙江文化创意产业在规模扩张、快速发展的同时，也存在着文化创意企业对知识产权创新和保护的意义认识不足问题。同时，客观上由于文化创意产业产品创造成本高、投入大，但复制容易，复制成本很低，在复制和网络传播技术飞速发展的今天，这一特性使得文化创意产业成为易受到侵权伤害的产业，如果不重视知识产权保护，创意主体的合法权益就得不到保护，没有收益，创意主体也就不会有创意动力，没有创意，也就不会有文化创意产业。因此，应加强文化创意产业知识产权保护，加强文化创意产业领域立法，完善知识产权纠纷解决机制，加强文化创意产权保护意识，等等。①

（一）逐步推进和完善知识产权地方立法

浙江文化创意产业以动漫网游、电子商务、服装设计、软件、影视制作等行业为龙头，且具有较强的竞争力。文化创意产业立法的相对滞后，与文化创意产业迅猛发展之间的矛盾逐渐凸显。文化领域中一些新兴的行业和领域的立法保护出现缺失和“空窗期”，比如数字文化产业、动漫和网游，常常出现无法可依的困境。因此，应以现有知识产权法律制度为基础，结合中国的国家科技创新战略及产业发展规划，根据浙江文化创意产业的特性，推

① 邵培樟：《浙江文化创意产业知识产权创新与保护机制研究》，《特区经济》2010年第8期。

动促进浙江文化创意产业知识产权创新与保护的地方立法，确定若干需要重点保护的行业，如出版业、动漫网游、电子商务、服装设计、工业设计、软件及影视制作等，并且有针对性地确定该行业的知识产权保护重点和制定相应的保护制度，逐步健全完善文化创意产业法律，运用法律手段为文化创意产业的发展保驾护航，充分发挥知识产权司法保护作用，强化知识产权刑事保护，综合运用法律手段和学术监督机制，保护原创成果，尊重知识产权，加大对抄袭者的惩治力度，提高违法成本，净化文创生态。

（二）加强文化创意产权保护意识

自主创新是知识产权的源泉，文化创意产业（企业）应认识到知识产权的创造与保护对于文化创意产业、企业的重要性，进而强化知识产权创造与保护观念与意识。个别文艺工作者法律意识淡薄，在市场经济大潮中迷失方向，再加上出版方把关不严等因素，导致抄袭之作流入市场，使得个别抄袭者短时间内名利双收。有的抄袭者被指出之后还各种狡辩推脱，道德谴责对其根本不起作用，还有一些不明就里的公众在为抄袭者辩护，对抄袭行为听之任之，民间甚至还有“天下文章一大抄”的扭曲价值观。如果我们继续纵容放任这种行为，市场上将充斥抄袭拼凑模仿之作，势必造成对文创生态的整体破坏。

（三）树立品牌意识，提升产品的整体竞争力

品牌对于浙江文化创意产业的发展与参与全球化市场竞争有着重要意义。浙江文化创意产业已有一批文创企业品牌在逐步打响，例如中国国际动漫节已首次成功输出品牌，“酷卖街·动漫集市”与中国轻纺创意产业博览会深度合作，成为中国国际动漫节品牌输出的首个成功案例；西泠印社集团有限公司、浙江中南卡通影视有限公司等5家单位被文化部授予第3批“国家文化产业示范基地”称号，华数数字电视有限公司、西泠印社集团有限公司被评为2008年全国文化体制改革先进企业，中南卡通、华策影视等被评为“国家文化产业出口重点企业”。为了更好地提升浙江文化创意产业的整体竞争力，还应树立品牌意识、着力培育更多的自主品牌。

（四）完善知识产权纠纷解决机制

文化创意产业的知识产权纠纷解决机制主要由诉讼、仲裁、和解、调解和行政解决等五种纠纷解决方式组成。一方面，我们必须去寻求真正适合这些纠纷特点的多元化的纠纷解决机制，尤其是要重视诉讼外的纠纷解决方式，并且要将诉讼外的纠纷解决方式逐步纳入法治化的轨道，形成与民事诉讼制度相衔接的多元化纠纷解决机制，以真正发挥各种纠纷解决方式各自的优势；另一方面，应“尽快形成一套以科技为载体的纠纷解决机制——在线纠纷解决机制，诸如通过在线仲裁、在线调解等方式解决科技创新体系中的法律纠纷，以实现纠纷解决机制运作模式的更新和快速、公正、经济地解决文化创意产业的知识产权纠纷，从而最终促进浙江文化创意产业知识产权创新与保护”①。

第四节　培育和发展文化中介服务组织

党的十九大报告指出：“健全现代文化产业体系和市场体系，创新生产经营机制，完善文化经济政策，培育新型文化业态。”② 文化中介组织作为文化市场体系的重要主体，在推动文化产业发展中发挥着独特作用。文化中介组织是完善文化产业链条、保证文化产业高效有序运转的重要支持系统，是链接文化产品生产、流通和消费的重要纽带，是文化产业发展的必要条件。文化中介组织的发展水平在一定程度上是衡量文化市场繁荣程度和文化产业发达程度的重要标尺。

一　文化中介组织与现代文化产业体系

自20世纪90年代以来，文化产业在各发达国家的地位日益重要，很多国家意识到了文化产业的重要作用。自2000年以来，中国越来越重视文化

① 邵培樟：《浙江文化创意产业知识产权创新与保护机制研究》，《特区经济》2010年第8期。

② 习近平：《决胜全面建成小康社会　夺取新时代中国特色社会主义伟大胜利》，《人民日报》2017年10月19日。

产业的发展。比如党的十六大、十七大都明确强调“发展文化产业是市场经济条件下繁荣社会主义文化、满足人民群众精神文化需求的重要途径”；到2006年，就有24个省将文化产业写进了发展规划。2017年10月，浙江省委、省政府发布了《关于加快把文化产业打造成为万亿级产业的意见》，提出“培育演艺中介机构，健全演出市场网络体系”；2018年浙江省政府工作报告又提出“推进文化产业提质增效”，“加快新兴文化业态发展”。

近年来，浙江各级人民政府越来越多地认识到文化产业与文化消费的重要性，部分地区也出台过一些文化产业相关政策措施对当地文化产业发展加以支持，在推动和刺激文化消费方面取得了一定的成绩。但是从总体情况来看，浙江各地的文化消费占比依然远远落后于其他消费占比，与人均GDP为8.32万元的高收入水平不相匹配。其中一个重要原因，就在于现代文化市场体系还不完善。

文化产业是一个非常庞大的系统，而文化中介是发展现代文化产业不可或缺的重要支持系统。“在文化市场中，文化企业不必也不可能承担文化产品创作、生产、流通、消费等全部环节的活动，而是需要专业化水平较高的各类文化咨询服务机构提供选题、策划、组织、联络等各种中介服务。要实现文化创作与文化产品生产的有效沟通和对接，也需要专业化水平较高的中介组织及经纪人、代理人提供设计、包装、推广等服务。可见，文化产品的创作、生产、流通、消费等各环节乃至对文化产品经济效益和社会效益的评估，都需要专业化水平较高的文化中介组织。存在大量高水平的文化中介组织，是文化产业繁荣发展的必要条件之一。”①

文化中介组织有助于提升文化市场效率。合理配置文化资源是文化产业发展的重要基础。这种中介组织的经营与服务为文化资源的高效合理配置提供了有效途径。这种中介组织既要承接政府转出的一些文化服务职能，又要适应文化企业和文化市场的需要提供相应服务，正在成为政府、文化企事业单位、消费者和市场之间的桥梁和纽带。在文化中介组织推动下，文化策划市场、文化人才市场、文化节目市场等逐渐发展壮大，使这种中介组织成为文化产业发展的强大推动力。从某种意义上说，文化中介组织发展水平是衡

① 刘金祥：《着力培育文化中介组织》，《人民日报》2018年5月25日。

量文化市场繁荣程度和文化产业发达程度的一个重要标尺，它们的良性发展是完善现代文化产业体系的重要支持系统。

二　文化中介组织机构发展现状

近年来，浙江文化中介组织已经取得长足发展，但是仍然存在“小而散”等诸多方面的问题，文化中介组织的发展与浙江文化产业发展的总体水平还不相适应，与新时代建设文化浙江的总目标还不相适应。总体来看，浙江文化中介组织机构发展主要存在以下几方面的问题。

（一）体量小，知名度不高

大多数中介机构还处于低水平竞争阶段，对浙江文化产业的繁荣支持力度还不显著，像西泠印社这样的知名机构还非常少。浙江作为艺术市场大省，艺术品市场发展迅速，交易量逐年增长，不断形成具有典型江南地域特色的市场发展特点，为浙江文化强省建设做出了重要贡献。在艺术品市场，浙江艺术品拍卖行业在全国居于较为领先地位，呈现稳中有升的发展态势。根据中国拍卖协会的统计，浙江现在共有具拍卖资质企业约为 350 家，其中能够从事文物艺术品拍卖的只有 39 家，又以西泠拍卖、浙商拍卖、浩瀚拍卖、三江拍卖等为典型代表。西泠拍卖不仅延续传统拍卖业务，更是通过推出十多个“中国首届”创新专场，引领市场发展，其“西泠印社部分社员作品专场”已经具有了品牌专场效应，这充分表明拍卖企业在重要专场的学术策划能力和市场运作能力上逐年提升，并形成自有品牌，被誉为“江南第一拍”。就演艺经纪行业来说，浙江与上海、北京这样的城市相比较差距还非常大。据不完全统计，目前涉及文化产业的中介公司全省有万余家，并且还在飞快增长。而绝大部分中介组织的注册资本额度比较低，很多在 100 万元以下。因此，整体水平还不是非常高。

（二）中介平台规模小、辐射力不强

在文化消费意愿和能力上，传统习俗及消费习惯在农村地区的影响较大，导致部分地区文化消费意愿不高，精神文化发展水平与经济发展水平

不相适应。根据省统计局的浙江城乡居民消费状况统计，比如2016年，城镇居民用于文化娱乐消费人均1636元，占其总消费支出的5.4%；农村居民仅为441元，仅占其总消费支出的2.5%。城乡居民文化消费整体水平不高。同时，与文化娱乐消费支出形成鲜明对比的是教育支出，2016年，城镇居民用于教育支出人均1816元，占其总消费支出的6%，与文化娱乐消费支出基本持平；而农村居民用于教育支出人均1170元，占其总消费支出的6.7%，接近其文化娱乐消费支出的三倍。[①] 由此表明，浙江文化娱乐消费的意愿和能力不强、动力不足。因此浙江很多特色文化艺术品还处在自产自销的层面，东阳红木家具、开化根雕及浙籍书画等缺乏充分的中介市场运作，文化产品市场化程度较低，影响力有限、市场认可度不高。

（三）区域发展不均衡

文化中介组织主要集中在杭州、宁波两地，其他地市的数量相对较少。以演艺经纪机构为例，截至2018年初，全省登记在册的演出经纪机构一共有479家，其中有一半以上分布在杭州市。而在画廊行业，据不完全统计，浙江现有大小规模画廊近400家，浙江高端画廊主要集中在经济基础良好、文化底蕴深厚的杭州。据杭州市文广新局统计，截至2016年底，杭州共有画廊机构120余家。可见，地域分布严重不均。

（四）专业人才紧缺

经营者的能力和员工的专业素养是文化中介服务组织能否存活和发展的重要影响因素。“文化中介组织的服务人员不同于其他中介，需要从业人员对文化产品的价值有比较专业的判断”[②]，还需要熟悉其他一系列技能。目前从事文化中介服务的人才在数量上有较大的缺口，而文化中介从业人员资质认定体系尚不完善，导致很多从业人员根本没有从业资格，专业性更无从谈起。高学历、专业化的高素质复合型人才更是极其缺乏。

另外，还有一些文化中介机构的角色实际上是由政府在扮演的。政府在

---

① 统计数据见《2017年浙江统计年鉴》。

② 张云：《江西省文化中介组织发展现状及对策研究》，硕士学位论文，江西财经大学，2017年。

文化经济活动中将某些本来应该由中介机构来完成的事情自己主动去完成，还有一些中介机构行政色彩非常浓厚。中介机构没有在市场中进行充分的淘汰，妨碍了公平竞争秩序的形成。这也是浙江文化中介机构发展不够健全的表现之一。

三　加快培育和发展文化中介组织

在中国文化市场自身体系日趋完善，国家相关法律法规和政策日趋完善的驱动下，文化中介组织的重要作用越来越被人们重视，有学者指出："培育和发展文化中介组织，需要创造良好的外部环境。一是创造公平竞争的文化市场环境。建立健全现代文化市场体系，完善文化市场准入和退出机制，使文化中介组织成为独立的市场活动主体和联结文化创作、生产、流通、消费的中间环节，在公平竞争中提高服务质量，促进文化产业和市场繁荣。二是转变发展观念。文化中介组织发育不足，既有体制政策的因素，也有思想观念的因素。应加强对文化中介组织地位、功能和特点的研究与宣传，充分发挥其在推动文化产业发展中的积极作用。"① 为进一步促进浙江现代文化市场体系的完善，针对浙江文化中介组织的发展现状，笔者就加快培育和发展浙江文化中介组织提出以下建议。

（一）支持演艺经纪机构健康有序发展，提高演艺市场资源配置能力

第一，支持演艺经纪机构健康发展。通过政府购买服务等方式，支持演艺娱乐经纪公司开发拓展业务，鼓励民营演艺经纪公司利用社会资本参与文化惠民演出，支持演艺经纪公司通过参与文化旅游融合基地、文化旅游企业、文化旅游节庆活动，畅通居民文化消费渠道。第二，探索建立标准化的运营管理模式，鼓励分账经营模式、分摊经营风险，形成一套完善的"共担投入、共享利益和协调运作"的品牌共享机制，同时为金融和社会资本进入演艺行业创造条件。

① 刘金祥：《着力培育文化中介组织》，《人民日报》2018 年 5 月 25 日。

（二）鼓励书画中介机构不断拓展

第一，重点扶持若干家书画中介机构发展，充分利用现有新华书店、文化馆、博物馆、展览馆、会展中心等场所，鼓励书画中介机构拓展门店。第二，促进省内书画名家与中介机构的交流合作，协调建立书画名家与中介机构互惠互利合作共赢机制。推进画廊诚信体系的完善，探索建立严格的惩戒制度，保证书画市场的健康有序发展。第三，支持书画中介机构延伸产业链，支持省内书画机构境外办展。第四，在中国美院的基础上，建设集美术馆、博物馆、书画交易中心、书画家村、书画培训机构以及相关书画生产创作、加工等于一体的书画产业园区，按照文化产业园区建设标准给予支持。

（三）支持有实力的文化企业完善网络拍卖平台建设

第一，依托权威学术机构、专家学者、名人等办好文化鉴赏收藏类公益讲座，打造集权威性、学术性、实用性、引导性于一体的知名文化艺术品学术平台，提高文化艺术品鉴定权威性。支持有实力的文化企业整合各个文化艺术品网络拍卖、交易平台成为统一平台，实现宣传、推介、交流、拍卖等数据资源共享，互通有无，提升网络拍卖、交易平台的辐射能力。

第二，重点扶持浙江特色文化艺术品行业如东阳红木家具、青田石雕、开化根雕、龙泉青瓷宝剑等文化中介机构。围绕浙江重点特色文化产业，优先组建东阳红木家具、开化根雕、龙泉青瓷宝剑等鉴定、评估机构。支持省内拍卖机构和省外以及香港、台湾地区等拍卖机构合作，推介拍卖浙江文化精品。

第三，鼓励并推动具备条件、实力雄厚、口碑良好的文化艺术品中介机构申请文物拍卖资质，并创造条件推动具备资质的文物中介机构提升资质等级。支持示范中介机构在广告宣传、经营产地、平台搭建、学术研究等领域的平台建设。

第四，探索制定和细化文化艺术品拍卖相关法律法规，坚决遏制文化艺术品拍卖市场“拍假”和“假拍”行为，探索建立“浙江省艺术品可追溯管理平台”，实现文化艺术品的健康有序流转，推进艺术品拍卖市场诚信体系的完善，提高拍卖成交率和有效率。

（四）推动浙江文化“走出去”

第一，提升和扩大版权代理服务功能。支持电影、电视剧、动画片、歌曲、图书报刊、网络游戏等文化产品进出口和版权输出输入中介机构发展。完善代理管理制度，鼓励民营资本成立版权代理机构，壮大版权代理队伍。第二，重视文化进出口贸易中介机构的培育和扶持。支持文化中介机构开展文化产品进出口贸易代理。加强文化市场发展的调查跟踪，挖掘文化中介市场新亮点，推动“浙江文化走出去”。

（五）重视人才的培养和引进，壮大文化人才队伍

第一，完善培训机制和交流合作机制，依托高校建立高端管理人才、产品经营运作人才和专业技术人才的共同培训机制，鼓励高校、科研院所、示范企业与地方加强合作，促进人才资源合理配置。积极发挥行业协会在咨询、监管、维权、信息沟通等方面的服务功能，强化文化中介人才的自律行为。第二，进一步加强对文化艺术经纪人才引进工作，参照高级人才引进特殊优惠政策，引进具有较强的专业技术、懂经营善策划的复合型文化经纪人才。将文化中介机构特殊人才引进纳入浙江人才引进计划。第三，简化从事文化中介活动人员出国境审批手续，给予文化中介机构人员以及合法业务活动通关优惠政策，促进浙江文化中介机构走向省外、境外拓展业务。

通过以上路径，更好地实现浙江文化中介组织健康有序发展。通过中介的桥梁纽带和杠杆撬动作用，更好地促进文化产品、文化人才与市场对接，促进文化产品和服务实现市场价值，更好地促进文化企业实现社会经济效益，吸引更多的社会资金进入文化艺术品消费领域，扩大文化产业发展的投融资规模，更好地激发大众文化消费需求，进一步推动浙江与海内外文化艺术交流与合作，推进“八大万亿产业”目标的实现以及提升浙江文化对外开放和传播水平。

第五节 扩大文化产业的市场份额

浙江省委十四届二次全会指出："现代文化市场体系进一步构建，市场在文化资源配置中的积极作用得到更好发挥，文化消费日益拓展；对外文化贸易规模进一步扩大，国际竞争力显著提升。"随着各地对文化产业的重视，纷纷制定各种政策措施提高文化产业的市场份额。在未来想要加大文化产业市场份额必须从多方面入手，全面推动文化体制改革，完善激励机制，正确引导和提升居民文化消费。

一 全面推动文化体制改革

作为文化建设起步最早的省份之一，省委、省政府高度重视科学编制文化产业发展规划。在发展文化产业上升为国家战略的大背景下，省委省政府围绕"现代化浙江支柱性产业"的目标要求，把文化体制改革纳入全面深化改革的总体布局，推动文化产业不断向规模化、集约化、专业化方向发展，新兴文化业态快速壮大，"文化软实力"加速成为"产业硬实力"。文化产业由此成为浙江国民经济发展的重要组成部分和新的增长极。

近年来，浙江省委、浙江省人民政府出台了《关于进一步加快文化产业发展的若干意见》《浙江省深化文化体制改革实施方案》《关于进一步推动我省文化产业加快发展的实施意见》《浙江省重点文化产业园区认定和管理办法》《浙江省文化出口重点企业和重点项目认定管理办法》等政策文件，编制《浙江省文化产业发展"十三五"规划（2016—2020 年）》。设立省委全面深化改革领导小组文化体制改革专项小组，全面深化文化体制改革，深入推进文化领域审批制度改革，建立集中统一的文化市场综合执法机构，设立省国有文化资产管理委员会，形成有利于文化产业发展的体制机制。2017 年 10 月，浙江省委、省政府发布的《关于加快把文化产业打造成为万亿级产业的意见》，又提出要发挥政府和有效市场的共同作用，深入推进"放管服"改革，削减和规范文化行政审批事项，加强事中、事后监管，把工作重点更多放在制定规划、出台政策、优化服务、完善保障、推动落实上来，实现由“办文化”向“管文化”转变。

截至2017年初，浙江拥有各类文化法人单位近10万家，从事文化工作的个体工商户超10万家，各类文化产业园区140多个。深入推进文化体制改革释放出巨大活力，浙江文化产业发展势头强劲，逐步形成了出版发行、广播电视、文化旅游、演艺娱乐等优势文化服务产业，以及印刷包装、工艺美术制造、文体用品制造等优势文化产品制造业，呈现社会积极参与、民间资本日益增多、企业规模不断扩大的良好趋势，文化产业增加值占全省GDP的比例、文化产业的竞争力均得到有效提升。从2012年的1581.72亿元到2016年的3200亿元左右，浙江文化及相关特色产业增加值一路走高，发展水平位居全国第一方阵。中国省市文化产业发展指数（2015）结果表明，中国各省市文化产业总体保持持续稳步增长，浙江文化发展综合指数和生产力指数居全国第四位，影响力指数居全国第三位；2016年中国省（市）文化产业发展指数显示，浙江文化产业的综合指数和生产力指数位列全国第四位，影响力指数位列全国第三位，并且具体指数较2015年有所提升。

让市场在文化资源配置过程中的积极作用得到更好发挥。就是要转变传统发展文化的方式，不再是单纯的计划发展文化，而是要将文化事业和市场所提供的文化产品有机结合起来，尤其是要将社会主义核心价值观引入文化发展机制中，注重市场机制的完善，充分发挥核心价值观的引导作用。鼓励浙江文化企业积极参与国际市场竞争，改变传统的发展观念和做法，同时需要将文化“走出去”的模式进行创新，然后提供强大的发展动力。此外，应当充分挖掘国际文化市场的发展潜力，提升浙江文化产业在国际上的竞争力，实现文化内容贸易的顺差，扩大知识产权的国际市场份额。

二　发展新型文化消费业态

激发市场活力，推动产业本身壮大发展，增加企业数量和从业人数，增加产业收入。创造文化内容的动力机制需要进一步完善，激发全民创造文化内容的积极性，要充分发挥人民群众在文化内容创造中的作用，营造一种良好的氛围，让蕴藏在人们中的潜在文化内容得到挖掘，提升人们的参与积极性。政府和企业也需要积极完善当前的激励机制，鼓励更多的人参与到内容的创作和创造当中，以此实现文化内容产业的提升和发展。

以“85后”“90后”为主的新消费群体逐步成长。作为成长于中国经济逐步发展壮大时代的消费者，这一消费群体更加追求个性化，更有意向享受文化消费，更接受文化的多元性。以新近快速发展的网络直播行业为例，根据《2017上半年中国直播行业发展分析报告》，截至2017年上半年，我国新增41个直播平台，同时关闭6家，在线运营的直播平台达到270家。这些直播平台主要集中在沿海经济发达地区。其中，北京在各省份中遥遥领先，直播平台数量达到98家；广东紧随其后，共有67家。浙江和上海分列三、四位，分别达到38和30家。这四地共计233家，占总数的86%。北京、上海、深圳、杭州、广州是平台和公会分布最多的5个城市。而值得注意的是，除了这五大城市之外，注册地在普通地级市金华的直播平台数量，远远领先重庆、武汉等大城市，成为最大的黑马。浙江在直播行业的引领地位显示出浙江文化市场的活力和创造性，成为浙江文化繁荣与快速发展的一个缩影。

推动文化市场持续繁荣发展，政府是关键，行业是基础，市场是根本，我们既要重视政府的引领作用，更要注重发挥市场的根本性作用，持续推动文化市场各行业创新发展。因此要不断引导产业链优化升级，通过政策培育、产业引导、行业培训等手段，鼓励企业自主创新。在艺术品市场，探索艺术家经纪人制度，自觉建立艺术品交易的诚信体系，不断创新和拓展参与酒店、商场、公共空间等艺术展示新模式，促使画廊经营走向良性运作。积极探索新型合作模式，加强协会内部的协同创新，通过内部交流、策划联展等方式，突出行业协会的领导力，集体抱团取暖，壮大行业力量。

三 引导和提升居民文化消费

在文化消费意愿和能力上，传统习俗及消费习惯在农村地区的影响较大，导致部分地区文化消费意愿不高，精神文化发展水平与经济发展水平不相适应。根据省统计局的城乡居民消费状况统计，比如2016年，城镇居民用于文化娱乐消费人均1636元，占其总消费支出的5.4%；农村居民仅为

441 元，仅占其总消费支出的 2.5%。可见，农村居民文化消费整体水平不高。究其原委，一方面与农村居民物质生活水平偏低有关，根据统计局统计的浙江人民物质文化生活水平，仍以 2016 年为例，浙江城镇居民和农村居民人均可支配收入分别为 47237 元、22866 元；而城镇居民的人均消费水平是 35152 元，农村居民的人均消费水平是 22028 元，可见农村居民将其可支配收入基本上都用于了消费，结余不多。另一方面，则与农村居民的消费倾向有关。从统计数据可见，农村居民在家庭耐用品拥有量上，与城镇居民的差距在逐年缩小。同时，与文化娱乐消费支出形成鲜明对比的是教育支出，2016 年，城镇居民用于教育支出人均 1816 元，占其总消费支出的 6%，与文化娱乐消费支出基本持平；而农村居民用于教育支出人均 1170 元，占其总消费支出的 6.7%，接近其文化娱乐消费支出的三倍。由此表明，农村居民更重视教育以及家庭耐用品置办等方面的支出，文化娱乐消费的意愿和能力不强、动力不足。

2019 年，浙江全体居民人均可支配收入 49899 元，城镇居民人均可支配收入 60182 元，农村居民人均可支配收入 29876 元；全省人均生活消费支出 32026 元，城镇居民人均消费水平 37508 元，农村人均消费支出 21352 元。其中，教育文化娱乐支出增速最快，人均消费 3624 元，城镇居民人均消费 4342 元，农村居民人均 2226 元，与 2016 年相比，均有较大幅度增长。

通过政府购买、消费补助等途径，培育新的文化消费增长点，引导和支持文化企业开发新技术、新产品，发展新业态和新模式。建立健全社会资本参与机制，多渠道推进文化消费配套设施建设，支持文化消费综合体建设。适应互联网时代趋势，充分发挥“淘票票”“淘文化”等网上文化交易平台作用，推行文化消费卡等举措，为群众提供更多质优价廉、便捷高效的文化消费服务。支持开展浙江文化消费季活动，发挥杭州、宁波等国家级文化消费试点城市作用，推出更多适合群众需求的高品质文化产品（服务）和保障举措，引导和扩大城乡居民文化消费。

第 九 章
提升文化涵养力，繁荣发展社会主义文艺

习近平总书记在《在文艺工作座谈会上的讲话》中说：没有中华文化繁荣兴盛，就没有中华民族伟大复兴。文艺是时代前进的号角，最能代表一个时代的风貌，最能引领一个时代的风气。举精神之旗、立精神支柱、建精神家园，都离不开文艺。党的十九大报告为繁荣发展社会主义文艺给出了方针原则，浙江省委十四届二次全会贯彻十九大精神，在《决定》中制定了“促进浙江文艺不断攀登高峰”的行动指南，“文艺繁荣发展和高峰攀登工程”成为省委省政府提出的“文化浙江”十大工程之一。浙江文艺，将着力于打造文学重镇、影视重镇、美术书法重镇和戏曲重镇，通过人才培育工程和文艺浙军打造，推出更多思想精深、艺术精湛、制作精良的大作力作，促进浙江文艺大发展大繁荣。

第一节 坚持以人民为中心的工作导向

人民既是历史的创造者，也是历史的见证者，既是历史的“剧中人”，也是历史的“剧作者”。文艺要反映人民心声，就要坚持为人民服务、为社会主义服务这个根本方向。这是党对文艺战线提出的一项基本要求，是决定中国文艺事业前途命运的关键，也是文化浙江建设的基本原则。

一 牢固树立“以人民为中心”的创作导向

习近平总书记在文艺工作座谈会上发表重要讲话，深刻回答了在新的历

史条件下如何繁荣和发展社会主义文艺的时代命题，精辟论述了文艺创作的科学规律，准确阐明了文艺与人民、文艺与市场的关系，为文艺工作指明了方向。

社会主义文艺，从本质上讲，就是人民的文艺。“人民既是历史的创造者，也是历史的见证者，既是历史的‘剧中人’，也是历史的‘剧作者’。文艺要反映好人民心声，就要坚持为人民服务、为社会主义服务这个根本方向。这是党对文艺战线提出的一项基本要求，也是决定中国文艺事业前途命运的关键。只有牢固树立马克思主义文艺观，真正做到了以人民为中心，文艺才能发挥最大正能量。以人民为中心，就是要把满足人民精神文化需求作为文艺和文艺工作的出发点和落脚点，把人民作为文艺表现的主体，把人民作为文艺审美的鉴赏家和评判者，把为人民服务作为文艺工作者的天职。”①

（一）满足人民的需要

随着人民生活水平的不断提高，人民的精神文化需求也日益增长，对包括文艺作品在内的文化产品的质量、品位、风格等的要求也更高了。文学、戏剧、电影、电视、音乐、舞蹈、美术、摄影、书法、曲艺、杂技以及民间文艺、群众文艺等各领域都要跟上时代发展的步伐，把握人民的需求，以充沛的激情、生动的笔触、优美的旋律、感人的形象创作生产出人民喜闻乐见的优秀作品，让人民精神文化生活不断迈上新台阶。文艺工作者要牢记，人民的需要是文艺存在的根本价值所在，社会主义文艺要为人民抒写、为人民抒情、为人民抒怀，才能创造出流芳百世的佳作。

（二）文艺来源于人民

人民是文艺创作的源头活水，一旦离开人民，文艺就会变成无根的浮萍、无病的呻吟、无魂的躯壳。文艺工作者要虚心向人民学习、向生活学习，从人民的伟大实践和丰富多彩的生活中汲取营养，不断进行生活和艺术的积累，不断进行美的发现和美的创造。文艺工作者要自觉与人民同呼吸、共命运、心连心，欢乐着人民的欢乐，忧患着人民的忧患，做人民的孺子

① 习近平：《在文艺工作座谈会上的讲话》，《人民日报》2015 年 10 月 15 日。

牛。要走进生活深处，在人民中体悟生活本质、吃透生活底蕴。深入群众、深入生活，诚心诚意做人民的小学生。习近平总书记强调："文艺创作方法有一百条、一千条，但最根本、最关键、最牢靠的办法是扎根人民、扎根生活。"① 文艺的一切创新、文艺灵感和创作激情都直接或间接来源于人民。优秀文艺作品的创作必须植根于人民群众生活实践，只有与人民的生活息息相关、从人民日常生活提炼出的艺术作品才能被群众所广泛接受。也只有被人民群众所广泛接受的优秀作品，才能获得良好的经济效益，达到社会效益与经济效益的结合。

（三）把评判权交给人民

习近平总书记提出，"把人民作为文艺审美的鉴赏家和评判者"②。人民群众是文艺作品的消费者，作品的好坏应交由人民群众来评判。在以往的文艺创作与文艺评价中，人民群众长期以来只能被动地阅读和观看，很少有权利评判作品。因此，"把人民作为文艺审美的鉴赏家和评判者"，把文艺的评判权交还给人民，是对人民群众欣赏能力的信任和肯定。

把文艺的评判权交还给人民，意味着要对人民的鉴赏能力与评判能力有足够的信任，监管部门要把高高在上的控制权交还给人民，让他们来自主选择文化消费、来决定文化市场的走向。由于受教育程度、经济条件、家庭背景、职业、地域等种种差异影响，文化消费也因人而异，精英文化、大众文化、娱乐文化既相联系又相区别，京派文化、海派文化各有千秋，城市文化、农村文化各具滋味。为此，推动文化消费需求的政策设计必须充分考虑到这种差异性特征，制定有针对性的政策措施；与此同时，创造环境、提供平台，让群众有发声的场所、评判的渠道，表达真实的意愿。

二 准确把握党性和人民性的关系

社会主义文艺事业要处理好党性和人民性、政治立场和创作自由的

---

① 习近平：《在文艺工作座谈会上的讲话》，《人民日报》2015 年 10 月 15 日。
② 习近平：《在文艺工作座谈会上的讲话》，《人民日报》2015 年 10 月 15 日。

关系。

社会主义文艺事业的发展离不开党的领导，党的领导为文艺事业的发展提供坚实保障，党的领导能力直接决定着社会主义文艺事业的发展程度。中国的文艺事业是社会主义性质的创作活动，其最终的目的在于为人民服务，而中国共产党正是以全心全意为人民服务为根本宗旨，代表中国最广大人民的根本利益，并且共产党员本身是来自各个社会阶层的先进分子，是劳动人民中的普通一员。因此坚持党性就是坚持人民性，坚持人民性就是坚持党性，党性寓于人民性之中，没有脱离人民性的党性，也没有脱离党性的人民性。把握了这个立足点，党和文艺的关系就能得到正确处理，就能准确把握党性和人民性的关系。

习近平总书记强调加强和改进党对文艺工作的领导，要把握住两条："一是要紧紧依靠广大文艺工作者，二是要尊重和遵循文艺规律。"① 所谓尊重和遵循文艺规律，也就是要坚持百花齐放、百家争鸣，发扬学术民主、艺术民主，营造积极健康、宽松和谐的氛围，提倡不同观点和学派充分讨论，提倡体裁、题材、形式、手段充分发展，推动观念、内容、风格、流派切磋互鉴。自由这一概念是和对规律的认识紧密相联的，要尊重规律、遵循规律，便要保证创作者有个人创造性和个人爱好的广阔天地，有思想和幻想、形式和内容的广阔天地。同时对于文艺工作者来说，自由也不能摆脱社会规律而存在，自由不是随心所欲，满足个人私欲，而是要注重社会责任，要为人民创作，为时代创作。不能离开政治立场、社会责任感去片面地理解和强调创作自由。

三　"文化浙军"的使命和担当

（一）旗帜鲜明地唱响主旋律

"文化浙军"始终坚持正确政治方向，增强"四个意识"。浙江文艺要弘扬时代主旋律，要弘扬中国精神、浙江精神，要凝聚中国力量、浙江力

① 习近平：《在文艺工作座谈会上的讲话》，北京：人民出版社 2015 年版，第 28 页。

量。广大文艺工作者要胸怀大义、心有大我，勇担社会责任，把社会主义核心价值观生动活泼、活灵活现地体现在文艺创作之中，塑造出栩栩如生的作品形象，告诉人们什么是应该肯定和赞扬的，什么是必须反对和否定的，做到春风化雨、润物无声。热情为祖国放歌抒怀，把爱国主义作为文艺创作的主旋律，引导人民树立和坚持正确的历史观、民族观、国家观、文化观，增强做中国人的骨气和底气。

要通过文艺作品传递真善美，传递向上向善的价值观，引导人们增强道德判断力和道德荣誉感，向往和追求讲道德、遵道德、守道德的生活。美的文艺作品、健康的文化产品和服务，通过消费者的体验和传播，能够为社会提供正能量，是一种低碳和绿色消费。而低俗、庸俗、媚俗的“三俗”作品以及趋利性的文化产品和服务，则往往通过消费者行为污染社会文化环境。我们要引导人民树立“真”“善”“美”的价值取向。媒体和文化管理部门，尤其要注意文艺不能当市场的奴隶，把社会效益放在首位，不能沾满铜臭气，不能在市场经济大潮中迷失方向，使文艺创作和文化产品的生产摆脱资本和市场的控制，避免“劣币驱逐良币”现象的发生，引导人民树立和坚持正确的历史观、民族观、国家观、文化观，增强做中国人的骨气和底气，重塑我们的精神力量。总之，繁荣文艺创作，要坚持思想精深、艺术精湛、制作精良相统一，加强现实题材创作，不断推出讴歌党、讴歌祖国、讴歌人民、讴歌英雄的精品力作。

（二）不断发扬光大浙江精神

改革开放以来，浙江精神极大地促进了经济快速发展，成为能动的经济创造力；极大地促进了社会全面进步，成为巨大的社会凝聚力；极大地促进了浙江文化建设，成为核心的文化竞争力。浙江人民正是在浙江精神的激励下，取得了经济、社会、文化等方面发展的巨大成就，“在浙江人民创造自己灿烂文明史的背后，始终跳动着、支撑着、推进着和引领着他们的力量，正是浙江人民的精神”①。

在历史上，浙江有着拼搏进取、艰苦创业的奋斗历史，有着尊师重教、

① 习近平：《与时俱进的浙江精神》，《哲学研究》2006 年第 4 期。

博学深思的勤学传统，有着义利并举、诚实守信的价值追求，有着求真务实、批判自觉的理性智慧，有着平和包容、达观通变的人文情怀，历经岁月淘炼而凝结成优秀的地域文化基因。它们内化于浙江文化传统之中，在不同的时代环境和社会条件下，外化为具有时代特色的文化精神，支撑、推动、引领着浙江人民在各个历史时期奋勇精进，书写了众多经济繁荣、社会发展的精彩篇章。

“文化浙军”立足浙江、讴歌时代。聆听浙江改革发展的强音，深入挖掘浙江现象、浙江素材的富矿，加强重大现实题材创作，讲好恢宏大气的家国故事、感人肺腑的社会故事、励志进取的个人故事。把当代浙江精神不断发扬光大，以此教化民众、涵养品质、泽被乡里、凝聚人心、强化认同。创造出有利于帮助浙江人民获得精神鼓舞、升华思想境界、陶冶道德情操、完善优良品格的优秀作品；有利于鞭策浙江的干部队伍汲取先贤优良品质，培养自我浩然正气，牢记使命，不忘初心，自励自省，经受考验，勇争一流的优秀作品；有利于激发浙江青年一代见贤思齐，热爱家乡，竭诚奉献，以饱满的精神、昂扬的斗志投身于当代浙江经济文化建设伟大事业中去的优秀作品。

（三）加强自我修养

文艺创作是一种启迪灵魂、净化思想、陶冶情操的精神活动。文艺工作者首先要塑造自己，一方面养德，不断提高学养、涵养、修养，加强思想积累、知识储备、文化修养；一方面修艺，不断提高艺术的表达能力、创造能力。在中国艺术史上，人品和艺品、德行和才艺，自古都是结合在一起的。自晋代起中国文艺便讲究人物品藻，对作品分析要知人论世，文人画以人品、学问、才情和思想作为不可或缺的要素，无不提示创作主体思想道德、品性涵养的重要性。在社会主义文艺事业发展史上，“文艺作品的品位”与“人格品位”之间的关系是否和谐，也历来都是我们评价文艺创作是否成功的重要标准，强调文艺作品是文艺创作者个人思想情感和道德品行的外在表达也一直是中国文艺创作者的通识，老一辈艺术家也树立了很多榜样。

随着文艺市场化进程的快速发展，面对巨大的利益诱惑，文艺工作遭受到了前所未有的冲击，文艺与市场的不健康关系，文艺工作者“艺品”与“人品”的不对等地位，成为新时代中国文艺事业发展不得不面对与解决的问题。因此，在这种情况下，广大文艺工作者在练好内功、葆有深厚的专业技艺的同时，注重内在品行的修为便显得尤为必要。只有立志于德艺双馨的思想定位与能力定位，才能抵制市场的冲击、金钱名誉的诱惑，处理好义利关系，认真严肃地考虑作品的社会效果，讲品位，重艺德，为历史存正气，为世人弘美德，为自身留清名，努力以高尚的职业操守、良好的社会形象、文质兼美的优秀作品赢得人民喜爱和欢迎。只有立志于德艺双馨的思想定位与能力定位，才能自觉抵制恶俗、低俗、庸俗和媚俗等不良之风的侵蚀，以高度的责任感和强烈的担当精神创作出弘扬主旋律、讴歌新时代、唱响美好未来的优秀作品。

"文艺浙军"应自觉坚守艺术理想、艺术训练，自觉把为人、做事、写作统一起来，不断提高学养、涵养、修养，努力做到"笼天地于形内，挫万物于笔端"。只有这样，才能冷静面对艺术与市场、社会效益与经济效益的平衡与抉择；才能不忘初心，把握艺术创作的主流和方向，明辨真伪，努力创新、创作，不做市场的奴隶；才能不辱使命有所作为有所造诣，担当起"举精神旗帜、立精神支柱、建精神家园"的时代重任，以实际行动展示文艺浙军的良好形象。

第二节 实施文化精品战略

习近平同志在浙江谋划和推进加快文化大省建设过程中就指出"文化精品是一个国家、一个地区、一个时代发展水平的重要标志，是书写文化史最重要、最基本的要素"，他要求"广大文艺工作者站在时代和全局的高度，认清自己的历史使命和崇高职责，自觉地承担起作为中华文化及浙江文化的承载者、传播者、创造者的历史责任，努力为时代和人民奉献精品力作"。《关于推进文化浙江建设的意见》以及《浙江省传承发展浙江优秀传统文化行动计划》都对文化精品作出了战略部署。

一 深入实施文化精品战略

浙江文化精品扶持工程已开展了十多个年头，投资主体多元化，申报流程常态化，引领创作导向，产生了很好的效果。

2017 年，文艺发展硕果累累。新年伊始，围绕“中国梦”、迎接党的十九大召开和庆祝中国人民解放军建军 90 周年等重大主题，浙江就艺术精品创作进行了缜密规划，集中最优质的创作力量，围绕重大主题展开创作，讲好中国故事，并统筹规划全省艺术创作题材，委托浙江省文化厅艺术委员会精心谋划一批重大现实题材作品，打造了一批省级重点创作项目。浙江歌舞剧院与浙江交响乐团联袂打造的大型民族歌剧《青春之歌》，作为浙江喜迎十九大的重点剧目，被列入文化部 2017 “中国民族歌剧传承发展工程” 重点扶持剧目。同时，该剧还被列入浙江省委宣传部、省文化厅 2017 年度舞台艺术重点项目。同时，在 2017 年度国家舞台艺术精品创作扶持工程评审中，婺剧《宫锦袍》成功入选重点扶持剧目。作为浙江唯一入选项目，还获得浙江省政府的通报表扬。除此之外，越剧《吴越王》、话剧《凤凰》、歌曲《浙江告诉你》《美丽浙江》入选浙江省第十三届精神文明建设“五个一工程”，其中歌曲《美丽浙江》获得特别奖。交响音画《良渚》、越剧《胡庆余堂》、京剧《骆驼泉》等作品入选浙江省委宣传部第十二批文化精品扶持工程。在国家艺术基金 2017 年度资助项目申报中，浙江省立足本省文化艺术资源，深入挖掘艺术创作潜力，将特色、亮点、优势结合起来，组织策划创意项目，推荐申报项目，取得了不俗成绩。在国家艺术基金 2017 年度资助项目立项名单中，浙江共有 54 个项目入围，较 2016 年度增长 50%。总体来看，浙江全省 2017 年共申报项目 250 项，成功立项 54 项，位居全国第四，立项成功率为 21.6%。其中，交响乐《社戏》、婺剧《白兔记》、绍剧《蓝衫师爷》等 5 个项目入选大型舞台剧和作品资助项目；群舞《山哈女》《奋楫者》、重奏曲《四季之春醒》、歌曲《富春山居图》等 15 个项目入选小型舞台剧和作品资助项目；交响乐《唐诗之路》巡演、昆剧百讲“幽兰讲堂”、舞剧《王羲之》巡演等 12 个项目入选传播交流推广资助项目；浙江音乐学院李珺等 18 人入选青年艺术创作人才资助项目；温州市艺术研究所古代戏曲编创人才培养等 4 个项目入选艺术人才培养资助项目。

2017 年，浙江省文化厅下发了关于开展学习宣传贯彻党的十九大精神主题文艺作品创作和文化活动的通知，组织发动全省国有文艺院团、艺术院校、美术机构开展以学习宣传贯彻党的十九大精神为主题的创作和策展活动，要做到“团团有演出、馆馆有展览”。全省文艺工作者迅速行动，创作完成了歌曲《中国进入新时代》、曲艺《放歌新时代》、京剧联唱《不忘初心再启航》、昆剧《真理的味道》等一批优秀的主题文艺作品。9 月 12 日至 10 月 24 日，包括越剧《海兰花》、民族歌剧《青春之歌》《呦呦鹿鸣》、话剧《此心光明》在内的 10 部优秀舞台艺术作品汇聚杭州集中展演，以艺术的形式唱响喜迎十九大、开启新征程的豪迈旋律，为党的十九大胜利召开营造喜庆热烈的文化氛围。参演的作品包含越剧、话剧、歌剧、婺剧等多种艺术形式，均为浙江近年来涌现的舞台艺术佳作，其中绝大部分是反映时代、讴歌人民的现实题材作品，体现了较高的艺术水准。开展剿灭劣Ⅴ类水——“千名文艺工作者赴基层”采风巡演行动，组织 100 余支文艺小分队，赴全省各地开展采风巡演 905 场，现场参与观众达 47. 96 万人次，新创作各门类文艺作品千余项。2018 年 9 月，浙江第 13 批文化精品扶持项目公布。文化精品扶持工程是浙江出人才、出精品的重要抓手和平台。纪录片《越剧万里行》、台州乱弹现代戏《我的大陈岛》等 75 个项目被列为精品扶持项目。

当前，文艺领域面临的形势十分复杂，文艺创作生产存在着水平不够高、有“高原”缺“高峰”问题，人才队伍建设存在着名家大家匮乏等问题，文艺评论存在着“缺席”“缺位”现象。文艺环境、业态、格局深刻调整，创作、传播、消费深刻变化，引导、管理、服务的体制机制、手段方法亟须改革创新。同时，也需要全面推进戏剧、文学、影视、音乐、舞蹈、美术、书法、摄影、曲艺、杂技、民间文艺等各个艺术门类繁荣发展，突出重点门类，搭建发展平台，完善工作机制，实现“高原”之上再创“高峰”，打造全国文艺重镇，再创浙江文艺新辉煌，满足人民群众日益增长的精神文化需求，推动浙江文艺继续走在前列。《关于推进文化浙江建设的意见》提出，深入实施文化精品战略，就要大力实施文化精品扶持工程和文艺精品打造计划，扩大文化精品工程扶持资金规模，建立文化精品创作题材库，加强文艺“新品、优品、精品”创作。围绕建党 100 周年、新中国成立 70 周年等时间节点，启动重大革命历史题材和现实题材影视创作项目、文学精品打造项目、舞台精品打造项目、视觉艺术主题创作项目、重点文艺精品出版项目，打造推出讴歌党、讴歌祖国、讴歌人民、讴歌英雄的精品力作，努力形成文艺创作生产的高峰。探索推行签约艺术家制度，积极引入国家级文艺名家参与我省文化精品创作生产。

同时，也要大力推进文艺原创扶持计划。加大对内容原创的扶持力度，提升文艺原创力，推动文艺创新，推出更多具有原创价值、自主知识产权和核心竞争力的文艺作品和文化品牌。推动成立浙江文艺创研中心，探索设立省艺术发展基金。推出长篇小说孵化项目、影视剧本孵化项目、戏曲孵化项目和报告文学孵化项目，加强对文学、剧本、词曲等原创性基础性环节的扶持。大力推进文艺与互联网的融合，实施省网络文学精品创作和传播重大专项，大力发展网络剧、网络音乐、网络演出等，推动新兴文艺类型繁荣有序发展。

二　深入实施文化研究工程

浙江文化研究工程是习近平同志在浙江工作时主抓的一项重大文化工程。第一期工程自 2005 年开始实施，围绕“今、古、人、文”四大研究主题，即“浙江当代发展研究”“浙江历史文化专题研究”“浙江名人研究”“浙江历史文献整理”四大板块，首次系统梳理、考订浙江历史文化、文化名人及其学术思想和著述。十多年来，浙江精心组织规划，持续推进实施，省级财政共投入资金 1 亿多元，设立研究项目 811 项，动员 1000 多位专家学者直接参与，出版学术专著千余部，文化研究工程取得显著成效，成为梳理浙江历史文脉、弘扬浙江精神的重要载体，推进文化强省建设、提升浙江软实力的响亮品牌。

第二期工程于 2017 年 3 月正式启动。在圆满完成第一期文化研究工程规划基础上，延续第一期文化研究工程的“今、古、人、文”主题，第二期浙江文化研究工程重点突出当代发展研究、历史文化研究和浙学品牌的建构。根据习近平总书记关于哲学社会科学重要讲话精神以及全省哲学社会科学工作会议精神，浙江省制定了“浙江文化研究工程（第二期）实施方案”，明确了“浙江当代发展问题专题、浙江历史文化专题、浙江文献专题、浙江艺术专题、‘浙学’文化意义诠释专题”等五大研究板块，共 26 项研究任务，从学术角度进一步全面解读当代浙江发展和浙江历史文化，系统探讨浙江文化内在特征和个性特色，深化对浙江在中国发展中的作用、贡献和意义的认识。

《关于推进文化浙江建设的意见》把深入实施第二期浙江文化研究工程作为“系统研究梳理浙江历史文脉”的主抓手，提出要加强对良渚文化、河姆渡文化、跨湖桥文化和上山文化等文化遗产的挖掘阐释，加强对浙东学派、阳明心学和浙江近代人文思想以及和合文化、浙东海洋文化、治水文化、运河文化、浙江名人等的研究，深入挖掘浙江文化底蕴，推出一批有重要影响的原创性成果和标志性成果。抓好《中华古籍总目·浙江卷》《中国历代绘画大系》《浙江通志》《浙江文丛》等重大出版项目，打造文化传承经典之作。

通过深入实施浙江文化研究工程，进一步挖掘浙江文化潜力，系统梳理和分析浙江历史文化的内部结构、变化规律和地域特色，坚持和发展浙江精神；研究浙江文化与其他地域文化的异同，厘清浙江文化在中国文化中的地位和相互影响的关系；围绕浙江生动的当代实践，深入解读浙江现象，总结浙江经验，指导浙江发展。文化研究工程深入实施的过程，也是浙江全省上下践行文化自觉、彰显文化自信的过程。浙江文化研究工程举精神之旗、立精神之柱，大力铸造文化之魂，为坚定文化自信明确了正确的方向；浙江文化研究工程梳理浙江文脉、推动文化传承，系统推进文化守正出新，为坚定文化自信奠定了深厚的基础；浙江文化研究工程研究浙江现象、总结浙江经验，精彩呈现当代中国发展的区域样本，为坚定文化自信注入了伟大的时代感。通过实施浙江文化研究工程，努力用浙江历史教育浙江人民、用浙江文化熏陶浙江人民、用浙江精神鼓舞浙江人民、用浙江经验引领浙江人民，进一步激发浙江人民的无穷智慧和伟大创造能力，推动浙江继续又快又好发展。

三 打造文学、影视、美术书法和戏曲重镇

党的十九大报告指出，深入挖掘中华优秀传统文化蕴含的思想观念、人文精神、道德规范，结合时代要求继承创新，让中华文化展现出永久魅力和时代风采。浙江有着丰厚的文化底蕴和文化传统，艺术创作也迎来了最好的

发展时期，百花竞开，美不胜收。推进文学、美术、书法、戏曲、音乐等艺术创作和影视精品生产，着力打造国家级戏曲传承发展示范区和全国文学重镇、美术书法重镇、影视重镇和网络文艺重镇，将我省建设成为具有全国影响力和辐射力的文化内容生产先导区。

（一）推动网络文艺繁荣发展，打造网络文艺重镇

2018 年 10 月底，浙江省委书记车俊在参加省作协新一届委员会主席团成员座谈会上提出，要按照省委“在打造具有重要影响的文化高地、文明高地上谋好新篇”的要求，把浙江打造成全国网络文学重镇的目标。浙江省作家协会积极贯彻落实习近平新时代中国特色社会主义思想，把网络文学提升到涉及国家与民族文化战略安全的高度，拓宽工作覆盖面，实施“网络文学引导工程”，积极探索网络文学正确引导、科学管理、健康发展的“浙江模式”。目前，浙江的网络文学已经成为中国网络文学不可忽视的重要力量，浙江网络作家作品已显示出很强的产业转化能力。中共浙江省委宣传部常务副部长来颖杰表示，“借助中国作协网络文学研究院这个平台，将浙江打造成中国网络文艺重镇和高地，是浙江未来繁荣社会主义文艺的重要方向”①。网络文学的“浙江现象”和“浙江经验”已成为业内范本。

第一，组织机构引领规范。浙江省作家协会在全国率先成立网络作家协会，构建全国领先的网络作家组织体系，目前省、市、县三级共有 13 家网络作协，会员 800 余人。浙江作协开展网络文学双年奖评选，为网络作家加入青联组织、职称评定、法律维权、业务培训、参政议政等积极创造条件，提供有效服务，引导网络作家守住“法律底线、纪律底线、政策底线、道德底线”，促进网络文学作家综合素质和文学作品品位的转型升级。团结、服务、引导网络作家这一新兴群体，制定《浙江省网络文学优秀作品扶持奖励办法》，每一年度重点扶持 10 部左右作品，对入选作品跟踪创作进展，提供经费资助，给予宣传推介。创办“网络作家体验营”，带领 200 多名网络作家开展 8 期走进现实生活的体验活动。开展网络文学意识形态与产业发展政策调研，挖掘网络文学 IP 价值，为建设文化强省、文化浙江和“八大

① 转引自陆健《网络文学“浙江现象”解析》，《光明日报》2017 年 4 月 20 日。

万亿”文化产业出思路、优服务。与中国作协和杭州市文联联合创办中国作协网络文学研究院，为网络文学健康发展搭建更好平台。

第二，创作群体集聚效应明显。浙江已成为全国网络文学重镇，网络文学组织管理、人才集聚、作品转换、内容引导、产业合作等走在全国前列。“网络作家体验营”“网络文学引导工程”分获浙江省宣传思想文化工作“三贴近”优秀案例、全省宣传思想文化工作创新奖，省内不少市县（区）党政部门领导主动联系合作建设网络文学创作基地等。浙江网络文学最引人注目之处是集聚效应明显——作家团队整齐、影响力大、写作类型多样。盛大文学曾对旗下的起点中文网、晋江文学城、榕树下等七家网站注册 IP 地址进行统计，在 110 万 IP 地址中，浙江有 11 万。浙江活跃的网络作家有 1000 多人，涌现了一批年版税收入数百万元的“大神”。这一群体还呈现出越来越年轻化的趋势，“80 后”“90 后”成为主力军，女性作家多更是一大特色。如今浙江拥有各个网络文学类型的领衔作家或代表作家。各个类型网络文学在浙江都可以找到典型代表。以夏烈为代表的网络评论家始终走在一线，把握网络文学动态和主流价值观的引导。他们的出色创作，使得浙江的网络文学在全国处于领跑地位。

第三，产业转化上升势头明显。

网络已逐渐成为一批作者和作品实现名气发酵和商业价值的重要平台与之相伴，网络文学创作和其衍生品开发也呈现井喷之势。浙江的各种媒体产品，借势网络文化建设，都有不俗表现。网络小说的衍生品涵盖了电影、电视、话剧、图书、音乐、游戏等多种大众艺术的表现形式。浙江网络作家作品产业转化能力强、资本接受度高成为一大亮点。据不完全统计，近年来，浙江网络作协会员共创作 700 余部、逾 6 亿字作品，改编成影视剧、游戏、动漫的有百余个项目。《芈月传》等 8 部作品入选原国家新闻出版广电总局评选的“年度优秀网络文学原创作品”；《雪中悍刀行》等 8 部作品入选中国作家协会网络小说排行榜。各年度各机构发布的网文 IP 产品排行榜，浙江网络作家作品占比都很高。浙江网络作家关注现实生活题材创作，推出了《网络英雄传 1：艾尔斯巨岩之约》《百年家书》等一批优秀作品。《斗破苍穹》《武动乾坤》《大主宰》《妖神记》等一批浙江网络作家作品均进行了海外版权输出，浙江的网络文学“走出去”迈出坚实的一步。

网络文学的先发优势启人深思，浙江已开始打造全国网络文艺重镇。坚持“重在建设和发展、管理、引导并重”的方针，推动网络文学、网络音乐、网络剧、微电影、网络演出、网络动漫等新兴文艺类型繁荣有序发展。促进传统文艺与网络文艺创新性融合，鼓励作家艺术家积极运用网络创作传播优秀作品，积极扶持奖励网络文艺精品。充分发挥新媒体的独特优势，把握传播规律，加强浙江重点文艺网站建设，用好微博、微信、移动客户端等载体，促进优秀作品多渠道传输、多平台展示、多终端推送。胡润研究院联合国内 IP 版权运营机构猫片于 2017 年 7 月发布了《2017 猫片 · 胡润原创文学 IP 价值榜》。前十作品中《甄嬛传》和《盗墓笔记》均是浙江作家作品，而排名第一的《斗破苍穹》作者天蚕土豆，在 2014 年就加入了浙江省网络作家协会。文学可视化将是影视大发展的新高峰。

浙江网络文学已经“走在前列”。但是，在进一步提升作品质量、完善平台、规范法规、促进商业合作、促进机构与作者之间的良性互动等方面，都还需要继续努力。正如浙江文艺出版社副总编辑柳明晔指出的：“大陆网文现状存在数量与质量反差较大的问题，并且真正能在国际视野具有竞争实力的优质网文还不够多，真正形成全球影响力的作品以及全产业链开发还远远不够。年青一代特别是互联网背景下成长起来的新生代，多玄幻和魔幻创作，对于现实生活的深度观察和体验，以及中华优秀传统文化的认知和承继比较欠缺。这些都是我们需要关注研究并积极应对的。而台湾这些年的网络文学作品比较少，并且在全产业链开发方面上有较大提升空间。”① 打造网络文艺重镇，还任重道远，应从以下方面再做努力。

第一，培育网络文学、网络剧、网络音乐等新兴文艺类型，促进传统文艺和网络文艺创新性融合。发挥新媒体的独特优势，用好微博、微信、移动客户端等载体，推动优秀作品多渠道传输、多平台展示、多终端推送。发挥网络作家协会的作用，争取每年有一批网络作家获得全国性奖项，5 部以上网络作品改编成为影视作品，1—2 部产生重大影响。加大对网络文艺人才引进、培育和扶持力度，支持杭州打造成为全国知名的网络文艺之都。

① 《“两岸青年网络文学大赛”启动，台湾网文跟大陆的有什么不同》，澎湃新闻网，2017 年 5 月 17 日。

第二，建立和完善网络文艺内容把关制度。目前，网络文学用户规模将近4亿，青少年是其中最大的读者群体，作品质量不齐、内容导向偏差，会严重影响青少年健康成长，需要政府开展专项整治活动进行引导。对内容低俗、危害青少年身心健康的网络文学作品要坚决查处，对价值导向出现严重偏差、不具备运营能力的网络文学网站及移动客户端要彻底关停，更应该积极查办违法违规典型案件，探索建立监管长效机制，强化导向管理，倡导讲品位、讲格调、讲责任，抵制低俗、庸俗、媚俗，督促网络文学企业建立完善内容把关制度。

第三，深入实施“网络文学引导工程”。盲目追求速度和外在的规模效益，还有可能会偏离文化发展内在规律，助长浮躁和喧嚣，欲速则不达，因此网络文学转型升级也势在必行。未来，政府强力监管的同时，将积极培育具备资质的企业与公益性社会组织。鼓励其积极介入，充分利用网络作家协会的信息、人才组织的资源，发挥专业性、权威性和公益性的作用，弥补政府管理的专业不足。坚持“创造性转化、创新性发展”的要求，继续加大对网络作家的培养和推介力度，带好网络作家队伍，深入实施“网络文学引导工程”，打造网络文学业态高地。将全力建好中国作协网络文学研究院、中国网络作家村，办好首届中国网络文学周，精心策划“浙江十大网络作家”宣传推介活动；组织实施“红色芳华——革命历史题材网络文学创作计划”，以网络文学样式塑造革命英雄形象；完善省市县三级网络作协工作联动机制，继续办好“网络文学双年奖”“网络作家体验营”等活动，孵化出更多网络文学精品。

第四，探索和拓展平台运营模式和商业合作渠道。经过20多年的发展，网络文学产业进入内容精品化时代，对优质人才和内容的争夺也进入白热化阶段。网文作者的收入来源，早已从订阅转向更加广阔的衍生渠道。对于文学平台来说，为作者提供更好的服务，才能吸引他们主动加盟，创造出高质量的作品。

第五，构建网络文学特有风格的评价体系。面对繁荣发展社会主义文艺的新形势和大力发展网络文艺的新机遇，网络文学要实现有序发展面临新挑战。应该从网络文学“既成事实”出发，构建起网络文学的新价值评判体系。要扎根网络文学与新文艺的“场”中央，捕捉、提炼和总结那些新经验、新理念，跨界重建一个全新的评价体系，倒逼传统文学理论与价值评判体系的变革和创新。网络文学研究要把这种新文艺生产场内的新经验、新理念和新逻辑加以提炼与总结，将它表达出来，贡献并参与到新时代社会主义文艺的建设之中，使之成为繁荣发展社会主义文艺的重要组成部分。唯其如此，才能直面中国网络文学庞大的创作实践、创新风潮、重大理论问题，以"在场的亲历、见证与创造历史"为基点，"跨越一切边界"，并在文艺边界重塑中，构建起属于网络文学特有风格和固有特色的评价体系。

（二）全面提升影视生产质量水平，打造影视重镇

近年来，浙江影视产业在省委、省政府的正确指导下发展迅速，影响力在不断提升，好作品不断涌现，竞争力不断增强，在全国已具有较大的规模和较强的实力。仅在2016年，浙江共制作电影60部，立项163部，暑期档上映的影片中有80%带着浙产标签；电视剧共生产57部2576集，其中包括《芈月传》《亲爱的翻译官》《解密》《锦绣未央》等大量"爆款"作品，占据了年度电视剧收视率前10中的6席；动画片45部21574分钟，产量居全国第二，制作主体超2200家，主体规模占中国影视制作主体总量的20%以上。浙江影视产业，呈现出欣欣向荣的态势，"打造中国影视产业副中心"，业已作为促进浙江省文化产业繁荣发展的重要内容。2017年，浙江影视制作机构2833家，其中上市公司38家，机构数量稳居全国第二。整体来看，浙产影视剧近年来的发展呈现以下特征。

第一，生产规模庞大，精品频出。2017年，《鸡毛飞上天》，这部由中宣部重点资助、浙江省委宣传部主抓的精品大戏受到了广泛关注。该剧以一对夫妻的感情与创业故事为主线，呈现了改革开放近40年来浙江义乌的商业巨变。这是浙江电视人的优良创作传统，《钱塘人家》《十万人家》《温州一家人》等浙产优秀作品，都取材于现代生活，抱以严肃的现实主义创作态度。

浙江影视剧精品也不胜枚举。《父母爱情》《烈日灼心》《老炮儿》分别在"飞天奖"和金鸡百花电影节上获奖，《喜马拉雅天梯》获第四届全国优秀国产纪录片长篇奖，创内地纪录片电影票房新高。2018年，由浙江影视（集团）公司全资子公司蓝色星空影业联合出品的电影《邪不压正》将

代表中国内地角逐第 91 届奥斯卡金像奖最佳外语片奖。此外，蓝色星空联合出品的另两部作品《地球最后的夜晚》《捉妖记 2》获得第 55 届台湾金马奖 13 项提名。

第二，影视发行市场前景广阔，发展势头强劲。2017 年，浙江省影视制作机构为 2833 家，其中上市公司 38 家，占全部企业的 1.3%。2017 年上线网络剧 206 部，总播放量达到 833 亿次，11 部网络剧播放量超过 20 亿次。2017 年上线网络大电影约 1900 部。在爱奇艺公布的 2017 年网络大电影年度总票房榜中，浙产精品占到前二十名的 1/4。浙江美视众乐文化传播有限公司的“大梦西游”系列两部电影均入围，成为网络大电影领域运作最成功的 IP 之一。一代代浙商早已走上了“社会资本”支持电视剧繁荣发展的道路。在先行探索之下，浙江民企成为影视产业发展主角。一代代浙商，正享受着影视产业大发展的契机。在浙江众多影视制作主体中，99% 为民企，其中 37 家上市影视公司逐鹿资本市场，该数量约占中国上市影视公司总数的一半。先行者“电视剧第一股”华策影视，十余年间从制作发行文化产品，扩展至产业链上下游，涉及影视人才教育、艺人经纪，甚至关联旅游、电商等新兴消费。2016 年，华策影视播出新剧 25 部，居全国第一，其中《解密》还将登陆北美卫视，为首部在美国电视台播出的国产主旋律剧。浙江影视产业蓬勃发展还吸引来归国华侨金王来，其公司合作团队曾参与制作《中国合伙人》《抗日奇侠》《拐个皇帝回现代》《大梦西游》等。

第三，影视产业链条完整，作品转化效率高。浙江全省影视制作机构已有 2000 多家，总量仅次于北京，占全国影视制作机构的 1/6。特别是拥有华策影视、长城影视、华谊兄弟、新丽、横店影视、拉风、千乘、永乐等一批规模和实力都明显领先于国内同行的影视企业，领军人物突出。2016 年末，浙江横店影视产权交易中心挂牌。横店影视文化产业实验区管委会副主任朱国强介绍：“该中心为第三方公共服务平台，集影视 IP 交易、投融资及风险管理于一体，将为中国乃至全球影视产业发展提供专业化、市场化的文化产权交易配套服务。”将来，浙江还要利用好先发优势，布局新一轮影视产业大发展。随着互联网基础设施的完善和文娱产业的蓬勃发展，以文字为代表的优质内容已经成为整个行业所关注的焦点。在 2017 年覆盖人数前十名的电视剧中，由文学作品改编的占据了 6 部，证明了文学之于影视的重要作用。为了更好地让作者与制片人有深度交流的机会，2018 年 6 月 17 日，阿里文学也成立 IP 影视顾问团，旨在让制片人更精准地找到可供衍生的作品，同时作者可以根据市场变化创作出更加优秀的作品，全面提升 IP 衍生速度与质量以满足用户、产业对优秀 IP 的诉求。阿里文学已经与一批相关产业公司展开了不同维度的业务合作，将推动优质内容实现生态化发展。戛纳电视节 MIPCHINA“杭州·国际影视内容高峰论坛”将首次移步中国，在浙江杭州举办。该盛会将带来全球规模和影响力最大的国际视听产品与数字内容交易，也将让中国影视企业“走出去”和“引进来”大放异彩。国际交流与合作，源自浙江对中国文化精品的自信和对影视产业发展规律孜孜不倦的求索，也必然会为影视发展提供新的机会。

第四，产业集聚程度高，规模效应明显。大型影视企业是重点影视剧创作的主力。近年上映的《天将雄狮》《老炮儿》《刺客聂隐娘》《重返二十岁》《前任 3》《芳华》《妖猫传》《找到你》等重点浙产影片都是由上述大型影视企业投资创作的。可以说，多样化、梯队化与特色化的影视产业格局，是浙产重点影视剧研发与创作的基础，产业规模是产业成果的重要保障。以横店影视产业实验区为代表，浙江近年来先后建立了中国（浙江）影视产业国际合作实验区、西溪创意产业园、杭州高新区动画产业园、象山影视城、永康西溪影视基地、上影安吉影视文化产业园等一批影视产业基地，成为中国乃至全世界重要的影视拍摄地。目前，全省共有各类影视拍摄基地 20 多个，国家动画产业基地 1 个，教学研发基地 3 个，另有西溪、桃花岛、大竹海、千岛湖等 30 多个外景拍摄地。其中，横店影视城、浙北江南水乡古镇群、舟山桃花岛等已经成为具有国际影响力的全球影视剧拍摄基地；杭州滨江国家动画制作基地成为全国最大的动漫制作基地之一。丰富的产业基地所形成的集聚优势，成为浙江重点影视剧研发的孵化基础。

（三）打造美术书法重镇和戏曲重镇

改革开放以来，浙江认真实施“八八战略”，进一步加快“文化大省”“文化强省”“文化浙江”建设的步伐，以文化大发展推动经济大繁荣。浙江省委十四届二次全会《决定》指出：“大力打造美术书法重镇和戏曲重镇”，坚持以人民为中心的创作导向，以优秀的文艺创作丰富人民精神文化生活，增强民族自信和文化自信，并努力推动浙江文艺走在全国前列，为实现中国梦贡献浙江的文艺力量。

第一，打造美术书法重镇。2017 年 12 月，“百年追梦”浙江美术书法创作精品工程（二期）创作动员会在浙江省文化会堂（浙江展览馆）召开。“百年追梦”二期选题主创人员、组委会和艺委会成员等共同出席会议。“百年追梦”二期工程的创作重点是反映 1978 年改革开放以来浙江在改革创新、勇立潮头中发生的重大历史事件、产生的重要人物，展现浙江在政治、经济、文化、社会各领域翻天覆地的变化。工程确定了 20 个选题，其中美术作品 12 件，包括改革之星、义乌经验、温州模式、杭州湾跨海大桥、东方大港：宁波—舟山港、两山理论：绿水青山就是金山银山、美丽乡村建设、世界互联网大会、G20 杭州峰会、最美浙江人、农村文化礼堂建设、“最多跑一次”改革等。书法作品 8 件，涵盖“八八战略”各个主要内容。创作形式包括中国画、油画、版画和书法等。2018 年纪念改革开放 40 周年之际展出了创作成果。实施“百年追梦”浙江美术创作精品项目和重点美术书法主题创作项目，创作更多优秀美术书法作品。办好浙江美术作品展、兰亭书法双年展等品牌活动，推动美术书法作品的收藏和交易。推进重大题材音乐创作计划，举办“未来音乐家双年赛”，推出一批体现时代精神、具有浙江特色和较强市场影响力的影视音乐、动漫音乐、舞台音乐等作品。

2018 年 8 月，由浙江省文化厅、浙江文学艺术界联合会、中国美术学院主办，兰亭书法社、浙江美术馆承办的“潮涌钱江：中国改革开放四十周年暨兰亭书法社双年展（2018）”在浙江美术馆开幕，这次展览旨在以书法艺术形式记录改革道路，歌颂发展风貌，书写人民情怀，弘扬时代精神。习近平总书记指出：“时代是出卷人，我们是答卷人，人民是阅卷人。”40 年改革开放，神州激荡，灿烂辉煌。浙江是改革开放先行地，始终走在改革开放的前沿，实现了从“赶上时代”到“引领时代”的伟大跨越。盛世兴书法，书法颂时代。本次展览共展出书法作品 135 件，这些作品兼具思想性、艺术性、时代性，从书法工作者的直观视角，以艺术手段回顾历史、观照当代，形象生动地展示了改革开放 40 年来浙江地区和浙江人民在物质和精神两个层面发生的巨大变化和取得的丰硕成果。此次兰亭书法社推出以“潮涌钱江”为主题的书法双年展，正是发挥浙江书法勇立潮头的号召力和影响力，团结省内外书法家共同参与书法艺术的推广与普及，是以书法艺术献礼改革开放四十周年，弘扬时代精神，激励艺术创新，普及全民书写而奉上的一次书法艺术盛宴。

第二，打造戏曲重镇。“一部中国戏剧史，半部在浙江”，浙江的戏曲文化，总是被人们所称赞。然而，近年由于市场缩水和传承艰难，部分地方剧种已经进入了“濒危”的状态。省文化厅数据显示，全省列入省级以上的“非遗”名录的剧种有56个，但还在正常演出的只有17个，偶尔演出的19个，濒临失传危险的多至20个。为了加强对传统戏剧的抢救保护，从2014年起，浙江先后出台了《浙江省传统戏剧振兴计划》和《浙江省传统戏剧之乡申报与命名实施方案》以及“浙江好腔调”等一系列展演活动，让更多的群众了解传统戏剧，带动群众对戏曲文化产生热情。“浙江戏剧奖·金桂表演奖”是浙江文学艺术界联合会和浙江戏剧家协会为鼓励中青年戏剧表演艺术家而设立的全省性戏剧表演艺术常设性奖项，每两年评比一次，与“中国戏剧奖·梅花表演奖”紧密接轨。该奖项自推出以来，得到了浙江戏剧界的普遍认同和热烈响应，全省主要院团纷纷报送各自的重要演员。该奖项的含金量日益显现。

（四）加强文学创作与出版

浙江是文学大省，有着深厚的历史积淀和文化底蕴。无数优秀的作家作品影响着中国一代代文学爱好者。近年来，浙江小说创作水平位列全国第一方阵。据了解，浙江作家每年在全国重要文学刊物发表文章400篇左右，其中大部分为中青年实力作家的创作。今后将进一步发挥中青年作家群优势，加大对优秀文学作品扶持力度，激发文学创作活力，深入挖掘重大革命和历史题材、当代现实题材、浙江本土题材，推动浙江原创文学走在全国前列。

第一，深入实施当代文学提升工程。具体包括：深入实施“浙江现实主义文学精品工程”“文学解读浙江创作工程”。鼓励原创作品，深入挖掘重大革命和历史题材、当代现实题材、浙江本土题材，推出有思想深度、艺术高度的长篇巨著。建立健全浙江优秀文学作品扶持奖励机制，加大对优秀文学作品扶持奖励力度。实施“国际写作计划”“经典浙江”译介工程，制订浙江当代文化作品对外翻译资助申请办法。加强《江南》文学期刊品牌建设等。力争打造全国文学重镇，发挥中青年作家群优势，激发文学创作活力，提升当代文学整体水平，推动浙江当代文学走在全国前列。

第二，支持文学出版。2018 年 7 月，由浙江省作协牵头，作家出版社出版的“浙江小说 10 家”丛书问世，全面展现了新时代浙江优秀小说家的整体创作实力。收编的 10 位小说家，在一定程度上代表了新时代浙江中短篇实力小说家的整体创作风貌，他们大多为“60 后”“70 后”，作品敏锐地捕捉当下社会发展的变迁与脉搏，在创作中观照社会现实，发掘历史沉淀，揭示生活本质。丛书旨在展示改革开放以来浙江文学创作的新成果、新成就，提升浙江作家在全国的影响力。选编过程中，麦家、艾伟等在国内外具有较高知名度的作家主动让贤，希望将更多的展示机会留给正在快速成长的实力作家们。未来，浙江还将与国际知名的企鹅出版社合作，将部分中青年小说家的优秀作品翻译出去，让“浙江文学”走得更远、影响更大。如今影视与文学已经水乳交融。它的生产质量水平也引起注意。要实施影视剧本孵化计划，加强选题规划，策划、征集、创作和推出一批重点项目，提高精品剧目持续供给能力，打造一批具有全国影响力的精品力作。完善重大题材、重点影视项目激励机制，对重点影视创作项目给予立项扶持。加大纪录片精品创作生产力度，力争“十四五”期间打造 10 多部在全国有较大影响力的浙产纪录片。

文学而外，其余出版物也不甘落后。我省制定实施重点出版物规划和重点出版物年度计划，重点打造文艺类、少儿类、教育类、美术类、财经类等浙产出版品牌和优势出版门类，力争每年有 10 种以上出版物在全国产生较大影响。以上这些门类，在“互联网 +”的新形势下俨然有彼此交融的趋势。各级政府及引导者要不断学习，紧跟时代，促成多边共赢，让文化精品焕发光彩。

（五）健全激励机制，繁荣基层文艺

健全完善文艺评价激励机制。建立文艺作品质量综合评价体系，完善文艺作品立项、备案、采购、评审、发行等标准，把价值取向、艺术水准、受众反应、社会影响作为主要指标，倡导讲品位、讲格调、讲责任，抵制低俗、庸俗、媚俗。推行重大文艺活动项目公开招标和政府采购制度。加大浙江卫视等对浙产优秀剧目的排播力度。加强文艺评奖管理，严格评奖标准，树立正确导向。研究出台浙江文艺精品获国内外奖项奖励办法。加强文艺理论和评论工作，褒优贬劣、激浊扬清。办好中国国际动漫节、中国越剧艺术节等品牌活动，为优秀文艺作品提供展示平台。建立推动文艺工作者深入生活、扎根人民长效机制。

繁荣发展基层文艺。发挥好文联、作协、文化馆（站）等在繁荣基层文艺中的引领作用，组织专业文艺工作者到基层一线教、学、帮、带。持续开展“万场文艺下基层”“文化进万家”“高雅艺术进校园”、文化艺术志愿服务等活动。推进民间文化艺术之乡建设，支持农民画、渔民画等民间文艺繁荣发展，打造基层特色文化品牌。扶持引导业余文艺社团、民营文艺表演团体以及网络文艺社群、社区和企业文艺骨干等开展创作活动，展示群众文艺创作优秀成果。依托农村文化礼堂办好“我们的”系列主题活动。实施农村中小学艺术教育计划，鼓励艺术院校毕业生到农村中小学任教。关心支持草根艺术家、乡土文化能人等群体。培养万名农村宣传文化管理员，培训万名基层文艺骨干，壮大文化志愿者队伍，增强基层文艺发展内生动力。

第三节　坚持人才强省战略

人才是第一生产力，是第一资源。文化浙江建设将着力优化文化人才发展环境，形成人尽其才、才尽其用的良好局面。浙江人才工作坚定不移沿着“八八战略”指引的路子走下去，深刻领会“八八战略”蕴含的辩证思维、实践观点和时代品格，建立多层次人才培养体系，打造文化人才集聚高地，培养和造就一支适应文化浙江建设需要的文化浙军，确保人才规模不断壮大、人才素质整体提高、人才结构更趋合理、人才成长环境逐步优化，努力创建全国优秀文化人才集聚区，与时俱进推进人才发展，高水平谱写人才强省新篇章。

2017 年，浙江省委宣传部、浙江省委人才工作领导小组办公室发布了《浙江省文化产业人才发展规划（2017—2022 年）》。《规划》指出，未来 5 年将大力扶持影视、传媒、出版、数字内容、演艺、设计、广告、高端文化装备、工艺美术和文化经营管理等十大重点领域人才发展工作，通过实施人才培育、人才引进、人才激励和人才服务四大计划，从加强组织领导、资金支持、政策保障、营造良好氛围等四方面为推进文化产业人才发展提供有力支撑。《规划》指出，到2022年，浙江将初步建成一支以高层次人才为引领、高素质人才为中坚、专业人才为支撑的，规模宏大、结构优化、布局合理、素质优良的，与全省文化产业发展需求相适应的文化产业人才队伍，形成全省文化产业人才全球化竞争的比较优势，着力把浙江打造成为文化产业人才集聚之地、人才辈出之地、人才向往之地。

一 深入实施“五位一体”人才优化工程

提升文化人才整体素质。提升全省文化系统党政人才领导水平和执政能力。完善年轻干部培养机制，推进省级文化系统优秀年轻干部后备梯队培养工作。实施更加开放的人才政策，建立全方位、多层次的人才培养机制，利用定向培养、公开招聘、业外引进等多种方式，培养一批创新型、复合型、科技型的文化人才。开展“群星”培育计划，加强群文艺术门类创作人才的培养。继续实施基层公共文化队伍素质提升工程，大力发展文化志愿者、文化社工队伍。加强戏曲、非遗、文博等传统文化保护人才的培养。加强新型文化产业人才队伍建设，培育文化产业创新人才。

近年来，浙江省委明确将“打造人才生态最优省份”纳入省委转型升级组合拳，要求紧紧围绕人才资源集聚、人才政策创新、人才平台提升、人才创业服务和人才作用发挥，实施“五位一体”人才生态优化工程。“十四五”《规划纲要》，也将对人才生态最优省份建设作出新的部署。进一步放宽视野引人才、围绕转型用人才、搭建舞台助人才、创新政策活人才、优化服务留人才。

放宽视野引人才。人才生态最优的直接表现是群贤毕至、精英荟萃。浙江将统筹国际、国内两种人才资源，实施更开放的人才引进政策，登高望远、放开胸怀，虎口夺食，落实好“千人计划”等重大人才工程，在全球坐标系内发现、延揽高端人才。

围绕转型用人才。人才生态最优的根本目的是让各类人才各施所长、大展宏图。浙江坚持以用为本，充分发挥人才在创新发展、经济转型、产业升级中的生力军作用，下好人才“先手棋”。

搭建舞台助人才。干事创业有舞台，是人才生态最优的必要条件。浙江提出优化人才发展平台布局，形成高端平台“顶天立地”、众创空间“铺天盖地”的良好局面。更大力度引进大院名所，加大重点高校和重点学科建设力度。放大杭州国家自主创新示范区溢出效应，推动杭州未来科技城、青山湖科技城等平台高水平发展，进一步提升人才集聚度和辐射带动能力。“十四五”期间，浙江还将规划建设一批“千人计划”产业园，大力扩大众创、众包、众扶、众筹空间，为人才施展才华打开空间。

创新政策活人才。最优人才生态靠最优人才政策支撑。以人才管理改革试验区建设为契机，深化人才发展体制、机制改革，研究出台“浙江人才新政”。坚持市场导向，遵循市场规律，凡属市场能发挥作用的，人才管理部门都放权松绑、提供服务保障。出台下放职称评审权、改革科技成果处置权、“浙江红卡”“人才＋资本＋民企”等政策，进一步释放人才发展活力。

优化服务留人才。一流的服务是最优人才生态的有力保证。浙江提出以人才满意为第一标准，当好服务人才的“店小二”。各级各部门切实加强人才创业创新要素供给和政策集成，拓宽投融资渠道，健全创业支持体系，努力为人才打造审批最快、服务最优、成本最低的创业创新软环境。完善人才生活保障机制，加快建设国际医院、国际学校、国际化社区，在出入境、落户、住房等方面开辟“绿色通道”，让人才安心创新创业。

二　深化体制改革，释放人才红利

推进文化浙江建设，要改进文化人才管理体制。健全人才培养开发、评价发现、流动配置、激励保障机制，建立人才评价考核指标体系。完善经营性文化单位管理体制机制，鼓励企业文化人才通过技术、专利、品牌入股，探索高层次文化人才协议工资制和项目工资制等多种分配方式。建立科学有效的文化事业单位专业技术人才招聘和引进机制。创建文化人才与文化艺术、产业的对接平台，完善各类人才创新创业扶持政策。鼓励行政机关与事业单位、改制院团与国有文化企业、省级文化系统与市县文化系统人才双向合理流动。

早在2015年，习近平总书记考察浙江时，强调："浙江的人才优势要继续巩固和发展，还要与时俱进、更上层楼"。按照习近平总书记的指示，浙江大力推进人才发展体制机制改革。2016年，出台25条人才新政，着力打造"人才生态最优省份"。2017年，提出"突出人才强省战略"，凸显人才在区域经济社会发展中的"第一主体价值"。当前各地竞相出台优惠政策，吸引人才扎根落户。浙江的引才政策，既舍得下本钱，有"真金白银"，更大的招数还在提供平台舞台、创新体制机制上。

2018年4月9日，浙江宣布，对已经实施30多年的职称制度进行改革，为全省500多万专业技术人才放权松绑。浙江的率先之举，亮点在于打破学历资历限制，改变一年一评的固有模式，不再唯学历、唯论文，将评审权下放给用人主体和行业协会，形成"问东家、问专家、问大家"的人才评价机制。职称改革是浙江深入推进人才强省战略的新探索。浙江省委书记车俊认为，人才是第一资源，是高质量发展的重要基石。面对全国新一轮人才"争夺战"，浙江必须集聚人才"第一资源"，让创新成为高质量发展的强大动能。

浙江各地还根据区位条件"量体裁衣"，11个地市全部出台人才新政"地方版"。杭州立足打造国际化人才生态，提出领导推动优、政策体制优、发展平台优、工作绩效优、服务保障优、作用发挥优的"六个优"人才生态指标；衢州在北京、上海、深圳、杭州等前沿城市设立"飞地"，通过借势借地借人才，夺得发展先机；嘉兴作为浙江省全面创新改革试验区，相继出台"人才新政"30条和"科技新政"20条。所有的人才新政，有一个共同的特点：突出高站位，注重精准化，与高质量发展相匹配。截至2019年，浙江技能人才总量达967.8万人，两院院士达46人；引进"省千"人才1684名，入选"国千"人才660余名，形成了以浙商系、阿里系、海归系、高校系为代表的创业创新团队。

深入实施人才工程，关键在于创新政策活人才。最优人才生态靠最优人才政策支撑。浙江将以人才管理改革试验区建设为契机，深化人才发展体制机制改革，研究出台"浙江人才新政"。坚持市场导向，遵循市场规律，凡属市场能发挥作用的，人才管理部门都放权松绑、提供服务保障。目前已经先后出台了下放职称评审权、改革科技成果处置收益权、“浙江红卡”“人才+资本+民企”等政策，进一步释放了人才发展的活力。

总之，浙江将健全和完善有利于人才脱颖而出、能上能下的竞争机制，以推进文化事业单位、国有文化企业改革为契机，深化内部人事制度改革，盘活盘优人才资源，破除制约人才培养、评价、使用、流动、激励的思想束缚和制度藩篱，形成优秀人才脱颖而出的制度环境。坚持“百花齐放、百家争鸣”，鼓励艺术探索和创新，着力营造尊重劳动、尊重创造、尊重艺术规律、尊重文艺工作者的浓厚氛围。

三　深入实施人才领域行动计划

制定文艺人才中长期培养与发展规划，大力推进文化创新团队和“五个一批”人才工程建设。建立健全文艺人才的培养、引进、管理、使用、激励机制，实施文艺名人名家引进计划；深入实施青年戏剧人才“新松计划”、青年文学人才“新荷计划”、青年造型艺术人才“新峰计划”和青年影视人才“新光计划”，努力打造一支素质优良、结构合理的文艺浙军。建立省级文艺荣誉制度，根据中央有关评比达标表彰活动管理规定，表彰有杰出贡献的文艺人才，在全社会大力营造尊重文艺人才的浓厚氛围。加强高校文艺人才培养，高起点办好浙江音乐学院，发挥浙江大学、中国美术学院、浙江传媒学院、浙江艺术职业学院等院校的作用，从源头上抓好文艺人才培养。做好新的文艺组织和文艺群体工作，延伸联系手臂，加强管理服务。关心支持基层演艺人员生活工作，制定鼓励“横漂”① 的发展意见。广泛开展“深入生活、扎根人民”主题实践活动，制定文艺工作者深入基层蹲点采风活动管理办法，建立健全深入生活长效保障制度和激励机制。

第一，人才培育计划。一是精心培养文化拔尖人才。继续实施“千人计划”“文化名家暨四个一批人才”和浙江“五个一批人才”“浙江省151人才”等重点人才培养计划，加强高层次人才、重点专业人才培养。实施“浙江省文化创新团队”“浙江省文化厅优秀专家”培育项目，提升文化领

① 横漂，特指在横店参加影视剧拍摄的外地人士。

军人才创作创新能力与团队组织能力。实施青年艺术人才“新松计划”、浙江省舞台艺术拔尖人才推广计划、中青年编剧编导扶持计划。培育和引进高层次的文化管理、学术、交流、运营人才。完善厅局领导联系专业骨干人才制度，充分发挥人才在管理决策、重大项目、行业咨询等方面的作用。二是完善艺术教育体系。统筹推进浙江音乐学院、浙江艺术职业学院及其他艺术院校高质量发展，按照“分层推进”“错位发展”“良性互动”的原则，形成多门类、多学科、多层次的艺术教育体系。鼓励文艺院校与优秀社会资源合作，与国内外知名的院校、院团、文化集团合作办学。支持艺术院校与文艺院团、公共文化服务单位开展“订单式”联合培养。建设浙江文化干部网络学院，构建“互联网+远程教育”模式，推进全省文化干部和专业技术人员继续教育工作。

第二，人才引进计划。实施文化产业领军人才引进工程，鼓励文化企业、高等院校和科研机构引进国内外文化产业领军人才。探索柔性引才思路，鼓励国内外高层次文化产业人才通过兼职从事咨询、讲学或开展项目合作、定期服务等方式向省内柔性流动。推动高校与文化企业深度联合，探索建立创意实验室、文化产品研究中心、创意学院等机构。加强文化产业复合型人才的分析与预测，探索建立人才需求定期发布制度，健全人才使用、流动、评价和激励体系。研究制定专项人才引进计划，加强住房、医疗、交通工具、子女教育等政策配套。在重点文化企业建设一批大学生就业实践基地，将符合条件的文化产业园区认定为学生创业创新实习基地。大力引进宣传文化领域紧缺人才，依托省海外高层次人才引进“千人计划”“151人才工程”等人才培养引进工程，以文艺创作人才、文化创意人才、现代传媒人才、数字和网络技术人才、文化产业经营管理人才为重点，鼓励采取签约、项目合作、技术（专利、品牌）入股、岗位聘任等方式，从海内外多渠道引进优秀文化人才和名家大师。鼓励文化单位和企业参加国内外知名的人才交流活动，引进高端文化人才。谋划建立一批文化产业研究“智库”。

第三，人才激励计划。坚持德才兼备的原则，突出创新能力和社会效益评价标准，重视发挥行业组织在人才评价等方面的作用。完善文化人才专业技术职务评聘制度，扩展评聘范围，形成以业绩为依据，品德、知识、能力等要素构成的人才评价体系。创新文化人才分配制度，探索实施高端文化人才协议工资、项目工资等多种分配形式。贯彻落实各项人才激励政策，重视改善文化人才生活待遇，完善政府特殊津贴制度，健全以政府奖励为导向、用人单位和社会力量奖励为主体的人才奖励体系。建立全省文化荣誉制度，激励文化人才创作更多更优秀的文艺精品。重视和培养社会文化人才，对非公有制文化单位人员职称评聘、参与培训、申报项目、表彰奖励同等对待。积极争取国有文化企业按照国家有关规定开展股权激励试点，建立完善企业职工考评制度和激励制度。推动国有文化企业所属公司建立职业经理人制度，通过市场化选聘人才，设计符合文化市场规律的科学的薪酬体系，制定更加有效的激励措施。

第四，人才服务计划。实施文化产业人才服务三年行动计划，完善金融服务、知识产权服务、职称评定、创业环境、办公条件、居住用房、医疗保障、子女就学等方面服务，为文化产业人才创业创新营造优越的环境。坚持以人为本，按照“尊重、包容、服务、引导”的要求，加强对优秀文化人才的联系和服务。加快建设全省文化产业人才信息库，建立社会化、开放式的人才资源信息共享机制，提高全省文化产业人才配置效率。实行文化产业人才目录制度，对进入目录的人才给予更为优厚的政策扶持。探索建立文化产业人才金融服务中心，提供风险投资、贷款、保险、担保等金融服务。积极拓宽人才联系渠道，完善领导联系专家制度，重视同优秀文化人才交朋友，通过走访慰问、座谈联谊等方式，了解各类文化人才的思想和工作动态，关心学习和生活，听取意见和建议，帮助解决实际困难。加大知识产权保护力度，维护各类文化产业人才的合法权益。支持成立文化产业人才协会，加强行业交流和行业自律，调动文化产业人才积极性。

第　十　章
提升文化影响力，促进对外文化交流

人类文明的发展形态并不是单一的，而是多样多元的，其表现形态多姿多彩。不同国家和地区之间的交往，必然要以开放追求发展，以包容达到共荣。文化产品和服务输出培育、对外文化贸易的扩大，不仅仅具有经济和文化的双重意义，更是一个国家和地区文化软实力的重要体现。扩大文化浙江的国际影响力，就要深入推进对外文化贸易与交流，紧紧围绕“一带一路”倡议，全面提升对外文化贸易的质量和能级，扩大加快发展文化发展空间，增强文化产品品牌竞争力；提升国际话语权，讲好浙江故事，打造多样化效率高的传播平台；进一步增强文化浙江的对外影响力。建设文化浙江，应立足当前、放眼长远，通过各种途径努力为不同文明互学互鉴贡献浙江智慧。

第一节　推动对外文化贸易与交流

浙江省第十四次党代会明确提出，坚持以“一带一路”统领浙江新一轮对外开放，突出国际港航物流、国际贸易、国际产能合作、国际性金融服务、国际人文科教交流等五个领域，全力打造“一带一路”枢纽，加快培育参与国际竞争与合作的新优势。浙江高度重视对外文化贸易工作，依托国内外会展积极开拓市场，推动以影视、出版、艺术等领域为重点的文化创意服务和文化信息传输服务出口。为扩大对外文化贸易规模，浙江省委、省政府开展了多领域、多层次、多渠道的对外文化交流。

一　以“一带一路”建设为统领，推动新一轮对外文化贸易

《浙江省文化产业发展“十三五”规划》指出：“世界多极化和经济全球化深入发展，越来越多的国家把提高文化软实力作为重要发展战略。随着中国综合实力和国际地位的稳步提升，文化‘走出去’的步伐将不断加快，文化对外贸易进入快速增长期。‘一带一路’战略将推动中国和沿线国家的文化交流，扩大中华文化的对外输出和影响力。我省以外向型经济为主，在‘一带一路’战略中处于重要地位，未来文化产品和服务出口将不断扩大，文化企业参与海外竞争合作的机遇进一步增多。”① 文化贸易是浙江在以“一带一路”为统领的新一轮对外开放中实现新跨越的重要途径之一。

通过“一带一路”建设，有利于推动不同文明之间的交流互鉴，推动彼此之间价值体认，增进文化互信和交往互利。“一带一路”倡议构建了全球化时代文化交流和融合发展的新平台，沿线各国人民借助这个平台进行互联互通，推动彼此文化在更高层次、更大范围的交流、互鉴、创新和发展。浙江对“一带一路”沿线国家的文化贸易继续保持高速增长。随着中国对外贸易的大发展，尤其是“一带一路”建设的深入持续推进，浙江的对外文化贸易发展势头良好，已成为对外贸易的新亮点。浙江的文化产品和文化服务进一步走向世界，并逐步获得认同。2017 年 1 月认定了首批 5 家省级文化服务和产品出口基地，② 优化完善了对外文化贸易平台。2017 年 1—9 月，浙江文化服务进出口总额达 32.34 亿元，同比增长 26.01%；其中文化服务出口达 13.25 亿元，增长 78.09%。

① 浙江省人民政府办公厅：《浙江省文化产业发展“十三五”规划》，2016 年 10 月 10 日印发。

② 这 5 家分别为实现 G20 成员海外发行出口全覆盖的中国（浙江）影视产业国际合作实验区杭州总部，以“洋家乐”文化旅游产业为特色的德清休闲文化产业基地，译制出口影视剧覆盖非洲、“一带一路”沿线 18 个国家和地区的中国（浙江）影视产业国际合作实验区海宁基地，影视制作出口“梦工场”浙江横店影视文化产业实验区以及丽水云和的木玩文化生态园。

二 优化“走出去”文化产品结构，加大对外文化贸易资金扶持

《浙江省文化产业发展“十三五”规划》指出：“重点发展创意设计、影视制作、数字出版、游戏动漫等文化版权贸易，加大我省版权项目对外推广力度，推动报刊、图书、印刷业加强对外合作出版、开设实体书店等海外业务。”① 加大对外文化贸易资金扶持，打造一批省级文化出口重点企业，建立文化出口重点企业和项目数据库。推进文化服务贸易示范城市、文化贸易基地建设，支持创建国家级文化保税区。优化走出去文化产品结构，推动影视、动漫、图书等承载中华文化、体现浙江特色的核心内容产品走向世界。以高科技、高附加值为主的浙江文化创意服务出口继续保持增长，2016年达8.16亿元，占全省出口总额的57.73%，以AR、3D技术为主打的浙江高科技文化创意产品和服务畅销美国、欧洲、拉美等地。影视、出版、艺术等核心领域的文化服务出口达6.1亿元，同比增长253.12%。此外，浙江文化信息传输服务出口首次出现了正增长，达6724万元，增长幅度为120.04%，体现出国际社会对浙江文化价值和产品的认可度和接受度逐步上升。例如，华策影视的大型年代剧《传奇大亨》入选2016年法国戛纳电视节并取得官方展映资格，在华语电视剧中尚属首次；《三生三世十里桃花》登上戛纳电视节全球最受欢迎剧目，成为首部进入这一世界级榜单的中国电视剧；《何以笙箫默》等剧首次进入俄罗斯、东欧、土耳其、吉尔吉斯斯坦等一些此前从未发行过的新兴市场国家。

2017年8月10日，浙江省文化产业发展大会在杭州举行。省长袁家军在讲话中强调，文化产业加快开放发展、提升国内国际影响力，深度参与“一带一路”建设，坚持文化“走出去”和“引进来”相结合，全面提升全省文化对外贸易和合作的质量和能级。一是继续扩大文化产品和服务出口，培育一批省级文化产品和服务出口基地，支持国家级文化出口基地建设；推进文化服务贸易示范城市、文化艺术保税区建设；继续培育文化出口重点企

① 浙江省人民政府办公厅：《浙江省文化产业发展“十三五”规划》，2016年10月10日印发。

业和重点项目。二是创新国际贸易合作模式，构建产品输出和资本输出双轮驱动的“走出去”格局，鼓励文化企业海外投资，推行“互联网+贸易”模式，大力发展文化跨境电商。三是拓宽文化“走出去”渠道，积极组织地方和企业参加各类国际性文化贸易活动和展会，搭建国际贸易和项目合作的对接平台。

推进文化出口提质增量。鼓励文化企业开发具有自主知识产权的原创产品，推动文化企业与境外知名企业开展战略合作，打造具有国际水准的特色优势文化品牌。完善对外文化贸易政策体系，健全文化出口重点企业和项目目录年度更新和发布机制，积极培育外向型文化出口重点企业和重点项目，培育打造一批省级文化产品和服务出口基地，建设一批文化服务贸易示范城市。省内各市高度重视文化服务贸易工作，试点城市效应显现。各市继续为文化企业开展对外贸易与投资营造良好环境，通过评审认定文化出口重点企业和重点项目，对符合条件的文化服务出口企业予以扶持。同时，还着力于提高文化贸易和投资的质量和效益，积极增加浙江优秀文化产品和服务供给，向世界阐释推介更多具有浙江特色、体现中国精神、蕴含中国智慧的优秀文化服务产品。

三　创新国际贸易合作模式

构建产品输出和资本输出双轮驱动的“走出去”格局，建设国际营销网络，提升浙江文化国际市场占有率。发挥行业协会作用，研究国际文化消费市场空间，寻求文化产品、服务和资本与国际市场的最佳对接口。鼓励文化企业通过独资、合资、控股、参股和并购等多种方式在海外创建分支机构，兴办文化经营实体，实现海外落地经营，拓宽营销渠道。支持文化出口企业加强与国际著名文化制作、经纪、营销机构合作，开拓国际市场。《浙江省文化产业发展“十三五”规划》指出，扩大国际版权出口贸易规模，支持华策影视、中南卡通等重点文化企业集团加快海外版权输出。积极参与“丝绸之路国际电影节”等文化交流活动，加快发展演出演艺、艺术品交易、休闲娱乐等文化服务贸易，做大做强以影视传播、动漫制作等国家级文化贸易平台。结合浙江文化出口重点企业和文化出口项目认定工作，培育一批创新能力强、拥有自主品牌和核心文化产品的对外文化贸易重点企业。开展跨国经营和对外推介，加快海外文化产品和服务交易营销中心布局，争创国家对外文化贸易基地，将本土文化产品和服务拓展至“一带一路”沿线市场。以杭州、绍兴、丽水等文化服务贸易试点城市为抓手，积极开展文化贸易改革创新。

构建产品输出和资本输出双轮驱动的“走出去”格局，鼓励文化企业在海外设立分公司和分支机构，搭建国际营销网络。支持文化企业参加重要国际性文化节展，加强与国际组织、外国智库、国外知名公关咨询公司等合作，开拓国际市场。推行“互联网+贸易”模式，扶持发展文化跨境电商，拓展线上线下渠道。比如，浙江出版联合集团在俄罗斯开设的海外文化贸易中心以实体连锁书店——尚斯博库书店——为载体，搭建起中国首家集文化产品和服务为一体的综合性海外交易平台。浙江博尚电子有限公司在迪拜成立了视博国际传媒集团，向中东、北非地区的2亿阿拉伯语观众提供中国文化、体育、商贸的直播卫星电视和广播移动收看和收听服务。温州日报社在意大利创办《欧华时报》的基础上，进一步完善了温州—意大利文化贸易平台建设。浙江大学出版社的互联网阅读服务、互联网教育服务、互联网学术服务在国际市场已形成一定的影响力，每年以30%的出口幅度递增。浙江新华书店集团有限公司的“互联网+”中国出版物“走出去”多维中盘服务平台，重点开拓了中东欧图书出口市场。美盛文化、力合数码等一批重点出口企业的网游、手游、IP动漫的线上出口交易也与日俱增。

四 构建对外文化贸易和海外版权交易服务平台

浙江是文化产品出口大省，但体现思想内容、附加值高的文化服务产品出口比重仍然偏低。浙江文化服务贸易仍存在较大逆差，浙江文化产品影响力的区域局限性问题仍然存在。在此背景下，如何运用供给侧结构性改革理念，切实优化文化服务贸易结构，打破文化服务贸易低效率均衡与结构性锁定效应，是加快浙江由文化大省向文化贸易强省转变，把文化产业打造成为万亿级产业的重要内容。党的十九大报告提出，以深化供给侧结构性改革为主线，把提高供给体系质量作为主攻方向。国家《对外贸易发展“十三五”

规划》和《“十三五”时期文化发展改革规划》中，也都提出，贯彻供给侧结构性改革战略，以供给侧结构性改革推动对外贸易、文化产业和文化事业的大发展。为此，浙江围绕深化供给侧结构性改革，切实扭转核心文化产品和服务贸易逆差，使对外文化贸易额在对外贸易总额中的比重大幅提高，文化产品和服务在国际市场的份额进一步扩大，文化整体实力和竞争力显著提升；利用世界先进文化资源，开发文化产品。发展创意产业，实现战略创新，贴近不同国家和地区的实际进行传播和贸易。创造品牌，开拓国际市场。充分利用国际文化贸易平台，注重文化技术，实现交融互动。推动浙江对外文化贸易驶入快车道。

融合推进对外文化交流、传播与文化贸易应坚持和而不同、尊重差别、求同存异的基本原则。在民族文化与文化全球化之间保持一定的张力，并相互补充，实现共享、共赢。增强文化品牌国际影响力。构建对外文化贸易和海外版权交易服务平台，拓宽文化企业境内外交流渠道。提升中国国际动漫节、中国义乌文化产品交易博览会等大型综合性文化展会的国际化程度，扩大品牌影响力。积极为外向型文化企业开拓海外主流贸易渠道，组织文化企业参加各类国际性文化贸易活动或综合性服务贸易展览会，搭建国际贸易和项目合作的对接平台。依托跨境电商的先发优势，借助博库网、天猫书城网等线上交易平台和新兴交易模式拓展国际业务。加快建设一批服务贸易外包平台，充分发挥公用型保税仓库作用。

第二节　提升国际话语权，讲好浙江故事

习近平总书记指出：“我们说要坚定中国特色社会主义道路自信、理论自信、制度自信，说到底是要坚持文化自信。”[①] 文化自信是文化“走出去”的基础，因为只有对自己的文化有坚定的信心，才能坚信自己所开辟的道路、创立的理论、设计的制度符合国情、行之有效，才能理直气壮地推动中国文化走向世界。在物质硬实力方面做得好，未必一定能把握好国际话语权，还要做强文化软实力；只有辅之以说得好、说得对、说得强、说得善，

① 《习近平谈治国理政》（第二卷），北京：外文出版社 2017 年版，第 339 页。

才能感动人、说服人、凝聚人、引领人。一言以蔽之，只有做强文化软实力，才能增强文化浙江影响的广度、深度和认可度。因此，必须善于讲好浙江故事，传播好浙江声音，擦亮浙江文化印记。

一 讲好浙江故事，传播浙江声音

讲好故事的目的，既是让世界更好地认识和了解浙江，也是将本地区的价值观念更好地与世界融合，扩大影响力。正如习近平总书记指出的，讲故事是国际传播的最佳方式。国之交在于民相亲，讲故事、话友好，有利于拉近中外听众的心，有利于提高中国国际话语权。对浙江来说，讲好浙江故事，就要积极提升对外文化传播能力。实施浙江好故事对外传播计划，加强与国际主流媒体、海外华文媒体、海外浙商媒体的战略合作。实施“经典浙江”译介工程、浙江学术外译项目，推动浙江优秀文学作品、图书、影视产品等走出去。在今天这样一个国际社会高度融合，互联网文化高度发达的时代，讲好浙江故事，应把握好以下几个原则。

一是把握好传播对象的差异。在国际场合讲故事，一定要看对象，假如我们不看对象，不了解对象的国别、环境、身份、职业、知识结构、政治阅历等特点，而完全按照自己固有的思维模式和表达方式，甚至把在国内都不受欢迎的套话、空话搬到国际上去，那样的宣传就会变成自说自话、自言自语，不仅不会说服别人，反而会损害自己的形象。

二是把握好传播视角的差异，“求同存异”。不同的文明，不同的历史传统，有时候确实不容易互相理解。中国的儒家文化与西方的宗教文化产生的渊源、哲学、理念也有显著的差异，但是在对人的尊重、对生命的敬畏、对爱情亲情的渴求、对精神的向往以及对自我价值的实现等，这些都是一致的，这是人性的共通点。所以，最好的故事就是从个体的遭遇和想法出发，将人性的共通点融入讲述一个个真实的故事中，注重发现名不见经传的小人物。通过讲事实可以去打动人，去感染人，去影响人，去说服人；通过具体故事可以潜移默化地获得国际认同，从而提升国际话语权和影响力。这才是融入世界不同文明的最佳方式。

三是注重挖掘与人们生活息息相关的题材，精心设计话语议题。发挥新闻发言人、专家学者、浙籍侨胞、在浙外国人等传播优势，以融通中外的话语体系讲好浙江故事。一般来说，能否掌握话语主导权，往往首先取决于话题设定。只有设计出内容重要、别人关切，我们能掌控是非、真假、善恶、美丑判断标准的议题，才能有利于我们掌握话语权。比如借美食传播人生百味的《舌尖上的中国》，以美食为窗口，让海内外观众领略中华饮食之美，同时感知中国的文化传统和社会变迁，其中也承载着中华文化对外传播的重要功能。只有贴近国情、民情，只有针对不同国家对象的价值取向、疑虑困惑、情感需求和利益关切的话语才能深入人心、获得认同、形成共鸣。因此，提高国际话语权，一定要区分话语对象，以生动活泼的语言、旁征博引的知识、通俗易懂的文风来讲故事，采用中外融通的知识、话语，这样才能增强话语的感染力和说服力，收到最佳效果。

四是打造多样化的传播平台。在信息传媒越来越发达的时代，话语权早已不是仅仅借助人的口舌和笔墨才能发挥作用。在媒介融合时代，文化的传播需要政府、企业、非政府组织、媒体等多元的传播力量来参与，这样既可以使文化得到全方位、多元化、立体化的国际传播，还可以降低国外公众对传播信息的不信任感。目前，除报纸、杂志、图书、电台、电视台等传统媒体外，通过手机微信、微博、推特构筑的互联网“朋友圈”等新的沟通方式与新兴媒介已经成为非常重要的话语平台。互联网分散、多点、互动、海量、无界、迅敏等特点，为话语权的辐射提供了十分广阔的空间。因此，在用好传统媒体的同时，一定要着力发展新兴传媒业态，不断占领舆论传播的制高点。就浙江来说，未来努力建好用好“中国・浙江”英文网、浙江中英文脸谱专页等新媒体平台。推动在港澳台等地建设“西泠学堂”，把浙江优秀传统文化推向世界。支持浙江主流媒体以独资、合资或合作方式在境外办报、办刊、办台、办网、办出版机构，与海外媒体合办频道（频率）栏目节目等。以杭州为例，近年来杭州进一步增强 *Shanghai Daily*（《上海日报》英文日报）、《品味杭州》（日语双月刊）、HiHangzhou 英文公众微信号、FM105.4 西湖之声、FM89 杭州之声、杭州电视台综合频道以及杭州英文门户网站（www.hicenter.cn）和杭州网三个外文频道（英、日、韩）、96345 英文服务热线等外宣媒体的服务性和实用性，依托杭州电视台、杭州人民广播电台、杭州网、中国新闻社、香港《文汇报》、美国《国际日报》

等十多家不同定位的媒介，开辟《品味杭州》《看杭州》等十大窗口阵地，开设杭州新闻专版、专栏，针对杭州重大活动和重要举措等进行全方位、多角度对外宣传报道。比如，杭州电视台《走遍杭州》中英文双语栏目，向美国斯科拉卫星电视网、美国 ICN 国际卫视、欧洲电视协作网、马来西亚数字点播网提供精品节目，每年还和日本福井电视台、韩国春川文化放送合作拍摄专题片，使城市形象传播到亚洲、欧洲、美洲和大洋洲等地。深化与国内一线媒体的战略合作。在开展杭州城市国际化建设和东方文化国际交流重要城市建设形象塑造工作过程中，杭州非常注重与国内外媒体的交流合作，尤其善于"借梯登高""借船出海"。

二 擦亮浙江文化印记、文化符号

文化是社会发展的重要推动力，精神则是文化的核心能量。人类社会的每一点进步，都是在某种精神的激励下取得的成果。习近平同志担任浙江省委书记时，高度重视文化精神的提炼弘扬，深刻地揭示出文化精神之于一个地区经济社会发展的推进作用。他指出，改革开放以来，浙江精神极大地促进了经济快速发展，成为能动的经济创造力；极大地促进了社会全面进步，成为巨大的社会凝聚力；极大地促进了文化大省建设，成为核心的文化竞争力。浙江人民正是在浙江精神的激励下，取得了经济、社会、文化等方面发展的巨大成就，"在浙江人民创造自己灿烂文明史的背后，始终跳动着、支撑着、推进着和引领着他们的力量，正是浙江人民的精神"①。在历史上，浙江有着拼搏进取、艰苦创业的奋斗历史，有着尊师重教、博学深思的勤学传统，有着义利并举、诚实守信的经世情怀，有着求真务实、批判自觉的理性智慧，有着平和包容、达观通变的人文情怀，历经岁月淘炼而凝结成优秀的浙江地域文化基因。它们内化于浙江文化传统之中，在不同的时代环境和社会条件下，外化为具有时代特色的文化精神，支撑、推动、引领着浙江人民在各个历史时期奋勇精进，书写了众多经济繁荣、社会发展的精彩篇章，具有深刻的浙江文化印记，形成了鲜明的浙江文化符号。

---

① 习近平：《与时俱进的浙江精神》，《哲学研究》2006 年第 4 期。

积极推进人才队伍建设。推进区校合作，利用辖区高校资源，加强与浙江大学、中国美术学院、北京电影学院、浙江音乐学院等专业机构和学院的合作，为文化出口产品的研发、创意、制作、交易打下坚实的基础。同时，成立了467创意联盟·浙江工业大学设计产业园、北京电影学院培训基地等，为引进和培养各类文化创意人才、营销队伍提供有力保障。积极开展文化外交，加强智库合作。借助华人华侨的力量，开拓中国文化产品走向国际市场的道路越是民族性的，就越具有世界性。只有继承中国传统文化，传承地方语言、地方历史故事、地方的人文，才可以通达人类共性。比如，古代丝绸之路，中国用绸、瓷、茶为“国礼”，这些都产自浙江，走红全球；当代新丝绸之路，应当“老三样”当先，进一步推出体现浙江地域特色的系列“新三样”，譬如木雕、竹艺、剪纸，还有珍珠、黄酒，等等。通过大家日常可用、贴近人心的文化创意产品，提升文化交流亲和力，创新人文交流方式。

三 加大浙江城市形象对外传播力度

习近平总书记曾指出：“要精心做好对外宣传工作，创新对外宣传方式，着力打造融通中外的新概念新范畴新表述，讲好中国故事，传播好中国声音。”[①] 加大城市形象对外传播力度，塑造富有个性和鲜明时代特征的城市品牌，是传播中国声音的重要方式。2016年9月，在杭州举行的G20峰会是新中国成立以来中国主办的层级最高、影响最深远、成果最丰硕的多边峰会。G20杭州峰会实现了G20历史上的多个“第一次”，得到国际社会和各界人士的高度赞赏和充分肯定，有力提升了杭州城市的国际影响力和知名度。

杭州将打造东方文化国家交流重要城市作为加快城市国际化建设、提升城市都市圈综合辐射力的重要内容和有力抓手，面对城市国际化在中国各大城市中方兴未艾的发展态势，结合G20杭州峰会效应和2017年全国学生运动会、2018年世界短池游泳锦标赛、2020年世界游泳锦标赛、2022年亚运会主办权等重大国家战略与国际事项相继花落杭州的重大机遇，进一步探索杭州城市国际化形象塑造新思路、新机制，对于主动做好新形势下的杭州城

① 《习近平谈治国理政》，北京：外文出版社2014年版，第156页。

市国际化形象建设和东方文化国际交流重要城市发展工作，实现形象塑造和传播交流方式的有效转变，对全面提升杭州的文化创新活力、城市人文魅力和国际影响力，具有积极的实践意义和现实意义。

第三节 增强文化浙江对外影响力

围绕“文化强省”这一目标，浙江积极开展对外文化交流。鼓励文化企业积极主动“走出去”，不断扩大中华文化的国际影响力，立足国内市场，瞄准国际市场；加快打造具有自主知识产权和较强竞争力的知名文化品牌，努力提高出口文化产品的国际知名度。

一 坚持内容为王、产业为基，助推中华文化走出去

内容为王的意义不仅仅是内容的创新升级，还包括内容的市场化创新能力。以华策影视为例，华策影视以“全新内容、全新产业、全新渠道、全新布局”的对外文化贸易发展新思路，搭建了涵盖影视剧内容制作、艺人经纪、知识产权运营、线上线下营销出口的全产业链影视出口平台，保持了全国影视文化出口的领先地位和竞争优势。

华策影视的主要做法如下。一是抓出口精品制作。通过建立导演、编剧、演员专家库，集聚国内优秀影视剧制作人才，力争所制作的影视产品获得国内外市场的认可。二是抓译制水平提升。成立专业译制团队，建立了包括英语、法语、德语以及哈萨克斯坦语、乌克兰语、西班牙语等小语种在内的 8 支翻译团队，并根据不同国家和地区的喜好和习俗，精心译制出口产品。三是抓出口渠道的完善。成立全球华语联播体，夯实出口平台。四是抓新兴市场出口份额。重点开拓“一带一路”沿线国家和地区国际市场。目前已有 8000 多小时的影视作品出口至沿线国家的马来西亚、印度尼西亚、菲律宾、新加坡、泰国、越南、老挝、缅甸、柬埔寨、菲律宾、印度等地。

华策影视怀揣“华流改变世界”的愿景，践行“讲好中国故事，传播中华文化”的新使命，华策与 Netflix、YouTube 等几十家国际主流媒体，合

作打造覆盖五大洲的“华剧场”；与 BBC、ITV、FOX、华纳兄弟、索尼等国际知名影视机构制订“全球娱乐合伙人计划”，联合中国电视剧制作协会，会同国内影视骨干企业发起成立中国电视剧出口同盟，合理推动中国电视剧更多更好走出去。目前，华策将 10000 多小时中国影视精品行销全球 180 多个国家和地区，占全国出口量的 20%，同时也助推中国电视剧国际影响力再创新高。

二　加快建设国际人文科教交流枢纽

《关于推进文化浙江建设的意见》指出：加快建设国际人文科教交流枢纽，积极推进对外文化交流。“欢乐春节”是文化部会同国家相关部委、各地文化团体和驻外机构在海外共同推出、旨在将中国春节打造成一个国际化节日以及提高国家文化软实力的重要品牌。自 2009 年以来，在文化部和省委、省政府的重视、支持下，浙江每年组织优秀文化团队赴多国参加海外“欢乐春节”庆祝活动，推动浙江文化更好地“走出去”。2017 年春节期间，浙江省文化厅组派 12 批省内优秀艺术团组、约 309 人，分赴 21 个国家的 31 个城市参与海外“欢乐春节”活动，取得圆满成功。

再如“青年汉学家研修计划”项目，旨在搭建支持海外青年汉学家开展中国研究的全球性平台，为各国中国研究领域的青年人才创造与中国优秀学术、文化、教育机构和学者开展交流合作的机会，为其学术研究提供便利和实质性帮助，并以人才培养为契机推动各国学术机构与中国研究机构和智库建立长期稳定的联系，实现双方交流互鉴，共同推进中国研究的发展。2018 年“青年汉学家研修计划（杭州）”以“中国发展：理念与实践”为研修主题，以改革开放 40 年来国家发展进程中浙江的探索实践、发展成就和理论思考为研究样本，围绕创新、协调、绿色、开放、共享五大发展理念，组织专题授课、实地考察和论题调习，向来自世界各国的青年汉学研究人员介绍中国发展进程中地方实践的浙江经验，展示中国发展进程中浙江实践画卷，从“浙学”入手，详析“中国学”丰富多样的内在层次和包罗万象的博大格局。2018 年，青年汉学家参观了西湖、G20 峰会体验馆、阿里巴巴集团等地，亲身感受了中国的悠久文明和当代浙江的发展成就，感受到中国在新时代之中的现代化及快速发展。青年汉学家通过聆听专家演讲、求教研修导师、走访文化经典、投身文化活动，亲身感受到中国的悠久文化和浙江的当代发展，提升了对“中国学”的研究兴趣，加深了对“中国学”的理性认知。

三 借助重大节日会展，积极推进对外文化交流

党的十九大报告指出，满足人民过上美好生活的新期待，必须提供丰富的精神食粮。浙江正着力把文化产业打造成“万亿产业”，力争文化产业总产出达到1.6万亿元，增加值占GDP的比重提高到8%。一部部精品，一方方阵地，“文艺浙军”正呈现出蓬勃的新气象，汇聚成浙江文化大发展大繁荣的华彩乐章。伴随浙江诗画大花园、全域旅游示范省、大运河（浙江段）文化带等建设项目的推进，为沿线和相关地区的文化建设带来深入发展的大好机遇，为浙江文化的开放利用提供了极佳的发展平台。制定实施浙江“一带一路”文化交流合作行动计划，利用义甬舟大通道和以跨境电商为主的网上大通道优势，加强与“一带一路”沿线国家的文化交流合作，推动更多的优秀文化产品和艺术团体进入国际市场。

完善中外人文交流布局，创新高级别人文交流机制，在重点国家和地区开展美丽浙江文化、“丝绸之路”浙江文化、国际运河文化等交流活动，打造对外文化交流品牌。积极办好中国—中东欧国家投资贸易博览会、中国国际茶叶博览会、浙洽会、义博会等国际性展会，打造一批具有国际影响力的经贸交流活动平台。比如，在西溪创意产业园不到一平方公里的区域内，先后引进潘公凯、杨澜、余华、刘恒、蔡志忠、约翰·霍金斯等30余位国内顶尖、国际一流的大师名家，利用名人资源打造文化贸易精品。多部作品成为优秀出口剧目，发行至全球180多个国家和地区。“影视西溪”“创意西湖”已成为杭州市乃至全省的一张金名片。

拥有国际品牌的数量和质量，体现了一个国家的经济实力和科技水平。而“文艺浙军”的品牌建设，是浙江文化大发展的重要支撑。比如，由陈向宏、黄磊、赖声川、孟京辉共同发起，文化乌镇股份有限公司主办的乌镇戏剧节已经成功举办七届，现在成为浙江的地标性文化节日。2018年，乌

镇戏剧节国际化程度再上新台阶，不仅有来自五大洲 17 个国家和地区的 29 部特邀剧目参与演出，还增添了多项国际化交流论坛，合力创造了一段国际范的“乌镇时光”。海外剧团的演出，为江南古镇带来了国际化的魅力，2018 年的戏剧节还增加了中国—阿拉伯戏剧对话，并在“小镇对话”单元中增加了关于世界各地实验剧场现象的探讨，让观众不出国门，便能接触国际化思想。2019 年，第七届乌镇戏剧节再度成功举办，来自 13 个国家和地区的 28 部共计 141 场戏剧演出。曾经以“小桥流水”著称的乌镇，俨然变成了一片国际元素交汇的文化海洋。乌镇戏剧节非常完美地诠释了品牌的力量。未来将继续举办，打造世界戏剧对话与交流的平台。

打造文化精品，增强文化品牌国际影响力。实施图书、影视、文艺演出等领域的专项交流项目和计划。借助世界互联网大会、世界浙商大会、中国—中东欧国家投资贸易博览会等重大节会，开展多层次、多形式的文化交流活动。建立健全文化走出去工作协调机制，设立省对外文化交流专项资金，扶持重点对外文化交流活动和民间文化交流活动。培育和扶持一批与国际接轨、具备国际市场运作能力的文化中介推广机构。比如，咪咕数字媒体有限公司（中国移动手机阅读基地）与亚马逊卓越有限公司合作，就内容合作和智能硬件合作达成一致：咪咕将自有版权电子书上架到亚马逊 Kindle 书城，面向全球读者进行展示和销售，同时将双方的联合智能硬件面向全球中文读者进行发售。通过与亚马逊公司联合开发电子阅读器，将电子书和版权出口至美国、英国、法国、德国、西班牙等国。

文明因多样而精彩，因交融而升华。汲取历史经验教训，以文明交流超越文明隔阂，以文明互鉴超越文明冲突，以文明共存超越文明优越，才能推动各种文明互学互鉴，让文明之路越走越宽阔，让人类文明的未来更加绚烂多彩。推动浙江文化“走出去”，是立足现实的伟大担当，也是面向未来的前进引领。浙江文化应在“走出去”的过程中扬长避短，改进传播方式和方法，一定能为世界其他各国人民接受和理解，能够在全球文明交流和互鉴中绽放光彩。

参考文献

一 论著

1.《马克思恩格斯选集》，北京：人民出版社 2012 年版。

2.《列宁选集》，北京：人民出版社 2012 年版。

3.《毛泽东选集》，北京：人民出版社 1991 年版。

4.《邓小平文选》，北京：人民出版社 1993 年版。

5.《江泽民文选》，北京：人民出版社 2006 年版。

6.《胡锦涛文选》，北京：人民出版社 2016 年版。

7.《习近平谈治国理政》，北京：外文出版社 2014 年版。

8.《习近平谈治国理政》(第二卷)，北京：外文出版社 2017 年版。

9.《习近平总书记系列讲话精神学习读本》，北京：中共中央党校出版社 2016 年版。

10. 习近平：《之江新语》，杭州：浙江人民出版社 2013 年版。

11. 习近平：《干在实处　走在前列——推进浙江新发展的思考与实践》，杭州：浙江人民出版社 2016 年版。

12.《十六大以来重要文献选编》(上、中、下)，北京：中央文献出版社 2005 年版。

13.《十七大以来重要文献选编》(上、中、下)，北京：中央文献出版社 2009、2011、2013 年版。

14.《十八大以来重要文献选编》(上、中)，北京：中央文献出版社 2014、2016 年版。

15. 甘阳：《通三统·自序　关于“通三统”》，北京：生活·读书·新知三联书店2014年8月年版。

16. 中国社会科学院中国梦与浙江实践课题组：《中国梦与浙江实践》（七卷本），北京：社会科学文献出版社2015年版。
17. 中共浙江省委党史研究室：《创业富民创新强省——中共浙江省第十二次代表大会以来》，杭州：浙江人民出版社2012年版。
18. 潘捷军主编《从文化大省到文化强省：浙江文化建设新探》，北京：社会科学文献出版社2012年版。
    郑新浦主编《浙江文化研究工程概览》，杭州：浙江大学出版社2015年版。
19. 张伟斌主编《浙江蓝皮书2015年浙江发展报告（文化卷）》，杭州：浙江出版社联合集团、浙江人民出版社2014年版。
20. 吴蓓、俞强主编《浙江蓝皮书2016年浙江发展报告（文化卷）》，杭州：浙江出版社联合集团、浙江人民出版社2016年版。
21. 吴蓓主编《浙江蓝皮书2017年浙江发展报告（文化卷）》，杭州：浙江出版社联合集团、浙江人民出版社2017年版。
22. 吴蓓主编《浙江蓝皮书2018年浙江发展报告（文化卷）》，杭州：浙江出版社联合集团、浙江人民出版社2018年版。
23. 吴蓓主编《浙江蓝皮书2019年浙江发展报告（文化卷）》，杭州：浙江出版社联合集团、浙江人民出版社2019年版。

二 期刊

1. 王沪宁：《转变中的中国政治文化结构》，《复旦学报》（社会科学版）1988年第3期。
2. 邵培樟：《浙江文化创意产业知识产权创新与保护机制研究》，《特区经济》2010年第8期。
3. 习近平：《始终坚持和充分发挥党的独特优势》，《求是》2012年第15期。
4. 林坚：《推进文化治理现代化的路径探析》，《国家治理》2015年7月7日。
5. 车俊：《弘扬红船精神 推进“两个高水平”建设》，《政策瞭望》2017年第7期。

6. 郭齐勇：《论文化自信》，《孔学堂》（中英双语杂志）2017 年 12 月第 4 期。
7. 浙江省推进基本公共文化服务标准化研究课题组：《浙江公共文化服务范围、标准研究》，《上海文化》2014 年第 2 期。
8. 张云：《江西省文化中介组织发展现状及对策研究》，硕士学位论文，江西财经大学，2017 年。

三 报纸

1. 习近平：《保持先进性就是走在前列》，《浙江日报》2005 年 6 月 1 日。
2. 习近平：《与时俱进的浙江精神》，《浙江日报》2006 年 2 月 5 日。
3. 习近平：《推进社会主义精神文明建设的重要指导方针》，《人民日报》2006 年 5 月 9 日。
4. 习近平：《在推进科学发展的实践中保持和发展党的先进性》，《浙江日报》2006 年 6 月 28 日。
5. 习近平：《在为民办实事中落实以人为本的理念》，《光明日报》2007 年 3 月 7 日。
6. 中共浙江省委理论学习中心组：《中国特色社会主义在浙江实践的重大理论成果——学习〈干在实处走在前列〉和〈之江新语〉两部专著的认识和体会》，《浙江日报》2014 年 4 月 4 日。
7. 习近平：《中国共产党人始终是中国优秀传统文化的忠实继承者和弘扬者》，《在纪念孔子诞辰 2565 周年国际学术研讨会暨国际儒学联合会第五届会员大会开幕会上的讲话》2014 年 9 月 24 日。
8. 习近平：《在文艺工作座谈会上的讲话》（2015 年 10 月 14 日），《人民日报》2015 年 10 月 15 日。
9. 习近平：《在哲学社会科学工作座谈会上的讲话》（2016 年 5 月 17 日），新华网，2016 年 5 月 17 日。
10. 车俊：《以标准化战略推动发展迈上新台阶》，《人民日报》2016 年 10 月 17 日。
11. 《习近平在省部级主要领导干部“学习习近平总书记重要讲话精神，迎接党的十九大”专题研讨班开班式上发表重要讲话》，《人民日报》2017年7月28日。
12. 车俊：《坚定不移沿着“八八战略”指引的路子走下去，高水平谱写实现“两个一百年”奋斗目标的浙江篇章——在中国共产党浙江省第十四次代表大会上的报告》，《浙江日报》2017年6月19日。
13. 车俊：《不忘初心 勇担使命》，《浙江日报》2017年6月21日。
14. 陈野：《赓续创新精神 建设文化浙江》，浙江在线，2017年6月22日。
15. 陈立旭：《从加快建设文化大省到努力建设文化浙江》，浙江在线，2017年8月21日。
16. 习近平：《决胜全面建成小康社会，夺取新时代中国特色社会主义伟大胜利》，《人民日报》2017年10月28日。
17. 习近平：《弘扬“红船精神” 走在时代前列》，《光明日报》2017年12月1日。
18. 车俊：《大力弘扬“红船精神”奋力走在新时代前列》，《光明日报》2017年12月11日。
19. 刘金祥：《着力培育文化中介组织》，《人民日报》2018年5月25日。
20. 浙江省中国特色社会主义理论体系研究中心：《习近平新时代中国特色社会主义思想在浙江的萌发与实践——文化篇》，《浙江日报》2018年7月23日。
21. 中共浙江省委理论学习中心组：《在新时代大力弘扬“求真务实、诚信和谐、开放图强”的浙江精神》，《光明日报》2019年9月5日。

四 浙江省委省政府、宣传部文件

1.《中共浙江省委关于加快建设文化大省的决定》［2005年7月29日中国共产党浙江省第十一届委员会第八次全体（扩大）会议通过］，浙江在线，2005年8月2日。
2.《中共浙江省委关于深化改革开放推动科学发展的决定》［2009年5月8日中国共产党浙江省第十二届委员会第五次全体（扩大）会议通过］，浙江在线，2009年5月8日。

3.《中共浙江省委关于认真贯彻党的十七届六中全会精神，大力推进文化强省建设的决定》[2011 年 11 月 18 日中国共产党浙江省第十二届委员会第十次全体（扩大）会议通过]，《浙江日报》2011 年 11 月 18 日。
4.《中共浙江省委关于认真贯彻党的十八大精神，扎实推进物质富裕精神富有现代化浙江建设的决定》[2012 年 12 月 6 日中国共产党浙江省第十三届委员会第二次全体（扩大）会议通过]，浙江在线，2012 年 12 月 7 日。
5.《中共浙江省委关于全面实施创新驱动发展战略加快建设创新型省份的决定》[2013 年 5 月 31 日中国共产党浙江省第十三届委员会第三次全体（扩大）会议通过]，浙江在线，2013 年 5 月 31 日。
6.《中共浙江省委关于认真贯彻党的十八届三中全会精神全面深化改革再创体制机制新优势的决定》[2013 年 11 月 29 日中国共产党浙江省第十三届委员会第四次全体（扩大）会议通过]，浙江在线，2013 年 11 月 30 日。
7.《中共浙江省委关于建设美丽浙江创造美好生活的决定》[2014 年 5 月 23 日中国共产党浙江省第十三届委员会第五次全体（扩大）会议通过]，浙江在线，2014 年 5 月 29 日。
8.《中共浙江省委关于制定浙江省国民经济和社会发展第十三个五年规划的建议》[2015 年 11 月 26 日中国共产党浙江省第十三届委员会第八次全体（扩大）会议通过]，浙江在线，2015 年 12 月 4 日。
9.《浙江省文化产业发展“十三五”规划》，浙江省人民政府办公厅 2016 年 10 月 10 日印发。
10.《浙江省人民政府办公厅关于加快促进影视产业繁荣发展的若干意见》浙政办发〔2017〕88 号，2017 年 8 月 18 日。
11.《中共浙江省委浙江省人民政府关于加快把文化产业打造成为万亿级产业的意见》浙委发〔2017〕6 号，2017 年 9 月 26 日。
12.《浙江省实施中华优秀传统文化传承发展工程工作方案》省委办公厅省政府办公厅印发，浙江在线，2017 年 9 月 27 日。
13.《中共浙江省委关于高举习近平新时代中国特色社会主义思想伟大旗帜，奋力推进“两个高水平”建设的决定》[2017 年 11 月 9 日中国共产党浙江省第十四届委员会第二次全体（扩大）会议通过]，《浙江日报》，2017 年 11 月 14 日。

14. 《中共浙江省委浙江省人民政府关于推进文化浙江建设的意见》（2017年11月29日），《浙江日报》，2018年3月22日。
15. 中共浙江省委宣传部：《关于推进清廉文化建设的实施意见》，浙江在线，2018年10月18日。

后　　记

2017 年 6 月 12 ~ 16 日，中国共产党浙江省第十四次代表大会在浙江省人民大会堂隆重召开。大会描绘了高水平全面建成小康社会、高水平推进社会主义现代化建设的宏伟蓝图，提出了建设富强浙江、法治浙江、文化浙江、平安浙江、美丽浙江、清廉浙江的战略目标。浙江省委十四届二次全会在贯彻党的十九大精神下进一步明确：到 2035 年，全面建成“六个浙江”，高水平基本实现社会主义现代化。浙江省社会科学院围绕中心，积极服务，迅速启动“六个浙江”重大课题研究，组织全院科研骨干 30 余人，成立六个课题组，分别对“六个浙江”进行调查研究。在紧锣密鼓的工作下，于 2018 年 2 月出版了总卷《践行“八八战略”　建设“六个浙江”》。之后，“文化浙江”研究课题组又马不停蹄进行了分卷《坚定文化自信　建设文化浙江》的研究与撰写工作，群策群力，终得付梓。

本书是浙江省社会科学院重大科研项目“六个浙江”系列研究的成果之一。本书作为“六个浙江”的有机组成，由院党委做全局安排、方向定位。科研工作得到院科研处的大力支持，写作提纲得到了院分管领导陈野的指导，课题组与科研处几经斟酌而定，并在具体写作过程中进行了修改。课题组负责人吴蓓对课题组成员做了统筹安排，并作为本卷执行主编进行了统稿、修改和初步审定，院科研处长黄宇对书稿做了审阅，副院长陈野做了审核。本书具体分工如下：

导言　吴蓓

第一章、第二章　吴蓓

第三章　宋雪玲

第四章、第五章　陈明珠

第六章、第七章　何勇强

第八章　宋雪玲

第九章　陆蓓容　宋雪玲　吴蓓

第十章　宋雪玲

衷心感谢车俊同志及中共浙江省委对“六个浙江”研究丛书的大力支持！感谢中共浙江省委办公厅、省委宣传部等各部门给予的支持！感谢本院领导的重视、关心和支持，特别是原院党委书记张伟斌（现任浙江省广播电视局党组书记、局长）、党委书记俞世裕、副院长陈野给本书写作提供了直接的指导！感谢院科研处的支持与帮助！院科研处处长黄宇对“六个浙江”系列研究进行了具体统筹，院科研处李东、朴姬福等同志为本书的写作提供了大力支持。感谢社会科学文献出版社宋月华社长以及诸位编辑为本书付出的辛勤劳动！由于时间紧、任务重，加之学习领会不够深入，错误在所难免；课题组成员为了完成本次政治任务，努力突破原先各自的学科局限，花了大量的时间学习、补短板，有的数易其稿，再三修订，但仍不能尽如人意；尽管主编已经对全书进行了艰难的统稿修改，也并不能使全书风格统一。这些，都是要请领导、专家、文化工作者及读者批评指正并谅解的。课题组将总结经验，寻找差距，砥砺前行，不断争取进步！

浙江省社会科学院“文化浙江”研究课题组

2020 年 5 月

图书在版编目(CIP)数据

坚定文化自信　建设文化浙江 / 吴蓓等著. -- 北京：社会科学文献出版社，2020.8

（“六个浙江”研究丛书）

ISBN 978 - 7 - 5201 - 6614 - 0

Ⅰ.①坚…　Ⅱ.①吴…　Ⅲ.①文化事业 - 建设 - 研究 - 浙江　Ⅳ.①G127.55

中国版本图书馆 CIP 数据核字（2020）第 073049 号

·“六个浙江”研究丛书·

坚定文化自信　建设文化浙江

著　　者 / 吴　蓓 等

出 版 人 / 谢寿光
组稿编辑 / 宋月华
责任编辑 / 范明礼

出　　版 / 社会科学文献出版社 · 人文分社（010）59367215
地址：北京市北三环中路甲 29 号院华龙大厦　邮编：100029
网址：www.ssap.com.cn
发　　行 / 市场营销中心（010）59367081　59367083
印　　装 / 三河市龙林印务有限公司

规　　格 / 开　本：787mm × 1092mm　1/16
印　张：14.75　字　数：240 千字
版　　次 / 2020 年 8 月第 1 版　2020 年 8 月第 1 次印刷
书　　号 / ISBN 978 - 7 - 5201 - 6614 - 0
定　　价 / 128.00 元